FRAUKE SCHEUNEMANN

DER TOTE IM NETZ

EIN USEDOM-KRIMI

SCHERZ

Aus Verantwortung für die Umwelt hat sich der S. Fischer Verlag zu einer nachhaltigen Buchproduktion verpflichtet. Der bewusste Umgang mit unseren Ressourcen, der Schutz unseres Klimas und der Natur gehören zu unseren obersten Unternehmenszielen.

Gemeinsam mit unseren Partnern und Lieferanten setzen wir uns für eine klimaneutrale Buchproduktion ein, die den Erwerb von Klimazertifikaten zur Kompensation des CO_2-Ausstoßes einschließt.

Weitere Informationen finden Sie unter: www.klimaneutralerverlag.de

MIX
Papier aus verantwortungsvollen Quellen
FSC® C083411
FSC www.fsc.org

Erschienen bei FISCHER Scherz

Dieses Werk wurde vermittelt durch die AVA international GmbH
Autoren- und Verlagsagentur, München.
Redaktion: Katja Korintenberg

Satz: Dörlemann Satz, Lemförde
Druck und Bindung: CPI books GmbH, Leck
Printed in Germany
ISBN 978-3-651-00101-5

PROLOG

Der Wind hatte gedreht und stand nun genau auf der Hafeneinfahrt von Zeglin. Die Wanten der Segelboote schlugen gegen die Masten und erzeugten ein klickerndes Geräusch, das über den Hafen hinaus bis zur Peene zu hören war. Fast klang es so, als würden sich die Boote etwas zurufen. Die Fine *wurde an die Kaimauer gedrückt, und aus dem sanften Schaukeln des Fischkutters war mittlerweile ein heftiges Krachen und Schieben gegen die Fender geworden, die das Schiff von der Mauer trennten. Es war ein kalter Abend, nachdem die Sonne untergegangen war, und so lagen die Schiffe trotz des bis eben noch guten Wetters verlassen und unbeobachtet im Hafen. Kein Spaziergänger und auch kein Segler, der noch einmal nach seinem Boot schauen wollte, selbst die Camper von dem kleinen Platz direkt neben dem Hafen hatten sich in ihre Wohnmobile und Zelte verzogen. Die letzten Gäste der Hafenkneipe waren längst gegangen, die nächsten Wohnhäuser standen im zwei Kilometer entfernten Peenemünde. Es war also tatsächlich niemand da, der hätte bemerken können, dass die* Fine *ihr Schleppnetz ausgebracht hatte. Im Hafenbecken war das natürlich völlig sinnlos, um nicht zu sagen gefährlich, denn die Wahrscheinlichkeit, dass sich die Schraube eines anderen Bootes im Netz verfing, war groß, die Wahrscheinlichkeit, hier einen guten Fang zu machen, hingegen gering. Letzteres schien der* Fine *allerdings trotzdem gelungen zu sein, denn das Netz hing an straff gespannten Tauen ins Wasser, ganz so, als ob etwas sehr Schweres darin liegen würde. Eine Welle brach sich am Bug der* Fine, *der Kutter schwankte heftig auf und nieder, das Netz schlug mit einem dumpfen Knall gegen das Heck und trieb nach oben. Für einen*

Moment zeigte sich sein Inhalt unter der Wasseroberfläche. Im Mondlicht war nun kurz zu sehen, dass es kein Heringsschwarm war, der sich im Netz verfangen hatte. Es war ein Mann, halb nackt, mit weit geöffneten Augen. Sein Mund hingegen war geschlossen. Oder besser: verschlossen. Fein säuberlich mit fünf Angelhaken, die seine Lippen zusammenhielten wie Heftklammern einen Stapel Papier.

1

»Jetzt atmen Sie langsam und tief ein und versuchen, sich zu entspannen.«

Ich gebe mir wirklich Mühe, diese Anweisung umzusetzen, aber meine Rückenschmerzen sind so stark, dass an Entspannung überhaupt nicht zu denken ist. Stattdessen gebe ich ein ziemlich klägliches Jaulen von mir. Der Physiotherapeut grinst. Glaube ich wenigstens. Sehen kann ich es nicht, denn er steht ja hinter mir, während er versucht, mich so einzurenken, dass ich mich wieder einigermaßen bewegen kann.

»Kommen Sie«, muntert er mich auf, »versuchen Sie, locker zu lassen. Erzählen Sie mir etwas. Zum Beispiel, wie zum Teufel sich eine junge Frau wie Sie so sehr den Rücken verdrehen kann.«

Bei dem Gedanken an die ehrliche Antwort auf seine Frage bin ich es, die grinsen muss. Nein, ich muss sogar lachen. Sofort durchzuckt mich der Schmerz wieder. Aua! Lachen ist nicht gut!

»Das ist beim Versuch passiert, kopfüber in eine Ritterrüstung zu tauchen. Die Rüstung ist umgekippt, und ich steckte fest wie eine Sardine in der Büchse. Ich wollte mich rauswinden, und da habe ich es schon knacken hören. Glaube ich.« Ich halte kurz inne und überlege. »Vielleicht ist es aber auch erst passiert, als der Hausmeister mich mit dem Seitenschneider rausholen musste, weil ich mich so in der Rüstung verkeilt hatte. Dafür musste er das Ding mehr oder weniger auf den Kopf stellen. War ziemlich unangenehm.«

Die Hände des Therapeuten bewegen sich nicht mehr.

»Sie sind mit einer *Ritterrüstung* umgekippt?«

»Ja.«

»Was machen Sie denn beruflich? Sind Sie Restauratorin? Oder Schauspielerin?«

Ich schüttle den Kopf, was keine gute Idee ist, denn auch das tut höllisch weh.

»Nein, ich bin Radioreporterin. Ich wollte einen Beitrag über das Ritterspektakel auf Schloss Mellenthin machen. Und auf der Suche nach einem originellen O-Ton ist mir mein Aufnahmegerät in eine Ritterrüstung gefallen. Ich wollte es rausfischen, und na ja ... dabei ist es passiert.«

Der Therapeut lacht.

»Dann ist das ja ein Arbeitsunfall gewesen. Für welchen Sender arbeiten Sie?«

»Für Bäderland-Radio. Sie wissen schon – *Hits und News für Deutschlands schönste Insel!*«

»Ach, Sie arbeiten auf Sylt?«

»Was? Unverschämtheit!«, erwidere ich halb spaßhaft, halb mit ernstem Unterton. »Die schönste Insel Deutschlands ist selbstverständlich unser Usedom!«

»Klar. War auch nur ein Scherz. Ist echt ein schönes Fleckchen hier. Und Sie sind die Mittelalter-Beauftragte beim Radio?« Während er redet, wandern seine Hände wieder an meiner Wirbelsäule entlang. Er ist also offenbar ein Mann, der Multitasking beherrscht.

»So ungefähr. Ritterrüstungen sind mein Spezialgebiet. Nein, im Ernst: Ich mache Reportagen und lokale Nachrichten, im Grunde genommen kümmere ich mich um alles, worüber man auf Usedom gerade spricht. Also zum Beispiel ...«

KNACK. Aua! Jetzt hat er meine Schultern mit einer ruckartigen Bewegung nach vorn gedrückt. Will der mich umbringen?

»So, jetzt bewegen Sie sich bitte mal vorsichtig, Frau Mai.«

Ich stehe auf und drehe langsam meinen Oberkörper. Wahnsinn! Es geht tatsächlich viel besser als vorher. Der Therapeut stellt sich neben mich.

»Na, was sagen Sie?«, will er von mir wissen.

»Ich sage einfach mal: Es ist schön, wenn der Schmerz nachlässt.«

»Perfekt! So soll es sein. Jetzt schonen Sie sich noch einen Tag ein bisschen, dann sind Sie wieder wie neu. Und machen Sie einen Bogen um die nächste Ritterrüstung!«

*

In der Redaktion werde ich schon von Janis, unserem Volontär, erwartet. Er sieht irgendwie nervös aus, in seinem sonst sehr blassen Gesicht breiten sich hektische rote Flecken aus, und er fährt sich ständig durch seine gelockten blonden Haare.

»Mann, Franzi, wo hast du gesteckt? Ich habe dich mindestens dreimal angerufen, aber du bist nie rangegangen. Der große Häuptling will eine Rede ans Volk halten, wir warten nur noch auf dich!« Er mustert mich. »Was ist denn los mit dir?«

»Wieso, was soll denn sein?«

»Irgendwie ziehst du dein rechtes Bein so komisch nach.«

»Echt? Okay, ist 'ne Art Schonhaltung. Doofe Geschichte, aber ich bin schon wieder auf dem Weg der Besserung.«

Janis legt den Kopf schief.

»Schonhaltung? Was ist dir jetzt schon wieder passiert?«

»Ich …«

»Nein, erzähl's mir später. Jetzt komm lieber schnell mit in den Konferenzraum. Raimund ist mies drauf, *Vogelfänger*, du weißt schon.«

»Oh, nein, dann sollten wir ihn wirklich nicht länger warten lassen.«

Wir gehen aus unserem Großraumbüro Richtung Konfi, und schon auf dem Flur kann ich es hören: *Der Vogelfänger bin ich ja, stets lustig, heissa hopsasa!* In voller Lautstärke und mit großer Hingabe gepfiffen von Raimund, unserem Chef. Seit vier Jahren arbeite ich jetzt mit ihm zusammen, und immer, wenn er Papagenos Vogelfänger-Arie aus Mozarts *Zauberflöte* pfeift, droht richtig Ärger. Es scheint eine Art Übersprunghandlung bei ihm zu sein, wenn er Unangenehmes zu verkünden hat.

Ich werfe einen Blick durch die Glastür unseres Konferenzraumes und sehe auch schon das nächste untrügliche Zeichen für eine Krise: Kekse. Auf dem langen Besprechungstisch steht tatsächlich eine Schale mit Keksen. Es ist also wirklich ernst!

Die anderen im Team wissen das natürlich auch. Hauke und Kathleen, unsere beiden Musikredakteure, sitzen schon an dem Konferenztisch, und Kathleen knabbert nervös an ihren Fingernägeln herum. Unsere Teamassistentin Sonja, direkt daneben, knabbert zwar nicht an ihren Nägeln, sondern an einem der Schokokekse, trotzdem sieht sie sehr angespannt aus. Nur Markus, unser Programmplaner und Nachrichtenredakteur, wirkt noch ganz gut gelaunt. Er ist allerdings sowieso chronisch gut gelaunt, ich habe noch nie erlebt, dass ihm irgendetwas die Stimmung verhagelt. Janis und ich nehmen neben Sonja Platz, und in diesem Moment taucht auch schon Raimund auf. Mittlerweile pfeift er nicht mehr, sondern presst die Lippen fest aufeinander und starrt vor sich hin.

»Also«, räuspert sich Raimund, nachdem er sich vor den Kopf des Konferenztisches gesetzt hat, »es gibt wichtige Neuigkeiten.« Ein tiefes Luftholen. »Bäderland-Radio wird verkauft. Und zwar an Megahit-FM. Sie werden im nächsten Vierteljahr unsere Frequenz übernehmen.«

Habe ich gerade richtig gehört: Unsere Frequenz wird übernommen? Und auf welcher Frequenz senden wir dann? Oder senden wir gar nicht mehr? Ich schaue zu Kathleen und Hauke, auch die beiden sehen geschockt aus. Schließlich ringt sich Kathleen zu der Frage durch, die wir uns mit Sicherheit alle gerade stellen:

»Chef, heißt das, dass es uns bald nicht mehr gibt? Sollten wir uns alle schleunigst einen neuen Job suchen?«

Zu meiner Erleichterung schüttelt Raimund energisch den Kopf.

»Nein, nein, das heißt nur, dass Bäderland-Radio einen neuen Eigentümer bekommt. Megahit-FM will seinen Senderverbund in Norddeutschland ausbauen, und der Kauf von Bäderland ist Teil dieser Strategie. Erst mal bleibt alles beim Alten.«

Moment! *Erst mal?*

»Raimund«, melde ich mich zu Wort, »was genau meinst du denn mit *erst mal?*«

»Na ja, dass ich natürlich keine Kristallkugel auf meinem Schreibtisch stehen habe. Wer weiß schon, was in zehn Jahren ist.«

»Megahit-FM – sind das nicht die ohne messbaren Wortanteil?«, schaltet sich jetzt Markus ein. »Ich glaube, die machen wirklich nur genauso viel, wie ihnen die Landesmedienanstalt vorschreibt. Meine Kids hören das gern, wenn wir nach Berlin fahren. Grauenhaftes Gedudel, und zwar die ganze Zeit. Kann mir nicht vorstellen, dass die unser ausgewogenes Programm zu schätzen wissen.«

»Du meinst, die sind wirklich nur auf die Frequenz scharf und machen uns dann platt?«, fragt Kathleen nach. Markus nickt und sieht dabei wie immer vollkommen unbesorgt aus. Raimund hingegen legt die Stirn in Falten.

»Also, bitte keine Panikmache! Die Frequenz ist zunächst mal auch an unsere Inhalte geknüpft. Die Verantwortlichen werden sich unser Programm in den nächsten Wochen genau ansehen und dann überlegen, wie es sinnvoll in den Sendeverbund integriert werden kann.«

Jetzt bin ich es, die den Kopf schüttelt.

»Sag, was du willst, Raimund. Aber ich hab da ein ganz mieses Gefühl!«

*

Der *Inseltreff* in Bansin ist selbst eine Insel. Und zwar im Meer des Usedom-Tourismus. Er gehört meiner Freundin und Vermieterin Katja und ist ein Lokal, in das sich kaum je ein Feriengast verirrt. Einheimische dafür umso mehr. Das liegt in beiden Fällen wahrscheinlich an der völligen Abwesenheit von Deko-Elementen wie Fischernetzen, Holzmöwen, Schiffsglocken oder Ähnlichem. Auch Fotos von Sonnenuntergängen am Strand sucht man hier vergebens. Der *Inseltreff* ist in erster Linie einfach eine richtig gute Kneipe mit einer exzellent ausgestatteten Bar, an die Janis und ich uns heute Abend geflüchtet haben. Normalerweise hänge ich in meiner Freizeit nicht mit dem jeweiligen Voli, wie wir die Volontäre liebevoll nennen, ab. Aber der arme Janis sah nach unserer Konferenz so elend aus, dass ich mich kurz entschlossen erbarmt und ihn eingeladen habe, nach Dienstschluss ein Bier mit mir trinken zu gehen.

»Oh, Mann, Franzi, was für ein beschissener Tag!«, jammert er. »Hoffentlich kann ich überhaupt noch mein Volontariat bei euch beenden. Meinen Eltern darf ich das gar nicht erzählen, die drehen total durch. Erst mein abgebrochenes Studium und jetzt das!«

Ich klopfe ihm mitleidig auf die Schulter.

»Kannst du ja nichts dafür. Also für den Verkauf, meine ich. Für den Studienabbruch natürlich schon. Aber die Ausbildung wirst du bestimmt zu Ende machen können«, versuche ich, ihn zu beruhigen. »Hast doch gehört, was Raimund gesagt hat: Erst mal müssen die so weitermachen wie bisher.«

Janis mustert mich und schaut dabei extrem skeptisch.

»Weiß nicht. Ich brauche schließlich noch achtzehn Monate. Das ist eine ganz schön lange Zeit.« Er seufzt. »Na, wenigstens bin ich jung und kann mich schnell neu orientieren. Für dich ist es wahrscheinlich schon schwerer.«

Habe ich mich da gerade verhört?

»Eh, 'tschuldige, Janis, aber ich bin vierunddreißig.«

Er nickt.

»Ja, sage ich ja. Für ältere Mitarbeiter wird es definitiv schwerer als für mich. Tut mir leid!«

Ich beschließe, seine Unverschämtheit zu ignorieren, und gehe zum wesentlichen Tagesordnungspunkt über: Wie geht es jetzt weiter?

»Wenn Raimund recht hat und sich die von Megahit-FM unser Programm noch mal genauer anschauen, dann haben wir vielleicht eine Chance«, überlege ich laut. Janis zieht die Augenbrauen hoch.

»Meinst du, dass die sich das nicht längst angeguckt haben? So etwas macht man doch eigentlich vor dem Kauf.«

Ich zucke mit den Schultern.

»Weiß nicht. Wenn es denen nur darum ging, ein Lokalradio hier im äußersten Nordosten zu kaufen, dann kamen vielleicht nur wir in Frage.«

»Kann natürlich auch sein. Aber wo siehst du da unsere Chance?«

»Ist doch klar: Uns muss jetzt sehr schnell etwas einfallen, was bei unseren Hörern wie eine Bombe einschlägt. Und worauf alle richtig scharf sind. Wir müssen uns unverzichtbar machen, verstehst du?«

Janis nickt langsam.

»Du meinst, so was wie *Wer wird Millionär?*, nur im Radio?«

»Ja, aber keine Quizshow. Schließlich wollen wir den niveauvollen Wortanteil retten.« Lautes Lachen von Janis, ich gucke ihn böse an. »Was ist daran so lustig?«

»Niveau ist jetzt nicht gerade das Erste, woran ich bei einer Reportage über das Ritterspektakel auf Schloss Mellenthin oder das fünfzigste Jubiläum des Männergesangsvereins Zinnowitz denke.«

Ich hole tief Luft.

»Ach ja? Dann frage ich mich, was du bisher gelernt hast. Wir machen nämlich sehr anspruchsvollen Lokaljournalismus hier bei Bäderland-Radio. Wir holen unsere Hörer genau da ab, wo sie stehen, und versorgen sie mit Nachrichten aus ihrer Heimat. Also wenn du nicht erkennst, wie wichtig das ist und auf welch hohem Niveau wir das machen, dann …«

»Alles in Ordnung bei euch?« Katja ist an unseren Tisch gekommen. Anscheinend bin ich etwas lauter geworden.

»Äh, ja, doch, doch, alles in Ordnung«, beeile ich mich zu versichern. Janis guckt leicht verschreckt, und ich lege beruhigend meine Hand auf seinen Unterarm. »Ich habe nur gerade versucht, Janis zu erklären, wie wichtig Lokaljournalismus auch im Radio ist.«

Katja mustert uns neugierig.

»Ich hatte ja glatt das Gefühl, ihr habt irgendwie Streit.«

Nun schüttelt auch Janis den Kopf.

»Nein, haben wir nicht. Nur Stress. Bäderland-Radio wird verkauft, und wir beide überlegen, ob uns nicht irgendetwas Tolles einfällt, was uns den Arsch retten könnte. Irgendeine Aktion, die bei den Hörern mega ankommt.«

»Verstehe.« Katja zieht sich einen Stuhl heran und setzt sich zu uns. »Lasst mal überlegen – eine Mitmachaktion vielleicht? Bäderland-Radio sucht die beste Kneipe? Und die Hörer machen Vorschläge? Und wenn sie – was wahrscheinlich ist – den *Inseltreff* wählen, dann können sie hier einen schönen Sonntagsbrunch gewinnen.«

Ich lege den Kopf schief.

»Hm. Tja, Hörerbeteiligung ist schon mal gut. Aber es müsste irgendwie mehr Wumms haben. Es muss um etwas gehen, was die Leute aufregt.«

»Was die Leute aufregt«, echot Janis. »Na, dann vielleicht irgendwas mit Parktickets oder Verwarngeldern? Man kann sie bei uns einreichen, und wer die traurigste Geschichte dazu erzählt, dem zahlen wir das Bußgeld?«

Ich schüttle den Kopf, während ich gleichzeitig überlege, was genau für den *Wumms* sorgen könnte. Mein Blick wandert durch den *Inseltreff*, als könnte ich hier die Lösung finden. Dann bleibt er am Zeitungsständer hängen, der direkt neben dem Tresen an die Wand genagelt ist. Gleich vorn steckt die BILD drin. Da kommt sie mir, die rettende Idee!

2

»*Bäderland-Radio kämpft für Sie!* Und das soll die Massen begeistern?« Raimund klingt skeptisch, aber ich lasse mich davon nicht aus dem Konzept bringen. Ich sitze vor seinem Schreibtisch und bin fest entschlossen, sein Büro erst wieder zu verlassen, wenn er meine Idee gekauft hat.

»Ganz genau. *BILD kämpft für Sie!* war eine der erfolgreichsten Serien der BILD-Zeitung und in diesem Fall kann man getrost sagen: Von der BILD lernen heißt siegen lernen! Ich habe mich da mal eingelesen, und alle Experten sind sich einig, dass dieses Format für eine sensationelle Leser-Blatt-Bindung gesorgt hat.« In den Augen meines Chefs sehe ich Ratlosigkeit, deswegen setze ich nach. »Na, Leser-Blatt-Bindung ist doch genau das, was wir wollen, wenn die Jungs von Megahit-FM hier reinspazieren und gucken, ob es sich lohnt, unseren Laden zu erhalten.«

»Blatt?«, hakt Raimund nach. »Wir sind doch keine Zeitung.«

»Herrgott nochmal, Raimund! Dann eben Hörerbindung – du weißt doch genau, was ich meine. Wenn wir erreichen, dass die Leute bei uns anrufen und uns hören wollen, weil wir diese – Verzeihung! – megageile Rubrik eingeführt haben, dann haben wir vielleicht eine Chance, nicht einfach auch ein Dudelradio zu werden.«

Raimund seufzt.

»Ich weiß nicht.«

»Bitte, Raimund. Du musst es mich probieren lassen! Ich bin

nur für diesen Job vor vier Jahren aus Düsseldorf hierhergezogen und habe meine Stelle beim WDR sausen lassen. Du musst mich das einfach versuchen lassen!«

»Ich dachte, du wärst wegen diesem Typen nach Usedom gezogen, Henning oder wie der hieß. Dass du nur für uns gekommen bist, ist mir neu.«

Mannomann, mein Chef ist heute aber wirklich schwer zugänglich. Ich ändere die Taktik.

»Komm schon, Raimund. Nur ein Test. Wenn niemand anruft, lassen wir es sofort wieder.«

Er sagt nichts, stattdessen schließt er die Augen. Als er sie öffnet, knurrt er: »Okay. Sag Markus, er soll dir dafür in der nächsten Woche jeweils eine halbe Stunde freiräumen. Aber du hast nur einen Versuch – ich will hier nicht alles umschmeißen und die Leute von Megahit nervös machen!«

»Danke, Raimund! Du wirst es nicht bereuen!«

Dazu sagt mein Chef nichts mehr. Im Hinausgehen höre ich allerdings, wie er anfängt, ein Lied zu pfeifen: *Der Vogelfänger bin ich ja, stets lustig, heißa hopsassa.*

In unserem Großraumbüro wartet Janis schon gespannt auf mich.

»Na, was hat er gesagt?«

Ich setze ein breites Grinsen auf.

»Wir dürfen es versuchen. Wir dürfen ein Format starten, bei dem Leser anrufen und uns ein Problem, eine Ungerechtigkeit oder sonst eine Sauerei schildern. Und wir beide, das Team, machen uns dann an die Arbeit. Recherchieren, was an der Sache dran ist, und versuchen dann, im Sinne unserer Hörer eine Lösung zu finden. Währenddessen und danach berichten wir immer über den aktuellen Fall.«

Janis nickt.

»Klingt nach einer coolen Sache!«

»Ja, das *ist* eine coole Sache. Aber wir haben nicht viel Zeit, um erfolgreich zu sein. Am besten machen wir uns also gleich an die Arbeit und produzieren erst mal einen werbewirksamen Jingle, auf dass die Hörer gar nicht anders können, als bei uns anzurufen. Komm, ich zeig dir, wie das geht.«

Wir setzen uns zusammen an den Computer, und ich erkläre Janis, wie er aus unserer Musikdatenbank das richtige Stück für ein spannendes Musikbett raussuchen kann. Dann überlegen wir uns einen passenden Werbetext für unser neues Format – was uns als Erstes auf die Frage nach dem Titel bringt.

»*Bäderland-Radio kämpft für Sie!* – so soll das neue Format heißen«, sage ich zu Janis. Der sieht wenig überzeugt aus.

»Hm, also *Bäderland-Radio kämpft für Sie!* ist echt 1:1 BILD. Das ist krass unoriginell«, urteilt er. »Und überhaupt – wenn Raimund jetzt auch noch Post von der Rechtsabteilung der BILD bekommt, hat er den Kaffee garantiert endgültig auf.«

Gut. Da ist natürlich etwas dran. Ich überlege laut.

»Wie wäre es dann mit *Nicht verzagen – Bäderland fragen?*«

»Grauenhaft.«

»Oder *Bäderland – die Nummer gegen Kummer?*«

»Oh! Mein! Gott!«

Alles klar, also auch nicht. Allerdings ist mir der gute Janis gerade etwas zu destruktiv.

»Dann schlag du doch mal was Besseres vor«, motze ich. Janis fährt sich mit der Hand über den nicht vorhandenen Bart, dann grinst er.

»Wie wär's denn mit *Die Problemlöser?* Klingt irgendwie dynamisch und zupackend. Und dann setzen wir nicht Bäderland, sondern unsere Namen davor. Denn wenn das gut läuft, wird der Erfolg vor allem mit uns verknüpft. Und selbst wenn Megahit das arme, kleine Bäderland einstampft, übernehmen sie uns vielleicht trotzdem.«

»Janis, du bist wirklich einigermaßen gerissen!«, gebe ich zu.

Janis strahlt.

»Okay, dann ist das beschlossen? Es heißt: *Janis und Franzi – die Problemlöser!*«

»Nein. Es heißt: *Franzi und Janis – die Problemlöser!*«

*

Es funktioniert! Kaum haben Hauke und Kathleen unseren Jingle den ersten Tag in die Rotation eingebunden, so dass er regelmäßig zwischen unseren Musiktiteln gespielt wird, steht das Telefon nicht mehr still. Okay, das ist vielleicht übertrieben – aber nur leicht. Tatsächlich haben schon nach dem ersten Tag zwanzig Leute angerufen und uns ihr Herz ausgeschüttet. Janis hat vom Telefonieren schon ein rotes Ohr, weil er sich den Hörer immer zwischen Kopf und Schulter klemmt, während er gleichzeitig mitschreibt, was die Hörer auf dem Herzen haben.

Eine Stunde nachdem der Jingle zum letzten Mal für heute ausgestrahlt worden ist, setzen wir uns zusammen und sichten das Material. Das allerdings ist ernüchternd. Die Riesensache scheint auf den ersten Blick nicht dabei zu sein – relativ viele Nachbarschaftsstreitereien, insbesondere aus dem Bereich der Gartenpflege, wie überhängende Äste, falsch gesetzte Zäune oder Kinderlärm vom Klettergerüst.

Janis streicht sich durch die Haare.

»Okay, das ist alles noch nicht so der Burner. Kann mir kaum vorstellen, dass sich unsere Hörer für den Hund interessieren, der immer in den Vorgarten von Oma Kasuppke kackt.« Er wühlt in seinen Notizen herum. »Hm, hier ist noch der Typ, der nicht einsehen will, dass in seiner Straße jetzt Tempo 30 gilt, seitdem der Kindergarten aufgemacht hat. Ist jetzt auch nicht wirklich verdammenswerte Behördenwillkür. Oder hier – die Sparkasse will große Mengen von Kleingeld nur noch für ihre eigenen Kunden eintauschen. Könnte man vielleicht Großkapital gegen Kleinsparer draus machen?«

Ich verziehe das Gesicht.

»Joa, weiß nicht. Haut mich noch nicht richtig vom Hocker, aber können wir schon mal im Hinterkopf behalten.«

Janis nickt und legt den Zettel zur Seite. Es ist bisher der einzige für den Stapel »hoffnungsvolle Fälle«. Das geht ja gut los! So werden wir Megahit-FM vermutlich nicht beeindrucken. Das Telefon klingelt wieder. Diesmal nehme ich den Anruf an.

»Bäderland-Radio, Franzi Mai am Apparat.«

»Sind Sie die Problemlöser-Tante?«, bellt es wenig charmant durch die Leitung.

»Ähm, ja, genau. Wie kann ich Ihnen helfen?«

»Mein Name ist Maik Peters. Ich bin Fischer in Zeglin. Der letzte dort. Aber nicht mehr lange. Denn die Fischereibehörde will mich fertigmachen. Mich und meinen Bruder Ole.« Er atmet schwer. »Bitte, Sie müssen uns helfen! Dieses miese Schwein von Friedeberg zerstört unsere Existenz! 200 Jahre hat meine Familie vor Usedom gefischt, 200 Jahre!« Seine Stimme zittert.

»Herr Peters«, gebe ich mich möglichst sanft und einfühlsam, »mögen Sie mir einmal von vorne erklären, was genau das Problem mit der Fischereibehörde ist?«

Noch ein schweres Atmen am anderen Ende der Leitung, dann fängt Peters an zu erzählen.

»Ich weiß nicht, ob Sie es mitbekommen haben, aber es gibt in der Ostsee eine Fangquote für Hering und Dorsch. Und die ist allein im vergangenen Jahr um 90 Prozent gesenkt worden.«

»Ja, habe ich mitbekommen. Aber soweit ich weiß, ist dafür doch nicht die Fischereibehörde verantwortlich, sondern die EU.«

»Richtig. Darauf will ich auch nicht hinaus. Ich bin ja durchaus dafür, dass die Bestände vor Überfischung geschützt werden.

Aber gerade deswegen haben Ole und ich uns seit einiger Zeit auf Angelausflüge spezialisiert. Die Gäste können sogar auf unserem eigenen kleinen Campingplatz übernachten, wenn sie wollen. Ist zwar nur eine Wiese und ganz offiziell ein Privatparkplatz ohne Zu- und Abwasser, weil ich sonst 'ne Nutzungsänderung bei der Gemeinde beantragen müsste. Aber solange ich es nicht übertreibe, sagt keiner was dazu. Ist ein tolles zweites Standbein geworden. An manchen Tagen auch das einzige. Wir fahren früh raus mit den Touristen, die bekommen bei uns einen Angelschein für einen Tag ausgestellt und dürfen dann ihr Glück versuchen. Abends gibt's ein Bier in der *Flachen Flunder* – es ist perfekt. Oder besser: könnte es sein.«

»Aha.« Mehr sage ich dazu nicht. Ich kenne kaum etwas, das ich langweiliger finde als Angeln. Die Vorstellung, ich müsste dafür auch noch besonders früh aufstehen, ist gruselig und wird nur noch getoppt von meiner Abneigung gegen Campingurlaub. Die Kombination aus allen drei Zutaten wäre für mich ein echter Albtraum. Und was die *Flache Flunder* ist, will ich gar nicht erst wissen.

»Seit neustem gelten die Fangquoten jedenfalls auch für Hobbyangler«, erklärt Peters weiter. »Totaler Schwachsinn! Als ob die paar Angler da einen Unterschied für den Gesamtbestand machen würden. Aber für uns – für uns macht es einen Riesenunterschied!«

»Und was genau hat das jetzt mit der Fischereibehörde zu tun?«, hake ich nach. Peters schnaubt laut.

»Das kann ich Ihnen genau sagen: Dieser Friedeberg, der Fischereiaufseher für Usedom, der kontrolliert uns jetzt nach jeder Ausfahrt, als ob wir zehn Kilo Koks an Bord hätten. Mindestens! Da wird jeder einzelne Dorsch nachgemessen und in jeden Eimer geguckt. Kommt dafür extra von Freest zu uns rübergefahren. Bisher hat er fast immer ein Haar in der Suppe gefunden. Ist der

Fisch nur einen Millimeter zu kurz, gibt es Ärger. Er verhängt jedes Mal wirklich heftige Bußgelder gegen meine Gäste. Reine Schikane! Das sind doch keine Verbrecher!« Er lacht verächtlich. »Jedenfalls spricht sich das natürlich rum bei den Petrijüngern. Und dann gehen die Leute lieber woanders angeln. Auf Rügen oder in Kühlungsborn. Fast die Hälfte aller gebuchten Touren ist bei uns schon abgesagt worden, das ist eine Vollkatastrophe. Ohne die Angeltouristen krieg ich nämlich auch den Campingplatz nicht so leicht voll. Wenn das so weitergeht, bin ich bald pleite. Dann hat Friedeberg sein Ziel erreicht.«

Puh! Klingt heftig!

»Aber warum hat er es denn gerade auf Sie so abgesehen? Haben Sie da einen Verdacht?«

»Den habe ich in der Tat. Aber das ist nichts fürs Telefon. Am besten Sie kommen mal vorbei. Dann erkläre ich Ihnen das in Ruhe.«

Perfekt! Es scheint also auch noch ein brisantes Geheimnis bei diesem Fall zu geben. Genau das, was wir brauchen.

»Okay, ich komme gern vorbei. Wann passt es?«

»Seien Sie morgen um zwölf Uhr am Hafen. Da kehren wir gerade von einer Ausfahrt zurück. Dann können wir sprechen.«

Als ich aufgelegt habe, vollführe ich einen kleinen Freudentanz in unserem Büro. Janis schaut mich überrascht an.

»Alles in Ordnung bei dir?«

»Alles bestens. Wir haben gerade den perfekten Fall an Land gezogen.«

»Wow! Den perfekten Fall? Schieß los, worum geht es?«

Ich erkläre Janis, was mir Peters erzählt hat, und schließe mit den Worten: »Weißt du, mein Lieblingsauszubildender, dieser Fall hat alles, was es für eine gute Radioreportage braucht: tolle O-Töne von aufgebrachten Fischern und Touristen, den Aufreger »Behördenwillkür« und einen Bezug zu einem für die Insel wichtigen Thema. Das ist genau der richtige Start für die Problemlöser!«

*

»Hey, ich habe heute im Radio von eurer neuen Rubrik gehört!« Katja sitzt auf der Terrasse und begrüßt mich freundlich, als ich aus dem Sender nach Hause komme und ihr die Post vorbeibringe, die ich gerade aus unserem Gemeinschaftsbriefkasten gefischt habe. »Klingt wirklich nach einer guten Idee – ich habe sofort überlegt, wen ich bei euch anschwärzen soll.«

»Wieso bist du nicht im *Inseltreff*?«, wundere ich mich.

»Ach, montags ist ja immer nicht so viel los. Ich habe beschlossen, dass Manni das alleine schafft. Ich brauche ein bisschen mehr Zeit für mich. Glaube ich jedenfalls.«

Interessant. Das klingt ja direkt auf eine traurige Art nachdenklich. So kenne ich Katja gar nicht. Und ich kenne sie mittlerweile ziemlich gut. Zum ersten Mal getroffen habe ich sie, als ich für die VHS Vorpommern-Wolgast einen Kurs in Gebärdensprache gegeben habe. Kleiner Nebenjob, wurde schlecht bezahlt, hat aber Spaß gemacht. Mit Katja habe ich mich gleich super verstanden, sie ist Rheinländerin wie ich, aber schon seit vielen Jahren auf der Insel. Wir waren nach dem Kurs ab und an mal etwas trinken, und als ich vor drei Jahren Hals über Kopf bei Henning ausgezogen bin, bin ich erst mal auf ihrem Schlafsofa gelandet. Und weil Katja zusammen mit ihrem Mann Manni, einem echten Inselurgestein, in ihrem Haus noch zwei kleine Wohnungen besitzt, wurde sie kurze Zeit später auch meine Vermieterin.

»Is' was?«, erkundige ich mich. »Du klingst irgendwie seltsam.«

»Oh, nein, nein – alles gut. Wirklich. Und jetzt erzähl mir von diesem Problemlöser-Dings. Finde ich extrem spannend! Habt ihr schon irgendwelche krassen Fälle ausgebuddelt?«

Ich gebärde meine Antwort, indem ich mit Daumen und Zeigefinger der rechten Hand einen Kreis bilde, die anderen drei Finger abspreize und mit der so geformten Hand meine Stirn berühre.

»Äh, was heißt das noch mal?«, fragt Katja nach.

»Na los, gib dir Mühe, oder hast du in meinem Kurs nicht aufgepasst?«

Katja legt die Stirn in Falten.

»Doch, aber es ist nicht so einfach, wenn man es nicht regelmäßig trainiert.«

»Quatsch. Es ist voll einfach. Die einfachste Sprache überhaupt, weil nämlich voll logisch.«

Daraufhin sagt Katja nichts mehr, sondern kichert nur.

»Was ist daran so lustig?«, will ich wissen.

»Na ja, natürlich ist das für dich einfach und logisch – weil du Muttersprachlerin bist. Du bist mit tauben Eltern aufgewachsen, für dich ist es selbstverständlich. Aber für alle anderen ist es auch nicht einfacher als Spanisch. Oder Japanisch.« Sie seufzt. »Okay, ich versuche es noch mal – bedeutet das *Kann schon sein?*«

Ich schüttle den Kopf.

»*Ja, bestimmt?* Oder: *vielleicht?*«

»Mööp. Wieder falsch.« Ich grinse, und Katja legt den Kopf schief. Dann erhellt sich auf einmal ihre Miene.

»Ach, ich weiß: Es bedeutet *Keine Ahnung*!«

»Richtig. Hundert Punkte! Ist ja doch was hängen geblieben.«

»Klar, ich hatte ja auch eine Weltklasse-Kursleiterin. Aber was meinst du mit *Keine Ahnung?*«

»Keine Ahnung, ob wir schon einen krassen Fall haben. Ein Anruf klang vielversprechend. Maik Peters aus Zeglin. Ein Fischer, fühlt sich verfolgt vom Fischereiaufseher. Ich fahre morgen mal hin und recherchiere ein bisschen vor Ort.«

»Maik Peters«, wiederholt Katja.

»Kennst du ihn?«

»Ich weiß nicht. Der Name kommt mir irgendwie bekannt vor. Wir sollten Manni fragen, der kennt ihn bestimmt.«

Damit hat Katja bestimmt recht. Ich glaube, Manni hat die Insel bisher vermutlich nur aus einem einzigen Grund verlassen, und das war zu seiner eigenen Geburt in der Klinik in Wolgast. Okay, ich übertreibe. Tatsache ist aber, dass schon Mannis Eltern und deren Eltern Usedomer sind und Manni hier aufgewachsen ist. Wenn nun Fischer Maik, wie er ja behauptet, auch aus altem Inseladel stammt, dann werden die beiden sich mit Sicherheit kennen.

»Wir könnten Manni auf ein Bier besuchen«, schlage ich vor.

»Nee, lass mal. Ich wollte heute wirklich nicht in den Treff, wenn ich erst mal da bin, dann stelle ich mich doch wieder hinter den Tresen. Ich mache uns aber gern eine Flasche Wein auf, und wir setzen uns auf die Terrasse.«

Sie steht auf und geht ins Haus. Ich überlege kurz. Es ist Mai, und solange die Sonne noch auf die Terrasse scheint, ist es dafür warm genug. Aus der Küche höre ich ein *Plopp*, und schon steht Katja mit zwei Weißweingläsern vor mir. Ach, was soll's, Manni kann ich auch später noch ausquetschen. Zuerst besuche ich Maik Peters morgen Mittag in Zeglin und mache mir selbst ein Bild von ihm. Jetzt genieße ich einen Schluck Wein und freue mich, dass die Problemlöser erfolgreich gestartet sind.

3

In Zeglin erhebt sich das Volk, und ich bin bei diesem historischen Ereignis zugegen. Es ist ein bewegender Moment in meiner journalistischen Karriere!

»Mann, ey, du dummer Wichser – ich hau dir gleich auffe Schnauze! Abba so wat von, da fällste hinten über, woll!«

Na gut, vielleicht erhebt sich auch nicht das Volk in Gänze, sondern elf ziemlich angeheiterte Angeltouristen aus Castrop-Rauxel oder Umgebung. Jedenfalls, wenn ich den Dialekt richtig deute. Wie geplant stehe ich mittags mit Janis am Hafen von Zeglin, wo soeben der Fischkutter von Peters angelandet ist. Die freundlichen Herren aus dem Ruhrgebiet sind gerade von Fischereiaufseher Friedeberg in Empfang genommen worden. Und wie es Maik Peters gestern vorhergesagt hat, waltet Herr Friedeberg seines Amtes außerordentlich gründlich und lässt sich dabei auch vom aufwallenden Volkszorn nicht beeindrucken.

»Dieser Dorsch hat eindeutig keine Länge von 35, sondern nur von 34 cm. Er darf somit nicht gefangen werden. Das ist eine bußgeldbewehrte Ordnungswidrigkeit. Ich darf Sie daher bitten, mir Ihren Angelschein und Ihren Personalausweis auszuhändigen.«

»Leck mich doch. Ich hol mir lieber noch 'n Bier!« Der renitente Angler taumelt mit hochrotem Kopf an Friedeberg vorbei. Ich glaube, er wäre mit einem Mineralwasser besser bedient, behalte diese Einschätzung aber lieber für mich, denn ich bin mir nicht sicher, ob mein Status als Vertreterin der freien Presse mich hier vor sinnloser Gewalt schützen würde.

Friedeberg seufzt.

»Wie Sie meinen. Dann mache ich erst mal bei Ihren Kollegen weiter. Wenn mir die Herren bitte ihre Eimer zeigen würden?«

Die so Angesprochenen verhalten sich etwas kooperativer und schieben jeweils einen großen blauen Plastikeimer vor sich, in die Friedeberg einen schnellen Blick wirft.

»Ah ja. Also in diesem Eimer sind sechs Dorsche. Auch das führt leider zu einem Bußgeld, denn erlaubt sind nur fünf Fische pro Angler. Ihre Personalien würde ich daher ebenfalls gern feststellen.«

Der Petrijünger reißt die Augen auf. Er ist deutlich nüchterner als sein Kollege, der sich ein Bier holen wollte, deswegen kann er auch noch völlig ohne Probleme bis zehn zählen.

»Aber ... aber ... der Dirk hier neben mir hat doch nur vier Dorsche. Also haben wir im Schnitt genau fünf. Ist doch dann kein Problem, Mann!«

»Sie irren. Die Verordnung ist da eindeutig: pro Angler fünf Tiere. Nicht im Durchschnitt. Ihren Personalausweis bitte!«

Janis, der direkt neben mir steht, fängt an zu lachen. Die ganze Szene ist aber auch so unwirklich, dass sie saukomisch ist. Allein wie Friedeberg dasteht, überzeugt von seiner eigenen Wichtigkeit, in einer Uniformjacke, die so aussieht, als wäre ein dunkelblauer Strickpullover ein Verhältnis mit einer Segeltuchjacke eingegangen, das Ganze verziert durch das Landeswappen und den Schriftzug »Fischereiaufsicht«. Irgendwie pompös und doch lächerlich. Die Bügel seiner Hornbrille hat er an einem durchgehenden Band befestigt, so dass er sie sich um den Hals hängen könnte, aber jetzt gerade hat er sie natürlich auf der Nase, weil er mit Inbrunst den Personalausweis des eingeschüchterten Anglers studiert.

Sekunden später zeigt sich, wie hilfreich das Brillenbändsel in der Praxis ist – denn wie der Schatten eines Panthers springt auf einmal etwas sehr Großes auf Friedeberg zu. Erschreckt machen Janis und ich einen Satz nach hinten, um kurz darauf zu erkennen, was da aus den Tiefen der *Fine* geschossen kam: Es ist jemand in einem blau-weißen Fischerhemd und einer Gummihose mit Hosenträgern. Mittelgroß, mittelalt, mittelblond. Dem Aussehen nach zu urteilen, der Fischer selbst. Vermutlich also Maik Peters, der sich jetzt mit wildem Geschrei auf Friedeberg stürzt.

»Du dummes Arschloch! Willst du mich wirklich ruinieren? Meine letzten Kunden vertreiben?« Er packt den völlig perplexen Friedeberg am Kragen und schüttelt ihn so heftig, dass diesem die Brille herunterfällt. Gott sei Dank hängt sie ja am Band, Friedeberg scheint schon so eine Ahnung gehabt zu haben. »Ich polier dir die Fresse, ich mach dich fertig!«

Der Angeltourist mit dem 34-Zentimeter-Dorsch kommt mit seiner Flasche Bier angetaumelt.

»Ey, hier, Mann, das hast du dir verdient!« Offenbar will er Friedeberg nun das Bier über den Kopf schütten oder – noch schlimmer – die Flasche überbraten. Bevor es aber dazu kommen kann, erwacht Janis aus seiner Schockstarre, geht beherzt dazwischen und reißt dem Mann die Flasche aus der Hand.

»Hey«, ruft er dann, »ich würde sagen, wir beruhigen uns jetzt alle mal wieder!«

Die Ansage scheint zu wirken, jedenfalls lässt Maik Peters, oder wen auch immer wir für ihn halten, Friedeberg wieder los. Der schüttelt sich und drückte den Rücken durch.

»Peters, ich zeig dich an! Ich rufe jetzt die Polizei, und dann zeige ich dich an. Wegen Widerstands gegen Vollstreckungsbeamte, jawoll!« Dann dreht er sich zu Janis und mir. »Sie sind meine Zeugen! Sie haben es gesehen, oder?«

Janis und ich werfen uns einen schnellen Blick zu – wir sind uns einig. Ich schüttle bedauernd den Kopf.

»Tut mir leid. Ich weiß nicht, wovon Sie reden.«

Friedeberg schnappt nach Luft.

»Was für eine Frechheit!« Er wendet sich direkt an Janis. »Und Sie? Was ist mit Ihnen?«

Janis zuckt mit den Schultern.

»Ich hab auch nichts gesehen.«

Friedebergs Gesicht verfärbt sich dunkelrot.

»Na gut. Wie Sie meinen.« Dann macht er einen Schritt auf den Mann zu, der schneller war als sein Schatten. »Damit kommst du nicht durch, Peters. Auch für dich gelten die Regeln. Morgen bin ich wieder da. Und dann komme ich nicht allein, verlass dich drauf.«

Er dreht sich um und stapft von Bord. Die Angeltouristen, Peters und wir starren ihm hinterher. Dann atmet Peters tief durch und guckt Janis und mich an.

»Danke. Ich kenn euch zwar nicht, aber danke.«

»Oh, ich bin Franzi Mai vom Bäderland-Radio. Und das«, ich deute auf Janis, »ist mein Kollege Janis Neubauer. Ich glaube, Sie haben gestern bei uns angerufen und mit mir gesprochen.«

Ich strecke ihm die Hand hin, er ergreift und schüttelt sie.

»Stimmt. Ich bin Maik Peters. Schön, dass Sie gekommen sind. Na ja, Sie haben ja jetzt selbst gesehen, was hier vor sich geht. Dieser Friedeberg ist so ein …« Peters hält inne. »Ich weiß wirklich nicht, was ich ihm getan habe. Und deswegen bin ich davon überzeugt, dass ihn irgendjemand schmiert, damit er uns so schikaniert. Vielleicht diese elenden Tierrechtsaktivisten. Oder wer auch immer. Ich bin jedenfalls froh, dass Sie mir helfen.«

Im Hintergrund lärmen die Angler aus dem Ruhrgebiet. Sie haben in einer der Backskisten noch Bier entdeckt, welchem sie nun anscheinend dringend den Garaus machen wollen. Maik Peters seufzt und hebt entschuldigend die Hände.

»Tut mir leid, vielleicht passt es heute doch nicht so gut. Aber wenn ich Ihnen erklären soll, wie mein Geschäftsmodell funktioniert, dann wäre es bestimmt hilfreich, wenn Sie mal mit mir rausfahren würden. Da könnten wir uns auch in Ruhe unterhalten.«

»Gerne, das wäre genial«, erwidere ich, gedanklich schon bei den tollen O-Tönen, die wir an Bord der *Fine* einfangen werden.

»Dann seien Sie einfach morgen früh um vier Uhr wieder hier, dann geht es los. Und ziehen Sie sich bitte sehr warm an.«

*

Als mein Wecker klingelt, wähne ich mich in einem Traum. Einem sehr bösen Traum, in dem ich um drei Uhr aufstehen muss, um mit einem Fischkutter in See zu stechen. Es klingelt allerdings so lange weiter, bis mir klarwird, dass dies kein Traum ist, sondern ich tatsächlich aus den Federn muss. Missgelaunt wälze ich mich also aus meinem Bett und schleppe mich ins Badezimmer. Der Blick in den Spiegel macht die Sache leider nicht besser, denn ich muss feststellen, dass ich eine fiese Knautschfalte quer über meinem Gesicht trage. Verdammt! Das sieht unmöglich aus. Nur gut, dass ich nicht beim Fernsehen arbeite.

Zwei große Kaffee später geht es schon etwas besser. Ich habe mich in eine Uraltwollstrumpfhose gezwängt, die mir zwar einen Hauch zu eng ist, aber ansonsten sehr kuschelig warm hält. Darüber trage ich eine Jeans. Ich hätte auch noch eine 70er-Jahre-Cordhose mit Schlag in petto gehabt, die mir meine Mutter mal für eine Faschingsparty vererbt hat und die eindeutig wärmer gewesen wäre, aber hier siegt dann doch meine Eitelkeit. Ich habe sowieso schon nicht die längsten Beine, in dieser Cordhose sehe ich aus, als sei ich unterschenkelamputiert. Mein Aufzug wird komplettiert von einem Norwegerpulli, der zwar enorm kratzig, aber in Kombination mit einem Langarmshirt gut zu ertragen ist. Jetzt noch ein Pferdeschwanz wegen *bestimmt sehr windig an Bord* und Kontaktlinsen wegen *Brille über Bord wäre genau meine*

Kragenweite, dann steige ich in meinen alten Fiat Panda und fahre los nach Zeglin.

Unterwegs halte ich bei Janis in Ückeritz. Wider seine sonstige Gewohnheit steht er pünktlich vor seinem Haus und wartet auf mich. Ich fahre rechts ran, er steigt ein und wirft mir einen neugierigen Blick zu.

»Cooler Look. Und bestimmt schön warm!«

Ich drehe den Kopf und stelle fest, dass Janis so aussieht wie immer. Also Jeans und T-Shirt.

»Ja, Mann. Ich gebe zu: Du siehst besser aus. Aber dafür wirst du dir gleich den Arsch abfrieren, während ich an Bord ganz lässig unseren Fischer interviewe und nur drauf achten muss, dass mir dein Zähneklappern im Hintergrund nicht jeden O-Ton versaut.«

Janis lacht. Er scheint mir nicht zu glauben. Egal. In einer Stunde wird er mich um den Norwegerpulli geradezu anbetteln, da bin ich mir ganz sicher.

In Zeglin steure ich den Hafen an und stelle den Panda auf dem Schotterplatz neben einem alten Schuppen ab. Janis schnappt sich seinen Rucksack, dann machen wir uns auf den Weg zur *Fine.* Sie liegt noch auf dem gleichen Platz wie gestern und schaukelt sanft vor sich hin. Von Maik Peters ist nichts zu sehen, aber ein älterer Herr, ebenfalls im Fischeroutfit, steht vor dem Bug und winkt uns freundlich zu.

»Guten Morgen! Ihr müsst die Leute vom Radio sein, richtig?«

Ich nicke und lächle.

»Ja, Franzi und Janis.«

»Ich bin Henk. Der Bootsmann. Maik ist noch nicht da, aber der kommt bestimmt gleich. Normalerweise isser immer der Erste hier.«

Ich schaue mich um.

»Wo sind denn die Angler?«

Henk seufzt.

»Tja. Haben alle abgesagt. Passiert in letzter Zeit häufiger. Der ganze Ärger mit Friedeberg spricht sich eben rum.«

Eine Zeitlang stehen wir schweigend nebeneinander, dann wirft Henk noch einmal einen Blick auf seine Uhr.

»Viertel nach vier. Komisch. Wo bleibt der Chef nur?«

Er kramt in seiner Hosentasche, zieht ein Handy hervor, tippt eine Nummer ein und hält es sich ans Ohr. Nach einer Weile steckt er es wieder in die Hose.

»Nummer vorübergehend nicht erreichbar. Wahrscheinlich Akku leer. Oder wieder kein Empfang.«

Großartig. Der Typ versetzt uns gerade. Dafür bin ich so früh aufgestanden!

Schritte hallen vom Schuppen zu uns rüber. Endlich! Aber es ist nicht Peters. Es ist Friedeberg! Und er hat offensichtlich Verstärkung mitgebracht, denn er wird von zwei jungen Männern begleitet, die ebenfalls diese seltsame Strickjackenuniform tragen. Als er die *Fine* erreicht hat, starrt er uns feindselig an.

»Guten Morgen, die Herrschaften!«, grüßt er dann überkorrekt. »Ich habe heute die Anwärter Schwennsen und Hintze mitgebracht, als sistierte Zeugen.«

»Wat heffst du?«, bellt ihn Henk an.

»Wir haben eine anonyme Anzeige erhalten. Auf der *Fine* sollen nicht zugelassene Schleppnetze eingesetzt werden. Ich bin hier, um diesem Hinweis nachzugehen, und habe zwei Zeugen mitgebracht, die mit mir die Beweise sichern werden.«

»Dat ist doch dumm Tüch!«, schimpft Henk. »Dat warn doch wedder diese Tierschützer! Bi uns is allens in Ordnung, da kannst du Gift drauf nehmen, Friedeberg!«

»Nein, danke!«, erwidert dieser mit einem dünnen Lächeln. »Lieber würde ich mir die Netze ansehen, und deswegen komme ich jetzt auch an Bord. Bitte gehen Sie vor.«

Wir tun, wie uns geheißen. Friedeberg, Hintze und Schwennsen kommen direkt hinter uns her, man kann förmlich spüren, wie heiß sie darauf sind, die *Fine* mal so richtig auseinanderzunehmen. Sehr unangenehme Burschen. Friedeberg läuft an Deck einmal um das gesamte Boot herum, dann bittet er Henk zu sich. Nein, eigentlich brüllt er Henk zu sich.

»Ahrens! Wo sind die verdammten Netze?! Ich sehe sie nicht!« Henk steht vor ihm und kratzt sich am Hinterkopf.

»Jau, dat ist seltsam. Ick seh sie auch nicht.«

Friedeberg dreht sich einmal um sich selbst, dann brüllt er wieder los.

»So eine verdammte Schweinerei! Ihr habt die Netze schon im Wasser! Im Hafenbecken!« Tatsächlich! Am Heck des Schiffes führen Taue über eine große Rolle direkt ins Wasser, und es ist deutlich zu sehen, dass daran ein Netz befestigt ist, das sich unterhalb der Wasserlinie befindet. Friedeberg tobt. »Wolltet ihr die etwa vor mir verstecken? Das ist ja unverantwortlich – da kann sich jederzeit die Schraube eines anderen Schiffes drin verfangen, und dann ist hier die Hölle los!« Ich könnte schwören, dass Friedeberg mittlerweile Schaum vorm Mund hat, so regt er sich auf, und er denkt auch gar nicht daran, sich wieder zu beruhigen. »Na wartet, jetzt gibt es aber richtig Ärger! Ich rufe den Hafenmeister an. Und Henk, du holst sofort das Netz an Bord. Sofort!«

Henk zuckt mit den Schultern, dann geht er nach hinten und betätigt die Seilwinde mit einer Kurbel, die er zuvor auf die Seite der großen Rolle steckt. Es tut sich erst mal: gar nichts!

»Da scheint etwas im Netz zu sein«, stellt er fest, »ich kriege es gar nicht so einfach hoch. Ich brauche die Elektrowinsch, die muss ich erst mal anschalten.«

»Na, dann tu das, verdammt nochmal!«, brüllt Friedeberg, während ihn seine beiden Nachwuchskräfte erstaunt ansehen.

Ihnen dämmert offenbar langsam, dass es hier um etwas Persönliches geht.

Henk verschwindet in der Brücke und scheint den Strom eingeschaltet zu haben. Jedenfalls flackert die Bordbeleuchtung kurz auf und geht danach vollständig an. Der alte Bootsmann kommt zurück und betätigt einen Schalter neben der Seilwinde. Mit einem quietschenden Geräusch setzt diese sich in Bewegung und zieht das Netz aus dem Wasser.

Es ist gerade ein paar Zentimeter über der Wasseroberfläche, da können wir sehen, dass sich tatsächlich etwas im Netz verfangen hat. Etwas ziemlich Großes, aber durch die engen Maschen ist nicht gleich zu erkennen, worum es sich handelt.

Die Winde zieht das Netz immer höher. Als es über die Bordwand ragt, greifen Schwennsen und Hintze beherzt zu und zerren das Netz samt Inhalt an Bord. Mit einem dumpfen Schlag fällt es zu Boden. Es dauert einen Moment, bis mein Hirn verarbeitet hat, was meine Augen gerade durch die nun gelockerten Maschen des Schleppnetzes sehen.

Es ist Maik Peters. Er sieht nicht gut aus. Und vor allem ziemlich tot.

4

»Oh, nee, oh, nee, mien arm Jung!« Henk Ahrens hat sich neben Maik Peters gekniet und versucht, den Toten in den Arm zu nehmen, bekommt ihn aber nicht ohne weiteres aus dem Netz gelöst. »Min Jung, min Jung, wat löppt dor af?«, schluchzt er, und ich kann mir mit meinen lückenhaften Kenntnissen des Meckelbörger Platts nur mühsam zusammenreimen, dass sich Henk nicht erklären kann, was hier passiert ist. Janis räuspert sich und tippt Ahrens vorsichtig auf die Schulter.

»Herr Ahrens, ich glaube, Sie sollten Herrn Peters besser so liegen lassen, wie wir ihn gefunden haben.«

Ahrens fährt herum. Seine Augen sind gerötet, dem alten Bootsmann rinnen Tränen die Wangen herunter.

»Wat seggst du dor? Gah mi af!«

»Ähm, wie meinen Sie?« Janis versteht nicht, was Ahrens ihm sagen will. Kein Wunder. Ich verstehe es auch nicht. Der Schock hat offenbar jegliche Hochdeutschkenntnisse aus dem Hirn von Henk Ahrens getilgt.

»Sie sollen ihn in Ruhe lassen«, übersetzt Friedeberg. »Henk kannte Maik schon als kleinen Jungen. Er war für ihn wie ein eigener Sohn«, fügt er dann erklärend hinzu und tut damit zum ersten Mal, seitdem ich ihn gestern kennengelernt habe, etwas uneingeschränkt Sinnvolles. Janis hebt entschuldigend die Hände.

»Ich meine ja nur – wie ein Unfall sieht das nicht gerade aus. Und die Polizei ist bestimmt nicht happy, wenn wir die Leiche jetzt anfassen und da möglicherweise noch aus Versehen irgendwelche Spuren hinterlassen.«

»Da haben Sie recht«, stimmt ihm Friedeberg zu, der bereits die 110 angerufen hat. »Die sind bestimmt gleich da. Haben sie mir jedenfalls gesagt.«

Also stehen wir noch eine Weile an Bord der *Fine* und betrachten mit einigem Abstand das Netz, in dem Maik Peters liegt. Auch Henk Ahrens ist wieder aufgestanden und lehnt nun an der Seitenwand der Kajüte. Keiner von uns sagt ein Wort, nur Schwennsen und Hintze raunen sich ein paarmal etwas zu. Soweit ich das durch die Maschen beurteilen kann, hat Peters kein Hemd oder T-Shirt an, sondern ist halb nackt. Quer über seine Brust scheint etwas geschrieben zu stehen, und sein Gesicht sieht seltsam aus – irgendwie verzerrt. Doch ich kann es nicht recht erkennen, über seinem Gesicht liegen die Maschen des Netzes doppelt, und so genau möchte ich auch gar nicht hinschauen.

Nach ein paar Minuten sieht man in der Ferne ein Blaulicht aufflackern. Kurz darauf taucht ein Streifenwagen auf und hält neben der *Fine*. Zwei Polizisten steigen aus, genauer gesagt: eine Polizistin und ein Polizist. Beide noch recht jung, beide offenbar sehr aufgeregt. Jedenfalls stolpert der junge Mann bei dem Versuch, an Bord zu gelangen, über die Querstreben der Gangway und landet fast im Wasser. Nur ein beherzter Griff seiner Kollegin verhindert den unfreiwilligen Kopfsprung ins Hafenbecken. Die Mütze allerdings ist nicht mehr zu retten, sie fällt zwischen *Fine* und Kaimauer und schwimmt von dort aus zielstrebig Richtung Hafenausfahrt.

»Verdammte Scheiße!«, entfährt es dem Polizisten, und ich muss mich zusammenreißen, um nicht zu kichern, was in Anbetracht der Umstände natürlich mehr als unangemessen wäre. Lustig finde ich es trotzdem, und auch die wackeren Anwärter Schwennsen und Hintze sehen so aus, als könnten sie ein Lachen nur mühsam unterdrücken. Immerhin greift sich Schwennsen den Bootsmannshaken, der an der Reling der *Fine* befestigt ist, und fischt damit die Mütze wieder aus dem Wasser, als diese den Bug des Kutters passiert. Er schüttelt das Wasser ab und reicht die Mütze mit einem knappen *Hier* an den Polizisten. Der nickt ihm nur kurz zu. Ja, redselig sind sie nicht gerade, die Vorpommeraner. Eine Tatsache, die für mich als Düsseldorferin immer wieder erstaunlich ist. Wie kann man nur mit so wenigen Worten durch den Tag kommen?

Jetzt allerdings sagt doch mal jemand etwas, nämlich die Polizistin, die sich uns – natürlich ebenfalls mit knappen Worten – vorstellt.

»Guten Morgen, wir sind Polizeimeister Dennis Pawlak und Kerstin Riebesehl. Herr Friedeberg, richtig?«

Friedeberg, der hier stadtbekannt zu sein scheint, nickt.

»Sie hatten den Notruf abgesetzt?«

Friedeberg nickt erneut.

»Jo. Wir haben vorhin Maik Peters aus dem Wasser gefischt. Er liegt in dem Netz da drüben.« Er macht eine Kopfbewegung in Richtung Heck. Die beiden Polizisten gehen hinüber und beugen sich über das Netz. Die Polizistin schlägt die Hände vor den Mund.

»Oh, Gott!«, ruft sie dann, »das ist ja furchtbar! Dennis, ruf die Kripo, schnell!«

»Schnell ist gut«, antwortet ihr Kollege, »die werden schon 'ne Weile brauchen, bis sie hier sind.« Dann deutet er auf das Netz. »Aber dem hier macht Warten ja nichts mehr aus.« Er holt Gummihandschuhe aus seiner Hosentasche, streift sie über und zieht dann das Netz über Peters vorsichtig auseinander. Nun kann ich sehen, was sein Gesicht so seltsam verzerrt: Sein Mund ist mit ungefähr fünf Angelhaken so verschlossen, dass die Lippen leicht übereinander stehen. Die einzelnen Einstichlöcher sind blutunterlaufen, während sein restliches Gesicht kalkweiß ist, die

Augen grotesk aufgerissen. Über Peters nackten Oberkörper ist etwas geschmiert. Ich zwinge mich, genauer hinzuschauen – in schwarzer Farbe steht dort in dünnen, krakeligen Großbuchstaben RACHE. Ist das überhaupt Farbe? Nein, es ist offenbar Blut. Die Buchstaben sind nicht geschrieben, sondern in Peters Oberkörper hineingeritzt. Dann merke ich, wie mir flau wird, und wende mich schnell ab.

Der Polizist schließt das Netz wieder und geht von Bord. Ich kann sehen, wie er telefoniert. Seine Kollegin seufzt und wendet sich uns zu.

»Schwere Verbrechen übernimmt der KDD in Anklam, dafür sind wir nicht zuständig. Wir sperren hier nur ab und warten, bis die Kollegen hier sind. Dauert ungefähr eine Dreiviertelstunde. Die Zeit können wir aber sinnvoll nutzen, indem ich schon mal Ihre Personalien aufnehme.«

»Der KDD?«, frage ich nach.

»Der Kriminaldauerdienst. Das ist gewissermaßen die Feuerwehr der Kriminalpolizei, rund um die Uhr besetzt. Die starten hier den ersten Angriff.«

Meinem Gesichtsausdruck sieht man offenbar deutlich an, dass ich bei dem Wort *Angriff* nicht automatisch an die Polizei, meinen Freund und Helfer, denke. Frau Riebesehl muss grinsen und schiebt eine Erklärung hinterher: »Erster Angriff – so nennen wir das einfach intern. Weil die Kollegen eben auch am Sonntagabend sofort kommen, wenn alle anderen schön zu Hause sind. Der KDD führt hier am Tatort alle erforderlichen Maßnahmen der Spurensicherung durch, die nicht warten können. Flatterband haben wir natürlich selbst im Kofferraum, aber eine komplette Spurensicherung an einem Tatort wie diesem nehmen wir als Schutzpolizisten nicht vor. Da warten wir.«

*

Tatsächlich fährt eine knappe Stunde später ein dunkelblauer Volvo vor und parkt hinter dem Streifenwagen. Eine junge dunkelhaarige Frau mit Pferdeschwanz und ein älterer grauhaariger Mann steigen aus und holen eine große Tasche aus dem Kofferraum des Wagens.

Die Polizistin winkt ihnen zu.

»Hey, Kollegen, wir sind hier auf dem Kutter. An der Seite ist eine Gangway.«

Die beiden drehen sich daraufhin zu uns und erscheinen kurz darauf an Bord.

»Guten Morgen!«, begrüßt uns der Ältere freundlich. »Das ist Hauptkommissarin Lamott, und ich bin Oberkommissar Schwiebert vom KDD. Kerstin Riebesehl, richtig?«

Sie nickt.

»Ja, erinnern Sie sich noch? Ich habe mal ein Praktikum bei Ihnen gemacht.«

»Klar erinnere ich mich daran. Warst damals schon 'ne Gute!«, brummt Schwiebert. Dann schaut er über ihre Schulter. »Was habt ihr denn heute Hübsches für uns?«

»Auf der anderen Seite des Kutters. Maik Peters. Fischer hier aus Zeglin. Sieht übel aus.«

Schwiebert nickt, dann dreht er sich zu mir.

»Und wer sind Sie?«

»Ich bin Franzi Mai, Journalistin. Ich war heute früh mit Herrn Peters für ein Interview verabredet. Der Herr da drüben«, ich drehe mich um und zeige auf Janis, »ist mein Kollege Herr Neubauer.«

»Die Personalien von allen hier am Tatort habe ich schon aufgenommen«, ergänzt Kerstin Riebesehl dienstbeflissen.

»Prima!«, freut sich Schwiebert. »Janine, fängst du an zu videografieren?«

Die Brünette nickt, schultert die Tasche und geht rüber zu

Peters' Leiche. Die ist mittlerweile mit Flatterband von unserer Schiffseite abgetrennt. Lamott hebt es kurz hoch und taucht darunter durch, bevor sie eine Kamera aus der Tasche holt und offenbar beginnt, die Szenerie zu filmen. Dabei spricht sie vor sich hin. Was sie sagt, kann ich allerdings nicht verstehen, und da sie uns den Rücken zudreht, kann ich es auch nicht von ihren Lippen lesen.

Dennis Pawlak kommt zu uns rüber.

»Ist eure KTU schon unterwegs?«, will er wissen.

»Nee, kommt auch nicht«, sagt Schwiebert.

Pawlak reißt die Augen auf.

»Warum nicht?«

»Sagen wir mal so – hier wird gleich das richtig große Besteck aufgefahren. Da haben wir dann nichts mehr zu melden.«

»Hä?«

Gut, dass Pawlak es so direkt sagt, denn auch ich weiß nicht, was Schwiebert damit meint.

»Gibt 'nen Neuen im FK 1. Aus Hamburg. Der Chef hat ihn schon angefunkt. Der wird hier also gleich auftauchen. Außerdem hat er darauf bestanden, dass die Kollegen vom FK 6 die Spurensicherung übernehmen. Wir sind ihm offenbar nicht gut genug.«

Schwiebert lacht, ich verstehe weiterhin nur Bahnhof. Dann dreht er sich zu mir.

»So, wir sperren jetzt erst mal alles ganz großräumig ab, sonst kriegt der Lorenz noch 'nen Herzinfarkt, wenn er sieht, wie ihr alle auf dem Kahn rumtobt.« Er macht eine Handbewegung Richtung Gangway. »Also, wenn ich bitten darf …«

Nur sehr widerwillig setze ich mich in Bewegung. Mein Journalistennäschen sagt mir, dass es hier gleich noch richtig spannend wird. Janis kommt zu mir.

»Was ist jetzt los? Was passiert als Nächstes?«

Ich zucke mit den Schultern.

»Scheint ganz so, als gebe es noch ein gewisses Kompetenzgerangel. Oder andersrum: Irgendjemand wird hier gleich auftauchen, der sich offenbar noch nicht ins Herz seiner Kollegen gespielt hat. Wir warten einfach mal ab, würde ich sagen.«

Wir klettern die Gangway runter und setzen uns auf eine der Bänke, die neben dem Schuppen stehen. Ich schaue mich um. Vor den Stegen, an denen ein paar Segelboote und drei kleine Motorboote liegen, führen Holzplanken zum Eingang einer Art Freiluftkneipe. Jemand hat aus Baumstämmen einen Torbogen gezimmert, von dem ein Schild baumelt: *Zur Flachen Flunder.* Diese Kneipe hatte Peters also gemeint. Ich stehe auf, um mir das mal genauer anzusehen. Hinter dem Torbogen stehen Biertischgarnituren und zwei Kühlschränke. *Selbstbedienung – Service kommt zum Zahlen an den Tisch* erklärt ein Schild das gastronomische Konzept der *Flunder.* Tatsächlich gibt es neben den Kühlschränken Regale mit Gläsern, an jeder Kühlschranktür baumelt ein Flaschenöffner an einer Schnur. Ein schmaler Weg trennt die Kneipe von einer Wiese oder dem, was Maik Peters gestern wohl als Campingplatz bezeichnet hat. Dort sind zwei Wohnmobile und ein VW Bus geparkt, daneben befindet sich ein aufgebocktes, großes Holzschiff, das ziemlich runtergekommen aussieht. Schwimmen kann es wohl nicht mehr, aber neben der Leiter am Bug hängt ein Zettel, auf dem *Rezeption* steht. Offenbar hat sich also eine andere Nutzung für das Wrack gefunden. Ich drehe um und setze mich wieder neben Janis. Außer uns und den Polizisten ist niemand mehr da, der Bootsmann und Friedeberg mit seinen beiden Anwärtern sind wohl ebenfalls gegangen.

Nach einer Weile taucht der nächste blaue Volvo auf und hält auf dem Platz neben dem Schuppen. Ein Typ steigt aus und geht zur *Fine,* fast könnte man sagen, er schlendert auf den Kutter zu. Aber das tut er natürlich nicht, er geht völlig normal, nur dass sein Gang sehr geschmeidig wirkt und in mir Assoziationen an eine Raubkatze hervorruft.

Ich beobachte, wie er an Bord kommt und dabei eine sehr viel bessere Figur als sein Kollege macht, der vorhin auf die *Fine* hochgestolpert ist. Er ist schlank, bestimmt 1,90 Meter groß und, soweit ich das unter den Schichten von Pullover und Jacke beurteilen kann, recht athletisch gebaut. Sein Gesicht ist eher länglich mit einer großen Nase, vollen Lippen und braunen Augen. Dazu kommt ein Schopf dichtes, fast schwarzes Haar, leicht gewellt und für hiesige Verhältnisse relativ lang, sie reichen jedenfalls deutlich über die Ohren. Insgesamt also ein südeuropäisches Aussehen, und was ich sehe, gefällt mir.

Was ich höre, allerdings weniger. Denn kaum an Bord, motzt der Typ seine Kollegen so laut an, dass ich einzelne Wortfetzen bis zu unserer Bank hören kann. Aus diesen reime ich mir zusammen, dass er wissen will, warum noch niemand von der Rechtsmedizin da ist und ob die Staatsanwaltschaft bereits informiert wurde. Während Riebesehl und Pawlak wie begossene Pudel dastehen, stecken Schwiebert und Lamott diesen Auftritt sehr cool weg. Sie antworten so ruhig, dass ich nichts mehr hören kann. Was ich von ihren Lippen ablese, passt zu ihrer Tonlage: Sie verweisen ganz entspannt auf die relativ weiten Strecken im Land und darauf, dass die Staatsanwaltschaft sich leider nicht von der Kripo erzählen lässt, wann und wohin sie zu kommen hat. Ob das in Hamburg etwa anders sei? Der Typ guckt zu dieser rhetorischen Frage nur grimmig, antwortet aber nicht. Ein echter Unsympath. Der sich nun auf dem Kutter stehend in meine Richtung dreht und mit dem Finger auf Janis und mich zeigt.

»Wer sind die beiden da?«, lese ich von seinen Lippen. Die Antwort wartet er erst gar nicht ab, sondern kommt gleich selbst zu uns. Kerstin Riebesehl läuft tapfer hinter ihm her, überholt ihn und hält ihm ihren Notizblock unter die Nase.

»Die Personalien haben wir alle schon aufgenommen.« Der Typ nimmt ihr den Block ab, ohne sich zu bedanken, und überfliegt ihn. Dann wendet er sich an uns.

»Aha, Sie sind also Franziska Mai?«, spricht er mich an.

»Wer will das wissen?«, erwidere ich kühl, denn so geht es schließlich nicht. Er stutzt und mustert mich erstaunt.

»Oh, hab ich mich noch gar nicht …?«

»Nein. Haben Sie nicht.«

»Entschuldigen Sie. Hauptkommissar Kay Lorenz vom Fachkommissariat 1 aus Anklam.« Dann grinst er. »Brauchen Sie auch noch meinen Ausweis, oder reicht das so?«

Ich schüttle den Kopf.

»Nein, weisen Sie sich ruhig aus.«

Er schaut ungläubig, dann kramt er in seiner Jackentasche, wird aber offenbar nicht fündig.

»Der ist … also, den muss ich vielleicht im Auto …«

»Tja, das Auto steht ja in Fußnähe, dann gucken Sie doch kurz, ob der Ausweis im Handschuhfach liegt«, bleibe ich hart. Kerstin Riebesehl mischt sich ein.

»Ich kann bezeugen, dass es sich bei dem Herrn um Hauptkommissar Lorenz handelt.« Sie lächelt ihn von der Seite an. »Er ist zwar Neuzugang aus Hamburg, aber ich kenne ihn. Er ist ein echter Insulaner, war nur vorübergehend abgewandert.«

»So genau wollte ich es gar nicht wissen«, gebe ich mich desinteressierter, als ich in Wirklichkeit bin. »Aber dann hat ja alles seine Richtigkeit hier, und ja, dann bestätige ich gern, dass ich Franziska Mai bin.«

Kay Lorenz wirft mir einen Blick zu, den ich nicht richtig deuten kann. Genervt, neugierig, keins von beiden?

»Frau Mai, was machen Sie so früh hier am Hafen? Sind Sie Angeltouristin?«

»Sehe ich etwa so aus?«, frage ich und lächle.

»Frau Mai, sagen Sie mir einfach, was Sie hier machen.« Auweia, der Typ hat keinen Humor. Da kann ich mir meinen Charme auch einfach sparen.

»Ich bin Journalistin und wollte für eine Reportage mit meinem Kollegen Janis Neubauer« – ich zeige in Janis' Richtung – »heute früh mit Maik Peters auf eine Kutterfahrt gehen. Als wir hier ankamen …«

»Stopp! Nicht so schnell«, unterbricht mich Lorenz ruppig. »Zu Ihrer Aussage kommen wir später. Ich will erst mal nur die Personalien abgleichen.«

»Was heißt denn hier später?«, mosere ich. »Ich habe schließlich nicht den ganzen Tag Zeit. Ich muss zurück in den Sender.«

Kay Lorenz wirft einen schnellen Blick auf seine Armbanduhr.

»Um sechs Uhr morgens? Ich dachte, Journalisten trifft man nicht vor zehn Uhr an.«

»Offenbar kennen Sie wenige Journalisten. Ich arbeite für Bäderland-Radio. Wir senden rund um die Uhr.«

»Bäderland-Radio? Das ist doch dieser grausame Heimatfunk, Musikrichtung Mozart – Milva – Motörhead, oder?« Lorenz lacht über seinen eigenen schlechten Witz.

»Sie müssen es ja wissen«, erwidere ich spitz. Er hebt beschwichtigend die Hände.

»Schon gut, ich wollte nur einen Spaß machen. Sie müssen aber zugeben, dass das schon eine ziemliche Weichspülwelle ist.« Dazu sage ich nichts mehr, sondern gucke nur böse.

Lorenz deutet meinen Blick allerdings ganz richtig.

»Ähm, meine Mutter hört Ihren Sender ausgesprochen gern, soweit ich weiß«, fügt er noch schnell hinzu, als ob das seine Frechheiten entschuldigen könnte. »Wenn Sie jetzt losmüssen, dann können wir den Rest auch gern auf dem Kommissariat in Anklam besprechen. Ich habe ja Ihre Kontaktdaten.«

»In der Tat. Ich muss los«, erwidere ich entschieden. »Und mich um *meinen* Fall kümmern.«

»Ihr Fall? Welcher Fall denn?«

»Na, das ist doch wohl klar. Der Fall Maik Peters. Spektakulärer Leichenfund im Zegliner Hafen, und das, nachdem mir Herr Peters gerade von handfesten Schwierigkeiten mit der Fischereiaufsicht berichtet hatte. Unsere Hörer verdienen es, als Erste informiert zu werden.«

Lorenz schüttelt den Kopf.

»Oh, nein – Sie wollen doch wohl nicht im Detail darüber berichten? Und Täterwissen preisgeben? Das kann ich auf keinen Fall erlauben.«

»Da müssen Sie auch nichts erlauben. Sie wissen schon – freie Presse und so. Ich zeige Ihnen natürlich gern meinen Presseausweis, wenn Sie wollen. Im Gegensatz zu manch anderen habe *ich* den nämlich immer bei mir!« Dann winke ich Janis zu. »Komm, wir müssen los.«

Mit diesen Worten stapfe ich zu meinem Auto zurück und lasse Kay Lorenz einfach stehen.

5

»So ein Vollpfosten!«

Ich haue mit den Händen so fest auf das Lenkrad, dass mein treuer kleiner Panda tatsächlich ein bisschen wackelt.

»Aber wirklich!«, gibt mir Janis recht und ist damit sehr gut beraten, wenn er von hier aus nicht zu Fuß nach Hause laufen will. Ich bin mir nicht sicher, dass um diese Uhrzeit schon ein Bus nach Ückeritz fährt.

»Und was jetzt?«, will er dann von mir wissen. »Nach Hause? Oder in den Sender?«

Im Rückspiegel kann ich sehen, dass Lorenz wieder an Bord der *Fine* steht und von dort aus zu meinem Auto herüberschaut. Er überlegt wahrscheinlich, ob er uns noch vor Ort irgendwie festsetzen kann.

»In den Sender«, rufe ich entschlossen und lasse den Motor an. Janis gähnt, nickt aber zustimmend und reckt dann sogar kämpferisch die linke Faust in die Luft.

»Genau. Das sind wir unseren Hörern schuldig.«

Ich grinse und lege einen Kavaliersstart hin, bei dem die durchdrehenden Reifen den Kies aufspritzen lassen. Der Panda macht einen kleinen Satz nach vorn, und als ich vom Parkplatz rausche, sehe ich, dass uns Lorenz mit offenem Mund hinterherstarrt. So! Das war mal ein Abgang nach meinem Geschmack!

Wir tuckern Richtung Landstraße, und nachdem sich mein Adrenalinspiegel wieder etwas gesenkt hat, merke ich erst, wie müde und durchgefroren ich eigentlich bin.

»Oh, Mann, unseren Ausflug nach Zeglin hatte ich mir echt anders vorgestellt«, stelle ich dann das Offensichtliche fest.

»Jau. Aber andererseits: Ist doch auch geil!«

Ich drehe kurz meinen Kopf zur Seite und werfe Janis einen ziemlich entsetzten Blick zu.

»Ja, 'tschuldige. Ich meinte natürlich nicht, dass es geil ist, dass jemand Maik Peters abgemurkst hat. Aber dass wir als Erste am Tatort waren, ja, ihn eigentlich gefunden haben – das ist doch schon … na ja, das ist eben schon geil, oder?«

»Hm.«

»Ach komm schon, Franzi! Was hältst du zum Beispiel davon, wenn wir passend zu unserer neuen Serie auch einen Blog im Internet einstellen? Den Problemlöser-Blog. Da könnten wir dann Fotos hochladen. Ich habe eben heimlich ein paar Fotos mit meinem Handy gemacht – das wäre doch der Hammer! Unsere Hörer wären so gut wie live dabei!«

»Wie bitte?«, rufe ich fassungslos. Langsam dämmert mir, dass Janis die Sache mit der BILD als Vor*bild* doch zu wörtlich nimmt. »Du kannst doch kein Foto von dem toten Maik Peters ins Netz stellen! Das ist total geschmacklos. Denk doch mal an seine arme Familie.«

»Aber an die denke ich doch! Mit den Fotos machen wir seinen Mörder nervös, der macht Fehler und wird schneller gefasst.«

»Du willst den Mörder nervös machen?«, hake ich nach. Janis nickt und wirkt regelrecht aufgekratzt.

»Natürlich! Oder denkst du, das war ein Selbstmord und Maik Peters hat sich erst in das Netz gewickelt und dann kopfüber ins Hafenbecken gestürzt? Den Einsatz der Angelhaken nicht zu vergessen.«

Als Janis die Angelhaken erwähnt, wird mir sofort wieder flau, und ich muss mein Fenster ein Stück öffnen.

»Alles okay?«, erkundigt sich Janis mitfühlend. Ich nicke.

»Ja, ja, alles gut. Es war nur ... ein ziemlich scheußlicher Anblick. Und die Sache mit den Fotos machen wir auf gar keinen Fall.«

Janis seufzt. »Schon gut. Ist vielleicht wirklich zu heavy. Aber für 'ne Reportage haben wir keine O-Töne gesammelt. Hätten wir vielleicht machen sollen.«

»Stimmt. Ich bezweifle allerdings, dass dieser Lorenz uns viel gesagt hätte. Er schien mir jetzt nicht gerade ein Freund der Presse zu sein.«

Wir müssen beide lachen, danach schweigen wir, und ich steuere den Panda weiter Richtung Heringsdorf. Weil Usedom ziemlich lang gezogen ist, Zeglin ganz im Westen und Heringsdorf kurz vor der polnischen Grenze liegt, dauert die Fahrt noch eine gute halbe Stunde. Eine halbe Stunde, in der ich mir Gedanken darüber machen kann, was genau wir nun mit unserem unerwarteten Rechercheergebnis anfangen werden. Mittlerweile ärgere ich mich, dass ich nicht wenigstens Kay Lorenz ein paar Fragen mit Aufnahmegerät gestellt habe. Schließlich kommt ein Mord auf Usedom nur alle Jubeljahre vor, wenn überhaupt. Ich glaube, das Delikt, das unsere Kriminalstatistik hier mit sehr weitem Abstand anführt, ist der Fahrraddiebstahl. Mir entfährt ein sehr, sehr tiefer Seufzer.

»Was ist?«, erkundigt sich Janis.

»Ich war eben eindeutig nicht geistesgegenwärtig und hartgesotten genug. Ich hätte mir den Kommissar doch noch vorknöpfen sollen.«

»Ach komm, das passiert den Besten«, tröstet mich mein Volontär. »Konnte schließlich keiner ahnen, dass wir uns auf einmal am Schauplatz eines entsetzlichen Verbrechens wiederfinden würden.«

So wie Janis es sagt, klingt es gleich noch mal dramatischer. Das bringt mich auf eine Idee.

»Ha!«, rufe ich und haue mit der Hand noch einmal auf das Lenkrad, so dass der Panda einen kleinen Schlenker nach rechts Richtung Bankette fährt. Janis reißt die Augen auf.

»Vorsicht, Franzi! Die Nachrichtenlage braucht nicht auch noch einen tragischen Verkehrsunfall, der Mord an Peters reicht völlig!«

»Ja, ja, keine Sorge. Mir ist nur gerade eine Spitzenidee gekommen, wie wir im Sender gleich doch noch einen 1-a-Beitrag produzieren und nicht nur eine dürre Meldung absetzen können.«

»Nämlich?«

»Das kollegiale Interview. Ich befrage dich zu dem Leichenfund. Du klangst gerade so schön dramatisch, mir ist es eiskalt den Rücken runtergelaufen. Wenn du das noch mal so hinkriegst, dann wird das der Mega-Knaller!«

»Chefin! Genial!«, ruft Janis und klingt dabei nicht mal schleimig. Ich würde sagen, das nächste Bier geht auf mich.

*

Der *Report am Morgen* ist genau die richtige Sendung für unsere Story. So heißen bei Bäderland-Radio die Acht-Uhr-Nachrichten, die mit einer Viertelstunde Sendezeit deutlich länger als die üblichen fünf Minuten sind und auch kürzere Reportagen oder Interviews enthalten. Nachrichtenredakteur Markus ist jedenfalls begeistert, als ich ihm in knappen Worten schildere, was im Hafen von Zeglin passiert ist, und ihn um zwei Minuten für unser Interview bitte.

»Sollst du haben. Das ist ja ein echter Hit!«, freut er sich. »Dann schlägt eure Problemlöser-Nummer ja voll ein, super.«

Ich nicke, wobei man ehrlicherweise sagen muss, dass wir Maik Peters' Problem ganz offensichtlich nicht gelöst haben. Aber das ist vielleicht auch eine etwas kleinliche Betrachtungsweise, und wenn die Problemlöser nur das Problem lösen, das beim Verkauf unserer Radiostation auf mich persönlich zukommt, soll es mir auch recht sein.

»Wollt ihr es vorher aufzeichnen?«, will Markus wissen.

»Nein, nach meiner Erfahrung ist es viel packender, wenn man es wirklich live durchzieht.«

Markus grinst fröhlich.

»Na dann – auf in die Schlacht! Und immer dran denken: Ihr habt genau zwei Minuten.«

Er marschiert rechts ins kleinste von unseren drei Studios, die in einer Reihe nebeneinanderliegen und jeweils durch eine Glaswand voneinander getrennt sind. Von diesem sogenannten Newsroom wird Markus gleich die Nachrichten senden. Hier laufen alle Agenturmeldungen auf den Rechner, und der jeweils zuständige Redakteur macht daraus unsere aktuellen Nachrichten, die er dann auch selbst liest und gegebenenfalls mit gelieferten Beiträgen ergänzt. Das mittlere Studio ist unsere Allzweckwaffe für Interviews, Aufzeichnungen und was sonst noch so für Bäderland-Radio produziert wird. Das große Studio links ist die Heimat unserer Moderatoren. Hier können sie alleine oder zu zweit moderieren und bis zu drei Studiogäste einbinden. Dafür steht dort ein runder Tisch bereit, aus dessen Mitte eine Mikrophonanlage mit fünf beweglichen Mikros und Headsets ragt und deren Gestänge sie wie eine riesige, fünfbeinige Spinne aussehen lässt.

Janis und ich nehmen im mittleren Studio an einem Tisch gegenüber der Eingangstür Platz und setzen unsere Headsets auf. Durch die Glaswand zu unserer Rechten haben wir Blickkontakt zu Markus. Sobald er fertig ist und an uns übergibt, werden wir loslegen.

Auf dem Monitor vor uns wird der Sendungsablauf angezeigt. Ein roter Balken markiert den aktuellen Stand. Momentan sind noch unsere Morning-Show-Moderatoren mit ihren flachen Witzchen dran. Wir können die beiden links von uns im großen Studio sehen. *Boss und Bille* versüßen unseren Hörern angeblich den Start in den Tag, ich finde eher, sie versauen ihn. Denn *Boss* und *Bille* alias Dennis Bossmann und Sybille Trenker moderieren einfach nur die Hitliste von Musikredakteur Hauke zu Tode, ohne den Hauch eines eigenen Einfalls.

Es ist mit absoluter Sicherheit die schnarchnasigste Morning-Show, die das deutsche Radio im Angebot hat. Ich wäre also nicht böse, wenn diese trübe Veranstaltung den Machern von Megahit-FM als Erstes zum Opfer fallen würde. Dann müsste ich auch nicht länger ertragen, wie affektiert Bille ihre blonde Lockenmähne immer wieder über die Schultern schüttelt oder sich einzelne Strähnen albern um den Zeigefinger wickelt. Eine Mischung aus Barbie und Dolly Parton. Wirklich schlimm!

»Hey, was guckst du so böse?«, will Janis wissen. »Du siehst aus, als wolltest du Sybille fressen.«

Wie peinlich! Habe ich Bille wirklich so angestarrt?

»Äh, was?« Ich lache gekünstelt. »So ein Unsinn. Ich bin nur hoch konzentriert.«

»Sicher?«

»Ja, ganz sicher.« Ich atme kurz durch, dann komme ich schnell zum eigentlichen Thema, unserem Interview, zurück: »Also pass auf, Janis, mach es genau so, wie wir es vorhin besprochen haben. Und verschieß bitte nicht gleich dein ganzes Pulver.«

»Mach ich nicht, versprochen!« Janis hebt die Hand zum Schwur, ich klopfe ihm auf die Schulter und fasse unseren Plan noch mal zusammen. Sicher ist sicher, und wer weiß, wie gut er mir eben zugehört hat.

»Unser Ziel ist, dass wir als die Problemlöser gut dastehen und die Leute uns und unsere neue Sendung in Zukunft unbedingt weiterhören wollen. Also keine Details, dann können wir aus unserem Ausflug heute Morgen bestimmt noch ein, zwei weitere Beiträge stricken. Halte dich einfach an unser Drehbuch. Kurze, klare Sätze, nicht zu kompliziert. Die Leute können es nur hören, sie können nicht noch mal nachlesen. Sie müssen es also gleich verstehen.«

»Alles klar, Chefin!« Janis nimmt Haltung an und tippt sich an eine imaginäre Mütze. Ich werfe Markus einen Blick zu. Als die große Studiouhr, die in jedem Raum hängt, auf die Acht springt, startet er die Nachrichten. *Das Wichtigste aus Usedom, Deutschland und der Welt.* Dafür braucht er ziemlich genau drei Minuten, dann moderiert er unser Interview an.

»Liebe Hörerinnen und Hörer, Sie werden es in den letzten Tagen schon mitbekommen haben – es gibt eine neue, spannende Sendung auf Bäderland-Radio.«

Er fährt unseren Jingle ab, an dem Janis und ich mit sehr viel Liebe ungefähr drei Stunden lang herumgeschraubt haben. Eine elektronische Fanfare, gefolgt von drei fröhlichen Takten Synthesizer, dann unser Intro:

Franzi und Janis sind DIIIIEEEE PROBLEMLÖSER!

Ich ziehe meinen Regler auf und starte.

»Guten Morgen. Hier ist Franzi Mai, und tatsächlich haben Sie uns schon in ganz vielen Mails und Anrufen geschildert, was Ihnen auf dem Herzen liegt. Das war alles sehr spannend, vielen Dank dafür. Und wie sich zeigt, lauert sogar auf der schönsten Insel der Welt das Böse.«

Das letzte Wort ziehe ich betont in die Länge und lasse es besonders dramatisch klingen. Bille, die nebenan noch aufräumt und uns dabei zuhört, rollt mit den Augen. Wahrscheinlich denkt sie, dass wir hier gleich über Parktickets in der Anwohnerzone berichten werden. Die blöde Ziege wird sich noch wundern! Ich räuspere mich und spreche weiter.

»Ein Fall war dabei, der hat sofort unser Interesse geweckt, und für den sind wir heute früh schon um drei Uhr losgefahren. Denn Sie wissen ja – für unsere Hörerinnen und Hörer machen wir auch die Nacht zum Tag.« Ich nicke Janis zu, er übernimmt sofort.

»Ja, so ist es, Franzi. Der alteingesessene Fischer Maik Peters aus Zeglin hat uns angerufen. Er fühlte sich bei den Angelausflügen, die er organisiert, durch die Fischereiaufsicht schikaniert. Und er vermutete dafür Gründe, die gar nichts mit Recht und Gesetz zu tun haben. Wir haben ihn gestern besucht und wurden dabei Zeugen, wie es zu einer Schlägerei kam.«

»Kannst du unseren Hörern erzählen, was genau da passiert ist?«

»Tja, es scheint so, als ob die zuständige Fischereiaufsicht Maik Peters wirklich auf dem Kieker hatte. Jedenfalls wurden alle Angeltouristen nach der Ankunft von Peters' Kutter so scharf kontrolliert, dass nun selbst für völlig lächerliche Vorwürfe absurde Bußgelder drohen.«

»Und da kam es zum Streit?«

»Ganz genau! Peters hatte eine heftige Auseinandersetzung mit dem Kontrolleur, er hat ihn sogar geschlagen.«

»Eine Schlägerei in Zeglin, an sich schon aufregend genug. Aber«, ich mache eine kleine Kunstpause und Bille verdreht schon wieder die Augen, »inzwischen geht es nicht mehr um eine simple Schlägerei, richtig?«

»Richtig, Franzi.«

»Sondern?«, hake ich nach.

»Mord. Es geht um Mord. Als wir heute früh wieder nach Zeglin gefahren sind, um an Bord von Peters' Kutter weiter für unsere Sendung zu recherchieren, waren wir dabei, wie der Fischer tot aus dem Wasser gezogen wurde.«

Bille reißt Augen und Mund gleichzeitig auf, was sie ungefähr so intelligent wie eine Kuh in einem Gewitter aussehen lässt.

»Mord«, sage ich und halte kurz inne. »Wie kommst du darauf?«

»Ganz einfach: Maik Peters wird sich wohl kaum selbst in sein Fischernetz gewickelt und dieses ins Hafenbecken gelassen haben. Aber genau so haben wir ihn heute früh gefunden. An Bord der *Fine.*«

Aus den Augenwinkeln sehe ich, wie nun auch Boss von seinem Bürostuhl aufspringt und näher an die Scheibe zu unserem Studio herankommt.

»Janis, willst du unseren Hörerinnen und Hören erzählen, was genau mit Peters passiert ist?«

»Ich bin da ein bisschen zurückhaltend, denn ich will die polizeilichen Ermittlungsarbeiten natürlich nicht behindern, Franzi. Ich sage nur so viel: Es war wirklich kein schöner Anblick.«

6

In den zwei Stunden nach der Sendung werden wir von einer wahren Anruflawine überrollt. Sonja, die sich um unsere zentrale Hotline kümmert, ist kurz vor dem Nervenzusammenbruch. Janis und ich hingegen sind regelrecht high. Offenbar hat unser kurzes Interview voll eingeschlagen. Das ist auch kein Wunder, denn Janis hat es sich nicht nehmen lassen, unser Gespräch mit den Worten *Wenn Sie also irgendetwas gesehen oder gehört haben, das helfen könnte, diesen schrecklichen Fall aufzuklären, melden Sie sich!* zu beenden.

Das war zwar so nicht abgesprochen, aber live ist eben live, und gesagt ist gesagt. Und eine Menge Aufmerksamkeit bringt es uns ein, das steht eindeutig fest. Etliche Menschen melden sich jetzt, weil sie glauben, irgendwelche sachdienlichen Hinweise geben zu können. Fast genauso viele wollen sich über Behördenwillkür im Allgemeinen und die Fischereiaufsicht im Besonderen beschweren. Und dann sind da noch Anrufer, die zwar keine Hinweise haben, aber trotzdem genau wissen, wer der Mörder ist: nämlich militante Tierschützer, die CIA oder die Weltschattenregierung. Janis und ich sitzen jedenfalls an unseren Schreibtischen und kommen aus dem Telefonieren und Mitschreiben nicht mehr heraus. Kaum habe ich aufgelegt, klingelt mein Apparat schon wieder.

»Die Problemlöser, Franzi Mai. Wie kann ich Ihnen helfen?«, melde ich mich mittlerweile routiniert und mit fester Stimme. Damit will ich dem aufgeregten Anrufer oder der aufgeregten Anruferin sofort ein Grundvertrauen geben. Schließlich rufen die nicht jeden Tag beim Radio an und unterhalten sich mit Journalisten.

»In mein Büro! Sofort!«, blafft mich jemand an. Es ist Raimund, und er scheint nicht besonders gut gelaunt zu sein.

»Äh, was gibt's denn?«, will ich wissen, aber da hat er schon aufgelegt. Okay, er ist nicht nur *nicht besonders gut gelaunt,* er hat vielmehr miserable Laune. Ich lege ebenfalls auf und schiebe meinen Stuhl zurück. Janis schaut mich fragend an.

»Muss mal eben zum Chef«, erkläre ich. »Da scheint es irgendein Problem zu geben.«

»Soll ich mitkommen?«, bietet Janis tapfer an.

»Nicht nötig. Einer muss hier schließlich die Stellung …«

Durch unsere geöffnete Bürotür sehe ich, wie im Gang eine Tür auffliegt.

»Mai, verdammt nochmal!«, höre ich Raimund brüllen. »Ich sagte: SOFORT!«

Oha! So habe ich den ja noch nie erlebt. Ohne meinen Satz zu beenden, springe ich auf und haste in Richtung Raimunds Büro. Kaum habe ich es betreten, sehe ich auch schon den Grund für seinen Wutausbruch: Kay Lorenz. Er sitzt vor Raimunds Schreibtisch und wirkt nicht so, als wäre er auf einen Kaffee vorbeigekommen. Vielmehr mustert er mich mit aufeinandergepressten Lippen und sieht dabei noch unfreundlicher aus als heute früh am Hafen.

»Setz dich.« Raimund zeigt auf den Stuhl neben Lorenz, ich nehme Platz.

»Hauptkommissar Lorenz ist hier, weil deine Berichterstattung im *Report am Morgen* für große Irritationen gesorgt hat, Franziska.«

»Hat sie das?«, erwidere ich kühl. »Nun, ich wüsste nicht, warum.«

»Herr Lorenz hat mir mitgeteilt, dass ihr mit eurer Sendung

die polizeilichen Ermittlungen in einem Gewaltverbrechen wissentlich behindert und nur aufgrund von Hörensagen berichtet. Das ist ein schwerer Vorwurf.«

Ich bemühe mich, ruhig zu bleiben, und zucke einfach mit den Schultern.

»Ein Verdacht, der natürlich jeder Grundlage entbehrt«, sage ich dann betont gelassen. Lorenz schnappt nach Luft.

»Sind Sie völlig irre? Was fällt Ihnen ein, einfach solche Nachrichten hinauszuposaunen und dann *Aktenzeichen XY ungelöst* für Arme in Ihrem Dudelfunk zu veranstalten?«

Das hätte er besser nicht sagen sollen. Raimund wirft ihm einen bösen Blick zu.

»Uns ist sehr an einem guten Verhältnis zur Polizei gelegen, Herr Lorenz, aber Sie befinden sich hier bei einem Organ der freien Presse.«

Lorenz hebt beschwichtigend die Hände, ihm ist klar, dass er sich vergaloppiert hat.

»Entschuldigen Sie. Also, ich meine: Ich entschuldige mich in aller Form für den *Dudelfunk*, aber zu allem anderen stehe ich. Es geht nicht, dass Sie hier irgendwelche wilden Verdächtigungen über den Sender schicken und dann die Leute noch dazu auffordern, gleich mit zu ermitteln!«

»Das haben wir auch nicht getan!«, gehe ich in die Verteidigung. »Wir haben lediglich unsere Arbeit als Journalisten gemacht und eine sorgfältig recherchierte Nachricht verbreitet.«

Lorenz stößt ein grimmiges Meckern aus.

»Haha, sehr witzig, wirklich!«

»Das ist mein voller Ernst«, halte ich dagegen.

»Ich bitte Sie, Frau Mai – was war denn daran sorgfältig recherchiert? Es war einfach nur sensationslüstern.«

»Dass Maik Peters ermordet worden ist, natürlich. Oder wollen Sie behaupten, es sei ein Selbstmord gewesen?«

»Nein, aber …«

»Sehen Sie? Das war Mord, eindeutig. Es ist mein Recht, unsere Hörer darüber zu informieren. Mein Kollege und ich waren dabei, als Peters aus dem Hafenbecken gezogen wurde. Ganz im Gegensatz zu Ihnen. Und das wissen Sie genau, denn Sie haben uns heute Morgen am Hafen gesprochen. Mir ist also nicht klar, was Sie mit Ihren haltlosen Anschuldigungen bezwecken.«

»Ach so – ihr habt Peters also wirklich selbst gesehen?«, hakt Raimund nach. »Da habe ich den Kommissar dann wohl falsch verstanden. Ich dachte, ihr hättet euch auf das dünne Eis der Verdachtsberichterstattung begeben.«

»Keinesfalls. Wir haben den Toten mit eigenen Augen gesehen. Er war halb nackt in ein Fischernetz gewickelt und im Hafenbecken versenkt worden, jemand hatte das Wort RACHE quer über seine Brust geritzt und seinen Mund mit Angelhaken verschlossen.«

Raimund wirft mir einen entsetzten Blick zu.

»Mein Gott, das ist ja furchtbar! Ich kenne Maik Peters. Nicht immer einfaches Temperament, aber eigentlich ein netter Kerl. Wer würde ihm so etwas Schreckliches antun?«

»Genau das werde ich herausfinden.«

»Nein, das werden Sie nicht!«, braust Lorenz auf. »Das ist mein Job, nicht Ihrer! Und wenn Sie es noch mal wagen, Ihre Hörer zu weiteren Einmischungen aufzustacheln und dadurch die polizeilichen Ermittlungen zu behindern, dann werde ich …«

»Dann werden Sie was?«, unterbreche ich ihn. »Mich verhaften? Mit welcher Begründung? Soll ich Ihnen mal den Pressekodex kopieren? Ich mache genau das, was eine gute Reporterin macht. Im Übrigen haben wir auch niemanden dazu aufgestachelt, sich in Ihre Ermittlungen einzumischen.«

Kay Lorenz starrt mich böse an.

»Ihr Kollege hat im Interview gesagt, dass sich die Hörer mit ihren Beobachtungen bei Ihnen melden sollen. Das ist Amtsanmaßung. Ich habe es selbst gehört. Mir ist fast die Kaffeetasse aus der Hand gefallen!«

Energisches Kopfschütteln meinerseits.

»Nein, da haben Sie nicht richtig zugehört. Mein Kollege sagte, wer etwas wisse, solle sich melden. Und das ist doch wohl auch richtig. Er sagte hingegen nicht, die Leute sollten sich bei uns melden.«

»Das ist Haarspalterei«, schnaubt Lorenz. »Natürlich rufen die Leute hier an. Ich habe vorhin kurz an Ihrem Empfang gewartet und da selbst mitbekommen, wie die Telefondrähte glühen. Glauben Sie mir – Sie verheben sich da komplett! Seien Sie nur froh, dass Sie nicht mehr Details verraten haben, sonst würde ich ganz anders mit Ihnen verfahren!«

»Noch unfreundlicher?« Ich lächle ihn an. »Das ist ja schwer möglich.«

Raimund wirft mir einen Blick zu.

»Haben wirklich so viele Hörer angerufen?«

»Na ja, ein paar waren es schon«, räume ich ein.

»Dann fordere ich Sie hiermit auf, mir alles Material zur Verfügung zu stellen, das Sie im Laufe dieser Aktion erhalten«, zischt Lorenz.

»Schon mal was von Quellenschutz gehört?«, lasse ich ihn abblitzen. »Never reveal your sources. Wenn sich Informanten uns anvertrauen, geben wir das natürlich auf keinen Fall einfach so an die Polizei weiter.«

Lorenz schnappt nach Luft. Selbst schuld. Wäre er ein bisschen netter, würde ich meine Quellen natürlich auch nicht preisgeben. Aber ich würde sie freundlicher nicht preisgeben.

Raimund schaltet sich wieder ein. Vermutlich ist ihm die Stimmung gerade viel zu geladen, im Grunde seines Herzens ist er nämlich ein Harmoniemensch.

»So, nun streiten wir uns nicht weiter. Wir halten mal fest: Frau Mai hat nur berichtet, was sie selbst gesehen hat. Von Verdachtsberichterstattung kann also nicht die Rede sein. Ihre *Informationen* muss sie natürlich nicht weitergeben. Und außerdem, Sie haben es ja selbst schon gesagt, Herr Kommissar, hat Frau Mai gar keine Details verraten. Nichts über die eingeritzten Buchstaben auf Peters' Brust und nichts über Angelhaken. Also alles gut.«

»*Noch* nichts verraten«, ergänze ich Raimunds Vortrag. Die beiden Männer starren mich an.

»Was meinen Sie damit? *Noch nichts verraten?*«, fragt Lorenz.

»Ich meine es so, wie ich sage. Natürlich werden wir unsere Hörerinnen und Hörer im Laufe der Berichterstattung über weitere Details informieren. Das heute Morgen war nur der Teaser.«

Ich habe das Wort noch nicht ganz ausgesprochen, da springt Lorenz auf.

»Wagen Sie es nicht!« Er macht einen Schritt auf mich zu und kommt mir so nahe, dass ich seinen Atem auf meinen Wangen spüre. »Wagen Sie es nicht, hier Täterwissen öffentlich zu machen und damit unsere Arbeit zu boykottieren! Wagen Sie es nicht, mit Ihrer Arbeit Menschenleben zu gefährden! Sie … Sie …«

Raimund ist ebenfalls aufgesprungen und zieht ihn jetzt an der Schulter von mir weg.

»Junger Mann, nun ist es aber gut! Das bringt uns doch in der Sache gar nicht weiter. Vielleicht gibt es ja einen Weg, wie wir alle unsere Interessen verfolgen können, ohne uns gegenseitig zu schaden.«

Ich setze mich aufrecht hin und räuspere mich. Vielleicht bietet sich hier gerade eine einmalige Chance.

»Ich hätte da tatsächlich eine Idee.«

»Ach ja?« Der Sarkasmus in Lorenz' Stimme ist nicht zu überhören. »Wir machen es einfach andersherum? Nicht Sie geben mir Ihre Informationen, sondern ich gebe Ihnen meine?«

Damit liegt Kay Lorenz gar nicht mal so falsch. Ich schenke ihm das freundlichste Lächeln, zu dem ich heute noch fähig bin.

»Fast. Ich schlage Ihnen Folgendes vor: Ich verspreche Ihnen, keine Details zu veröffentlichen, die Sie nicht veröffentlicht haben wollen. Und wenn meine Quellen zustimmen, gebe ich Ihnen auch Informationen weiter. Im Gegenzug darf ich Ihre Ermittlungen begleiten. Und ich darf im Anschluss, wenn der Fall geklärt ist, eine Reportage mit allen Details daraus machen.«

Kay Lorenz öffnet den Mund, um etwas zu erwidern, schließt ihn dann aber wieder und setzt sich auf seinen Stuhl. Einen Moment lang scheint er zu überlegen, dann dreht er sich zu mir.

»Na gut, Frau Mai. Da ich anscheinend nicht verhindern kann, dass Sie Ihre Nase überall hineinstecken, bin ich mit diesem Vorschlag einverstanden. Aber ich warne Sie – wenn Sie sich nicht an unsere Abmachung halten, dann lernen Sie mich von meiner unangenehmen Seite kennen!«

Ein *Noch unangenehmere?* liegt mir auf der Zunge, ich schlucke es aber herunter. Kay Lorenz scheint wirklich ein hitziges Temperament zu haben, ich will meinen Erfolg hier nicht gefährden. Raimund schaut zwischen uns hin und her und lächelt dann.

»Na also! Da hätten wir doch unter erwachsenen Menschen eine schöne Einigung erzielt. Dann können wir uns alle wieder unserer Arbeit widmen.« Er steht auf, klatscht in die Hände und geht Richtung Tür. »War nett, Sie kennengelernt zu haben, Herr Hauptkommissar. Ich muss jetzt leider ein wichtiges Telefonat führen, Frau Mai bringt Sie nach draußen, ja?«

Lorenz nickt, sagt aber nichts. Ich stehe ebenfalls auf und gehe dann gemeinsam mit ihm zur Tür.

»Kommen Sie«, sage ich freundlich, »wenn Sie mögen, zeige ich Ihnen noch kurz mein Büro.«

»Vielen Dank, ich muss dringend nach Anklam zurück«, lehnt er ab und läuft dann wortlos hinter mir her zum Ausgang. An der gläsernen Schiebetür, die sich durch einen Bewegungsmelder von alleine öffnet, bleibt er noch mal kurz stehen und zögert.

»Alles okay?«, will ich wissen. Er räuspert sich, dann macht er einen Schritt auf mich zu und steht so dicht vor mir, dass nur ich höre, was er nun zu mir sagt.

»Frau Mai, ich meine es ernst: So etwas kann gefährlich werden. Also denken Sie immer daran, dass wir es hier mit einem Mörder zu tun haben, und seien Sie vorsichtig.« Er zögert kurz, greift in seine Jackentasche und zieht etwas hervor. Es ist seine Visitenkarte. »Hier«, sagt er und drückt sie mir in die Hand. »Falls irgendetwas sein sollte, rufen Sie mich an. Steht meine Durchwahl und meine Diensthandynummer drauf.« Dann fährt er sich mit der rechten Hand durch seine schwarze Matte, dreht sich um und verschwindet durch die Tür nach draußen.

Puh, was war denn das? Ich schüttle mich kurz, dann gehe ich wieder zu meinem Büro zurück. Auf dem Weg passiere ich Raimunds Tür, die noch einen Spalt offen steht. Deshalb höre ich es deutlich – den Vogelfänger! Auweia, macht sich Raimund etwa auch Sorgen? *Ach was*, sage ich mir selbst, das wird schon!

»Hallo, Franzi.« Bille, die Schlange, steht plötzlich vor mir. »Coole Geschichte hattet ihr da heute. Ein Mord auf unserer schönen Ferieninsel – sehr stark!«

»Danke«, erwidere ich knapp und will an ihr vorbeigehen. Sie stellt sich mir allerdings so in den Weg, dass ich stehen bleiben muss. »Und wer war der Typ gerade?«

Am liebsten würde ich jetzt wortlos um sie herumkurven, aber ich will auch nicht als eifersüchtige Exfreundin dastehen. Ich überlege kurz.

»Wieso, suchst du Ersatz für Henning? Da kann ich dir leider nicht weiterhelfen.«

Damit lasse ich sie stehen und schaffe es gerade noch so bis zu meinem Schreibtisch, dann kann ich das Lachen nicht mehr unterdrücken. Janis mustert mich interessiert.

»Oh, du bist ja gut gelaunt. Eben war doch noch von *Kopf kürzer machen* die Rede.«

»Genau. Aber dann hatte ich einen netten Plausch mit Bille«, grinse ich. Janis grinst zurück.

»Und was war in Raimunds Büro los?«

»Ach, Kommissar Lorenz war hier und hat sich mächtig aufgespielt. Hat etwas von Behinderung der polizeilichen Ermittlungen geschwafelt und wollte uns einschüchtern, damit wir ihm weiterleiten, was wir an Infos von den Hörern bekommen.«

»Echt? Krass!«

»Aber Raimund ist ziemlich cool geblieben, als ich ihm erklärt habe, dass wir dabei waren, als Maik Peters' Leiche gefunden wurde, und hat die Pressefreiheit ehrenhaft verteidigt.«

»Guter Mann!«, lobt Janis. »Und wie geht es weiter?«

»Wir haben jetzt einen Deal mit Lorenz. Wir halten uns momentan ein bisschen zurück, berichten weiter nur über die wichtigsten Tatsachen, aber nennen keine näheren Details. Im Gegenzug begleiten wir Lorenz bei seinen Ermittlungen und können nachher eine Reportage daraus stricken.«

»Klingt nach einer fairen Sache«, stimmt mir Janis zu. »Solange am Ende feststeht, dass uns Raimund völlig zu Recht wertvolle Sendezeit eingeräumt hat, funktioniert die Kiste für uns.«

»Ja. Und das wird feststehen, verlass dich drauf. Immerhin sind wir …« Ich werde vom Klingeln meines Telefons unterbrochen. Es ist Sonjas Durchwahl. Ich hebe ab.

»Was gibt's, Sonja?«, will ich wissen. »Noch mehr Anrufe? Oder hat sich die Lage mittlerweile beruhigt?«

»Ich glaube, du hast Fanpost.«

»Fanpost?«

»Auf meinem Schreibtisch liegt ein Brief für dich. Holst du ihn dir ab?«

Neugierig, wie ich bin, stehe ich zwei Sekunden später wieder am Empfang, und Sonja drückt mir einen schlichten weißen DIN-A6-Umschlag ohne Fenster in die Hand. Auffällig ist allerdings mein Name vorne drauf: Er besteht aus ausgeschnittenen, aufgeklebten Zeitungsbuchstaben. Ich drehe den Umschlag um – kein Absender.

»Von wem ist der?«, frage ich.

Sie zuckt mit den Schultern.

»Keine Ahnung. Ich war gerade zur Toilette. Als ich zurückkam, lag er schon da.«

»Danke, ich schau gleich mal rein.«

Ich gehe zurück zu meinem Schreibtisch und öffne den Brief mit einem Metallheftstreifen, der neben dem Telefon liegt. Nichts, kein Papier in dem Umschlag.

»Seltsam«, murmle ich, »da ist gar nichts drin.«

»Zeig mal.« Janis streckt seine Hand über die Schreibtischplatte. Ich gebe ihm den Umschlag, er dreht ihn mit der geöffneten Seite nach unten. Tatsächlich fällt etwas Kleines heraus.

Jetzt sehen wir es beide: Es ist ein Angelhaken.

7

»Sonja, wie lange warst du gerade weg?«

Sobald ich den Angelhaken als solchen erkannt habe, bin ich zum Empfang zurückgesprintet. Sonja schaut mich mit großen Augen an.

»Ich war nur kurz um die Ecke. Vielleicht drei Minuten, höchstens fünf.«

»Und du hast nicht gesehen, wer den Brief für mich abgegeben hat?«

Sie schüttelt den Kopf.

»Nee, tut mir leid. Der lag da, als ich zurückkam.«

»Verdammt!«, fluche ich. »Haben wir hier eigentlich eine Überwachungskamera?«

Wieder ein Kopfschütteln.

»Ich sitze doch hier vorne und passe auf, da brauchen wir so was nicht.«

»Offensichtlich ja doch«, stelle ich trocken fest.

»Was willst du damit sagen? Dass ich meinen Job nicht gut mache?« Sonja klingt beleidigt. »Was ist denn an dem Umschlag so wichtig? Post von einem heimlichen Verehrer?«

»Nein. Aber vielleicht Post von einem Mörder.«

Sonja schnappt nach Luft.

»Franzi, du machst mir Angst! Damit spaßt man nicht!«

»Ich mache keinen Spaß. Ich muss unbedingt wissen, wer den hier abgegeben hat!«

Mittlerweile ist auch Janis zum Empfang gekommen.

»Und?«, will er wissen.

»Nichts *und.* Sonja war kurz weg, in der Zeit wurde der Brief auf ihren Schreibtisch gelegt.«

»Also hat der- oder diejenige den Empfang genau im Blick gehabt, wahrscheinlich über längere Zeit«, schlussfolgert Janis. »Und hat genau den richtigen Moment abgewartet. Gibt es denn wenigstens vor unserem Eingang eine Kamera?«

Sonja runzelt die Stirn. »Nee, hier gibt es nirgends Kameras, wozu denn auch? Hier ist doch normalerweise nüschte los.«

»Ich gehe mal bei den Kollegen vorbei und frage, ob irgendjemand von denen was gesehen hat, okay?«, schlägt Janis vor und wirft mir einen Blick zu. Dann macht er sich auf den Weg zu den anderen Büros. Sonja schaut noch einmal zwischen ihrem Schreibtisch und dem Eingang hin und her und seufzt.

»Das gibt's doch gar nicht. Eigentlich habe ich von meinem Platz aus alles im Blick ... Also wenn das Post von dem Mörder war, dann läuft es mir echt kalt den Rücken runter – der muss mich die ganze Zeit beobachtet haben!« Sie schüttelt sich theatralisch. »Eine wirklich schlimme Sache, das mit Maik.«

»Oh, du kanntest ihn?« Ich beuge mich interessiert nach vorne.

Sonja nickt.

»Klar. Ungefähr mein Alter. Und genau wie ich hat er die Insel nie verlassen. Da kennt man sich. Allerdings in unserem Fall eher flüchtig. Ole, seinen Bruder, kenne ich besser.« Plötzlich schnappt sie nach Luft und schlägt die Hände vor den Mund. »Oh, mein Gott! Hat es Ole schon jemand gesagt?«

Ich zucke mit den Schultern.

»Ich nehme es an. Das ist Aufgabe der Polizei. Das hat dieser aufgeblasene Kommissar hoffentlich besser im Griff als seinen Auftritt vorhin hier in der Redaktion.«

Sonja mustert mich.

»Du magst den Lorenz nicht besonders?«

»Die Untertreibung des Jahrhunderts. Ein echter Kotzbrocken.«

»Komisch, die meisten hier mögen ihn. Und einen Schlag bei den Frauen hatte er sowieso schon immer.«

Ich sehe Sonja ungläubig an. Was meint sie mit *schon immer*? Kennt sie den etwa auch schon ihr Leben lang? Eine Nachfrage hierzu verkneife ich mir, denn wenn Sonja erst mal ins Plaudern gerät, hört sie damit nicht so schnell auf.

»Ich weiß nicht, wovon du redest«, sage ich stattdessen. »Ich finde, er ist genauso norddeutsch-uncharmant wie die anderen Männer hier.« Zu dieser Bemerkung zuckt Sonja mit den Schultern, ganz so, also könne sie nicht glauben, dass ich Lorenz' Charme noch nicht bemerkt habe. Ich gucke den Flur hinunter. »Wo bleibt denn Janis? Irgendwer muss den Briefeschreiber doch gesehen haben! Der kann hier nicht einfach so unbemerkt rein und wieder rausmarschiert sein.«

»Ich fürchte, doch«, stellt Sonja nüchtern fest. Dann schiebt sie neugierig hinterher: »Wie meintest du das denn eben genau mit dem Mörder? Also, wieso denkst du, dass der Brief von ihm stammt?«

Ich überlege kurz, ob ich ihr die Sache mit dem Angelhaken erzähle, entscheide mich aber dagegen. Davon wissen hier im Sender nur Janis und ich, und mein Gefühl sagt mir, dass es besser ist, dies auch erst mal so zu belassen. Wie nannte Lorenz das? Genau – *Täterwissen*!

»Ach, das war nur so eine Vermutung«, behaupte ich also und schiebe, bevor sie weiter nachhaken kann, hinterher: »Ich schau jetzt mal nach Janis, ob er was herausgefunden hat.« Mit diesen Worten lasse ich Sonja stehen und mache mich auf die Suche. Im Büro von Hauke und Kathleen finde ich ihn.

»Und?«, will ich wissen. »Jemand irgendetwas gesehen? Oder irgendwen?« Kopfschütteln bei allen Beteiligten.

»Nee, du«, sagt Hauke. »Ich saß hier die ganze Zeit rum und habe über ein neues Gewinnspiel nachgedacht. So von wegen attraktiv für den Hörer bleiben und so. Du weißt schon, wegen der Übernahme von Mega-Hit oder wie die heißen.«

»Ich habe leider auch nichts bemerkt.« Kathleen guckt bedauernd.

»Schade«, murmle ich und greife nach Janis' Ärmel, »dann lass uns mal wieder an den Schreibtisch zurückgehen.« Ich ziehe Janis hinter mir aus dem Büro. An unseren Schreibtischen angekommen, lasse ich mich in meinen Stuhl fallen, greife nach dem Briefumschlag und betrachte ihn noch einmal ganz genau. FRANZISKA MAI. Zwölf fein säuberlich aus einer Zeitung ausgeschnittene Buchstaben.

»Da hat sich jemand richtig Mühe gegeben«, stellt Janis fest. »Ein ganz gründlicher Typ. Aber das hat man schon heute früh bei Maik Peters gesehen – der war ja auch sehr akkurat verpackt. Unter anderem mit ein paar Angelhaken …«

Ich merke, wie sich mir bei dem Gedanken an die Leiche von Peters die Nackenhaare aufstellen.

»Du denkst also auch, dass das eine Nachricht vom Mörder ist?«, frage ich Janis.

»Natürlich. Von wem sollte sie denn sonst sein? Komm, lass uns den Brief zur Polizei bringen, das ist ein Beweisstück.«

Ich überlege kurz.

»Und warum sollte uns der Mörder – oder die Mörderin – diese Nachricht schicken? Als Warnung?«

»Warum sollte er uns warnen?« Janis runzelt die Stirn. »Wir haben doch gar nichts gemacht.«

Das stimmt. Der Einzige, der heute ganz offiziell genervt von unseren journalistischen Aktivitäten war, ist Kay Lorenz. Ich versuche, mir Lorenz mit einer Bastelschere in der Hand vorzustellen, und verwerfe diese Idee sofort als abwegig. Nein, ich glaube, Janis hat recht: Diesen Brief hat uns der Mörder von Maik Peters geschickt.

»Okay, dann mal auf nach Anklam!«, erkläre ich und greife nach meiner Handtasche, die neben meinem Schreibtisch steht.

»Bis nach Anklam?«, mault Janis.

»Exakt. Du hast doch gehört – da sitzen die wahren Kriminaler. Unser kleiner Außenposten hier in Heringsdorf ist eher für die Kategorie Fahrraddiebstahl und Hütchenspieler zuständig. Die richtig harten Jungs und Mädchen haben ihr Hauptquartier in Anklam, hat mir Kerstin Riebesehl erklärt.«

»So hat sie das gesagt?«

»Nicht ganz so. Aber in etwa.«

»Da sind wir aber 'ne ganze Weile unterwegs. Vielleicht sollten wir Lorenz vorher anrufen. Nicht, dass wir da hingurken, und er ist dann gar nicht da.«

Wo er recht hat, hat er recht. Ich greife in meine Hosentasche und angle die Visitenkarte von Lorenz heraus. Handy oder Festnetz? Ich entscheide mich für Handy, möglicherweise ist Lorenz selbst noch nicht wieder im Büro. Während ich noch die Nummer in den Apparat tippe, der auf meinem Schreibtisch steht, lege ich den Hörer wieder auf. Janis sieht mich fragend an.

»Was'n jetzt? Doch nicht vorher anrufen?«

Ich schüttle den Kopf.

»Nee, ich glaube, ein Überraschungsbesuch ist doch besser. Ich will nicht, dass er Zeit genug hat, sich irgendetwas zu überlegen, mit dem er uns abwimmeln kann.«

»Und wenn wir da ankommen und er ist gar nicht da?«

»Dann, lieber Janis, lade ich dich vor Ort zum Mittagessen auf eine Pizza ein. Deal?«

Janis seufzt. »Deal!«

»Dann los!«, stelle ich mit einem Ton fest, der hoffentlich keine Widerrede duldet.

»Gut. Den Brief nimmst du mit?«

»Ja, aber ich bin mir noch nicht sicher, ob ich den wirklich sofort Kay Lorenz in die Hand drücken sollte.«

»Wird wohl nicht anders gehen. Ist schließlich höchstwahrscheinlich ein Beweismittel.«

»Stimmt einerseits. Anderseits will ich erst mal sichergehen, dass sich Lorenz auch an unsere Abmachung hält, bevor ich ihn mit Material versorge.«

»Welche Abmachung?«

»Uns über den Stand seiner Ermittlungen zu informieren.«

»Bitte was?«

»Na, ich will, dass er uns sagt, was er bisher herausgefunden hat.«

Janis lacht und schüttelt den Kopf.

»Ich glaube, da können wir lange drauf warten. Abmachung hin oder her: Der wird uns echte Ermittlungsergebnisse nicht einfach so anvertrauen. Darf der das denn überhaupt? Ich dachte eher, er gibt uns vielleicht eine halbe Stunde Vorsprung vor der restlichen Pressemeute. Also schickt uns Pressemitteilungen, bevor die anderen sie bekommen, und gibt uns ein paar O-Töne für unsere geplante Reportage.«

Jetzt bin ich es, die den Kopf schüttelt.

»Damit gebe ich mich nicht zufrieden. Und es ist mir auch egal, ob er das darf oder nicht. Wenn sich Lorenz nicht an die Abmachung hält, dann halte ich mich auch nicht dran. Was meinst du, was los ist, wenn wir die Sache mit den Angelhaken öffentlich machen? Und sogar den Brief zeigen. Dann rufen hier von Tagesschau bis RTL Explosiv alle an. Dann hätten wir faktisch eine Jobgarantie.«

Nachdenklich kratzt sich Janis seinen nicht vorhandenen Bart.

»Okay, das wäre natürlich nicht schlecht, so eine Jobgarantie. Ich hatte am Wochenende schon wieder eines dieser unerfreulichen Gespräche mit meinem Vater. Richtig angebrüllt hat er mich. Von wegen, was er in meinem Alter alles schon geschafft hatte.«

Ich weiß genau, was Janis meint, auch wenn meine Eltern mich natürlich gar nicht anbrüllen können. Meine Mutter ist gehörlos geboren und hat nie sprechen gelernt, mein Vater hat sein Gehör als Kleinkind nach einer schweren Infektion verloren. Beide gebärden allerdings hervorragend, und ich kann versichern, dass man auch mit Gebärdensprache in den Senkel gestellt werden kann. Trotzdem bleibt es, wie mit Kay Lorenz besprochen: Eine Hand wäscht die andere. Auch wenn uns dadurch kurzfristiger Ruhm verwehrt bleibt. Mein Riecher als Reporterin sagt mir, dass wir hier an etwas Großem dran sind.

»Komm«, klopfe ich Janis auf die Schulter, »mach dir um deinen Vater mal keine Sorgen. Wenn wir den Fall erst aufgeklärt haben, wird er platzen vor Stolz. Und jetzt los, auf zur Kripo nach Anklam!«

8

Die Polizeiinspektion in Anklam ist ein lang gezogenes, ziemlich hohes Gebäude in apartem Hellgelb. Der Eingang besteht aus viel Glas, man kann direkt in den Wartebereich hineinschauen. Alles in allem also ein klassischer Behördenbau, hier könnten auch das Sozialreferat oder der Baudezernent sitzen. Ich parke auf der gegenüberliegenden Straßenseite direkt davor, schnappe mir meine Handtasche und springe aus dem Auto – bereit, Kay Lorenz richtig in die Mangel zu nehmen! Janis hingegen windet sich im Zeitlupentempo aus dem Beifahrersitz.

»Wird das heute noch was?«, fauche ich ihn an.

»Hab ich was verpasst?«, motzt Janis zurück. »Sind wir auf der Flucht?«

»Natürlich nicht. Aber je eher wir diesem aufgeblasenen Chauvi von Kommissar mal zeigen, wo der Hammer hängt, desto besser! Überraschungsangriff ist ja nicht, wenn einen der Feind schon zwanzig Minuten vorher über die Straße schlurfen sieht.«

Janis klappt die Beifahrertür zu und lehnt sich seufzend gegen mein Auto.

»Komm mal wieder runter, Franzi! Welcher Feind? Ich kann verstehen, dass Lorenz über unsere Begleitung seines Falles nicht begeistert ist. Das sollten wir nicht persönlich nehmen.«

Zu dieser nahe liegenden Analyse meines Volontärs sage ich nichts, sonst müsste ich ihm am Ende ja noch recht geben. Stattdessen stapfen wir schweigend nebeneinander durch die Glastür und melden uns am Empfang.

Weil ich bei Bäderland-Radio nicht nur über Schlossspektakel und Angelausflüge berichte, sondern im Grunde auch die Polizeireporterin wäre, wenn wir denn regelmäßig über Verbrechen berichten würden, bin ich nicht zum ersten Mal hier. Entsprechend lässig stelle ich mich und Janis kurz vor und frage nach Kay Lorenz.

»Haben Sie einen Termin mit Hauptkommissar Lorenz?«, will die junge, uniformierte Frau auf der anderen Seite des Tresens wissen.

»Nein. Brauche ich aber auch nicht. Ich bin mir sehr sicher, dass mich Herr Lorenz auch so empfängt.«

Janis seufzt. Ohne ihn dafür ansehen zu müssen, weiß ich, dass er zudem mit den Augen rollt. Soll er doch. Die junge Polizistin hingegen hat ihre Mimik offenbar besser unter Kontrolle. Jedenfalls greift sie, ohne das Gesicht zu verziehen oder meine Aussage irgendwie zu kommentieren, zum Hörer und meldet uns bei Kay Lorenz an. Keine drei Minuten später steht dieser neben uns.

»Oh, das ist ja eine Überraschung!«, begrüßt er uns.

»Eine nette oder eine böse?«, will ich von ihm wissen.

»Weiß ich noch nicht.« Dann deutet er auf die Tür, die weiter ins Gebäudeinnere führt. »Aber ich find's bestimmt bald heraus. Kommen Sie mit.«

Zwei Glastüren und einen Flur mit hellblauem Linoleum später stehen wir in seinem Büro. Ein schmuckloser, fast leerer weißer Schreibtisch mit einem schwarzen Telefon, ein Computer, zwei schwarze Stühle für Besucher, aber keine Bilder an den Wänden oder sonst irgendetwas Persönliches. Kay Lorenz scheint meine Gedanken lesen zu können.

»Ich bin erst letzten Monat hier angekommen. Hatte noch keine Zeit, mich häuslich einzurichten.«

Ich zucke mit den Schultern und werfe einen Blick auf die Tischplatte. Zwei Kugelschreiber, die rechtwinklig zu einer Postmappe angeordnet sind. Kay Lorenz leidet offenbar an einem Ordnungszwang.

»Na ja, so ein aufgeräumter Schreibtisch hat ja auch was«, sage ich, um die Situation etwas aufzulockern, »wenigstens müssen Sie nicht in einem Haufen Papier wühlen, bis Sie haben, was Sie brauchen.«

Janis kichert.

»Oh, ja, Sie glauben ja nicht, wie groß der Haufen ist, in dem Franzi ... äh, Frau Mai immer wühlen muss!« Der Blick, den ich Janis für diese Bemerkung zuwerfe, bringt ihn sofort zum Schweigen. Kay Lorenz grinst, sagt aber nichts dazu.

»Bitte, nehmen Sie doch Platz. Wie kann ich Ihnen helfen?«

Ich setze mich, dann blicke ich Lorenz, der immer noch grinst und mittlerweile im Bürostuhl auf der anderen Seite des Schreibtisches sitzt, direkt in die Augen.

»Dann will ich mal gleich zum Punkt kommen«, sage ich und hoffe, dass ich dabei möglichst energisch klinge. »Uns interessiert, in welche Richtungen Sie im Mordfall Peters ermitteln. Gibt es schon Tatverdächtige?«

Sofort weicht das Grinsen aus Lorenz' Gesicht.

»Nicht Ihr Ernst, oder?«

»Mein voller.«

»Sie marschieren hier rein und glauben, dass ich Ihnen meine Ermittlungsergebnisse mitteile? Oder sogar mit Namen um mich schmeiße? Warum sollte ich das tun?«

»Wir haben es so vereinbart. Vor ungefähr einer Stunde. Ich darf Ihre Ermittlungen begleiten. Schon vergessen? Wir arbeiten ab heute zusammen.«

Der Blick des Kommissars verfinstert sich.

»Dann liegt hier eindeutig ein Missverständnis vor. Ich habe nie gesagt, dass wir zusammenarbeiten werden. Wie soll das auch gehen? Ich leite die polizeilichen Ermittlungen in einem

Tötungsdelikt, Sie sind auf der Suche nach dem nächsten Beitrag für Ihren Dudelfunk.« Er schüttelt den Kopf. »Nein, Frau Mai, ich sage Ihnen, wie wir's machen: Sie bekommen meine Infos, bevor unsere Pressestelle eine offizielle Meldung an alle Medienvertreter verschickt. Mehr gibt's nicht.«

»Komm, Janis, wir müssen los.« Ich trommle ungeduldig mit den Fingern auf die Tischplatte. »Wenn wir uns beeilen, schaffen wir es noch, den Aufmacher für die 14-Uhr-Nachrichten zu stricken.«

Janis guckt überrascht.

»Hast du das Telefoninterview mit Henk Ahrens eigentlich schon geschnitten?«, will ich von ihm wissen. »Ich brauche nur die entscheidenden Stellen als O-Ton.« Hoffentlich schaltet er jetzt schnell genug und vermasselt mir nicht die Tour! Er räuspert sich.

»Ich ... äh ... du meinst die Stelle, wo er das mit den Angelhaken genau schildert? Wie furchtbar das war? Oder die mit den eingeritzten, blutigen Buchstaben?« Puh! Janis hat kapiert, was ich vorhabe!

»Genau die beiden Stellen meine ich.«

»Ja, die O-Töne habe ich schon vorbereitet. Sauber geschnitten, perfekt abgemischt. Kann Markus sofort senden.«

»Sehr gut!«, lobe ich ihn und zupfe ihn sanft am Ärmel. »Dann mal *auf, auf* in den Sender!«

Kay Lorenz starrt uns an.

»Sind Sie wahnsinnig? Wollen Sie etwa verantworten, dass da draußen ein irrer Mörder rumläuft, den wir niemals fassen werden, weil Sie meine Arbeit boykottieren?« Die letzten Worte schreit er regelrecht. Schon sein zweiter Wutanfall innerhalb weniger Stunden. Ob der Mann ein Choleriker ist?

»Herr Lorenz, jetzt kommen Sie mal runter. Ich will Ihre Arbeit nicht boykottieren, aber Sie offensichtlich meine. Und da das so ist, muss ich mich leider darauf besinnen, was meine eigentliche Aufgabe ist: unseren Hörerinnen und Hörern die Wahrheit zu berichten. Auch wenn diese unappetitlich ist.«

Lorenz atmet tief durch die Nase ein, was einen schnaubenden Ton erzeugt. Als er weiterspricht, schreit er aber immerhin nicht mehr, sondern bleibt einigermaßen ruhig.

»Also gut. Was wollen Sie?«

Na also. Geht doch!

»Wie ich eben schon sagte: Ich möchte wissen, ob es Verdächtige gibt. Eine heiße Spur? Irgendwelche Erkenntnisse?«

Kay Lorenz kneift die Augen zusammen und mustert mich eingehend.

»Frau Mai, Ihr Vertrauen in meine Fähigkeiten ehrt mich, aber glauben Sie ernsthaft, dass ich nur wenige Stunden nach dem Leichenfund schon mit einem Tatverdächtigen aufwarten kann? Wie soll das denn gehen? Also, falls ich nicht jemanden mit der Tatwaffe neben der Leiche verhafte, kann auch ich keine Wunder vollbringen.«

»Wie schade«, bemerke ich spitz, »aber apropos: Wissen Sie denn wenigstens schon, woran Peters gestorben ist? Und was die Tatwaffe war?«

»Vielleicht ein Angelhaken?«, wirft Janis ein und kichert über seinen eigenen flachen Witz. Lorenz wirft ihm einen bösen Blick zu, und ich würde Janis am liebsten vors Schienbein treten, was allerdings schwierig ist, weil er neben mir sitzt.

»Schön, dass Ihr Kollege anscheinend seinen Spaß an einem schlimmen Verbrechen hat!«, kommentiert Lorenz Janis' Bemerkung.

»'tschuldigung«, murmelt dieser und rutscht etwas tiefer in seinen Stuhl.

»Um auf Ihre Frage zurückzukommen, Frau Mai: Herr Peters starb vermutlich an stumpfer Gewalteinwirkung auf seinen

Schädel. Das Ganze ist vermutlich dreißig Meter von der Kaimauer entfernt passiert, da haben die Kollegen Blutspuren auf dem Boden gefunden, eine Probe davon ist im Labor. Eine andere Möglichkeit ist, dass Peters nur bewusstlos war, als er ins Netz gelegt wurde, und dann ertrunken ist. Genaueres weiß ich aber erst, wenn das Gutachten aus der Rechtsmedizin kommt. Und damit rechne ich nicht vor morgen, denn auch die Kollegen in Greifswald können nicht zaubern.«

»Und die Waffe?«, hake ich nach, fest entschlossen, mich hier nicht einfach so abspeisen zu lassen. »Irgendwas gefunden, was in Frage kommen könnte?«

Lorenz schüttelt den Kopf.

»Nein. Wie Sie sich sicher vorstellen können, haben wir überall an Bord und in der Umgebung danach gesucht. Aufgrund der Wunde tippe ich auf ein Rohr oder Ähnliches.«

»Aha.« Etwas Schlaueres fällt mir dazu gerade nicht ein, aber ich denke, das ist auch nicht nötig. Ich dürfte Kay Lorenz mit meinem Besuch jedenfalls klargemacht haben, dass er mich nicht so schnell loswird. Ich greife nach meiner Handtasche, die neben mir auf dem Boden liegt, und krame darin herum. Kurz darauf finde ich tatsächlich auf ihrem Grund eine meiner Visitenkarten. Die sieht zwar schon ziemlich zerknittert aus, dürfte aber noch ihren Zweck erfüllen. Ich stehe auf und reiche sie Lorenz über den Tisch.

»Gut. Rufen Sie mich an, wenn Sie etwas Neues haben.«

Der Kommissar verzieht das Gesicht, als ob er auf eine Zitronenscheibe gebissen hätte, nickt aber.

»Mache ich. Aber bevor Sie beide gehen, habe ich auch noch ein paar Fragen.«

»An uns? Warum?«

»Na ja, Sie waren beim Leichenfund dabei. Und wie ich heute Morgen Ihrer Berichterstattung entnehmen konnte, waren Sie gestern auch bei einem heftigen Streit des Opfers mit dem Fischereiaufseher zugegen.«

Ich setze mich wieder.

»Ja, das stimmt. Peters und dieser Friedeberg hätten sich fast geprügelt. Es ging um die schikanösen Kontrollen von Peters' Gästen durch Friedeberg. Das war auch der Grund, warum Peters überhaupt bei uns angerufen hat, er fühlte sich von Friedeberg verfolgt«, erkläre ich.

»Hat Ihnen Peters noch mehr über die Hintergründe dieses heftigen Streits erzählt?«

»Nein, leider nicht. Das wollte er ja eigentlich heute während der Bootsfahrt tun, aber dazu kam es nicht mehr.«

»Oh, Moment!«, ruft Janis, dem offenbar noch etwas eingefallen ist. »Peters hat noch was von verrückten Tierrechtsaktivisten erwähnt. Er hatte den Verdacht, dass die ihm Friedeberg auf den Hals hetzen.« Er macht eine kurze Pause. »Oder gehetzt haben, sollte ich wohl sagen, denn das hat sich jetzt ja erledigt.«

»Verrückte Tierrechtsaktivisten?«, wiederholt Lorenz. »Wen meinte er damit?«

Janis zuckt mit den Schultern.

»Keine Ahnung.«

Ich denke kurz nach.

»Da ist doch seit ein paar Monaten dieser Stand mit den Aktivisten. In Ahlbek auf der Promenade, aber in Peenemünde am Hafen hab ich die auch schon gesehen. Und von da ist es ja nur ein Katzensprung nach Zeglin. Die demonstrieren gegen die Überfischung der Meere oder so. Jedenfalls verteilen sie Zettel und halten Mahnwachen vor den Fischkuttern ab. An eine kleine Demo meine ich mich auch zu erinnern.«

»Stimmt.« Janis nickt. »Ich glaube, ich hab da schon mal für oder gegen etwas unterschrieben. Bei so 'ner hübschen Blonden. Hatte schon überlegt, sie nach ihrer Telefonnummer zu fragen.«

»Wo genau haben Sie die gesehen?«, erkundigt sich Kay Lorenz und ist auf einmal ganz aufmerksam.

»Sie stehen meistens in Ahlbeck vor der historischen Uhr an der Seebrücke. Sind Ihnen die noch nie aufgefallen? Ich dachte, Sie sind von hier. Sagt jedenfalls unsere Teamassistentin.«

»Erstens: Nein. Zweitens: Ja.«

»Hä?«

»Na, erstens habe ich die noch nie gesehen. Und zweitens bin ich tatsächlich Usedomer. Aber wie ich schon sagte, bin ich erst seit kurzem wieder hier, und militante Tierschützer sind mir noch nicht begegnet.«

Ist das etwa ein Lächeln? Tatsächlich – Kay Lorenz lächelt mich an!

»FISH ARE FRIENDS!«, ruft Janis unvermittelt und springt von seinem Stuhl auf. Lorenz und ich starren ihn überrascht an.

»Wie bitte?«, erkundigt sich der Kommissar.

»Na, so heißen die. *Fish are friends.* Die Aktivisten. So nennen die sich.«

»Und Peters hat diese Fischfreunde verdächtigt, für Ärger mit der Fischereiaufsicht zu sorgen?«, fragt Lorenz weiter.

»Ich glaube schon«, sage ich. »So genau weiß ich es nicht, denn das wollte er mir heute alles in Ruhe erzählen. Was sagt denn Henk Ahrens dazu? Peters wird sich doch mit seinem Bootsmann darüber unterhalten haben. Oder haben Sie den noch nicht befragt?«

»Nur kurz. Aber tatsächlich habe ich ihn für heute Nachmittag 15 Uhr einbestellt.«

»Prima!« Ich klatsche in die Hände. »15 Uhr passt gut!«

»Oh, nein, Sie werden bei der Befragung auf gar keinen Fall dabei sein.«

»Aber ich …«

»Nein, Frau Mai. Ausgeschlossen.« Lorenz' Stimme klingt fest, aber einigermaßen freundlich. Widerspruch zwecklos. »Aber bevor Sie sich aufregen: Sie können mich gern morgen anrufen und mit mir ein informelles Pressegespräch führen, wenn Sie das davon abhält, weiter über den Fall zu berichten. Meine Visitenkarte haben Sie noch?«

Ich atme tief ein, dann nicke ich.

»Ich glaube schon. Müsste auf meinem Schreibtisch in der Redaktion liegen.«

Lorenz seufzt, zieht die Schublade unter seinem Tisch auf, greift hinein und gibt mir noch eine Visitenkarte.

»Hier, sicher ist sicher. Damit Sie sehen, dass ich es ernst meine.«

»Danke«, sage ich. »Dann gehen wir jetzt.«

Ich stehe wieder auf, verabschiede mich überaus freundlich, greife mir meine Handtasche und verlasse mit Janis im Schlepptau betont langsam das Polizeirevier. Die sollen hier bloß nicht denken, dass sie mich so schnell loswerden. Nein, ich komme ab jetzt regelmäßig, darauf können sich hier alle verlassen!

Wieder am Auto angekommen, breitet Janis fragend die Arme aus.

»Mann, Franzi, warum hast du ihm den Brief mit dem Angelhaken nicht gegeben?«

Ich öffne die Fahrertür, klemme mich hinters Lenkrad und warte mit meiner Antwort, bis auch Janis eingestiegen ist.

»Weil ich ihm nicht traue«, sage ich dann. »Wenn er mir morgen wirklich sagt, was die Befragung von Ahrens ergeben hat, dann kriegt er den Brief. Sonst machen wir den nächsten Beitrag.«

»Aber Franzi, wenn der Brief wirklich vom Mörder ist, dann unterschlägst du ein Beweismittel. Das ist bestimmt Behinderung der Justiz oder so. Dafür können wir 'ne Menge Ärger bekommen. Oder besser gesagt: Du. Denn ich werde dem Staatsanwalt sofort klarmachen, dass ich damit nichts zu tun hatte!«

Super, auf Janis kann man sich ja so richtig verlassen! Ich werfe ihm einen bösen Blick zu.

»Wenn du mit deinen Belehrungen fertig bist, schlage ich vor, wir arbeiten noch 'ne Runde. Im Übrigen ist es wirklich schade, dass du die Strategie deiner Ausbilderin nicht billigst. Dabei könntest du noch viel von mir lernen.«

»Und wohin jetzt?«, erkundigt sich Janis, ohne auf meine Spitze einzugehen. »In den Sender?«

»Natürlich nicht. Wir müssen schließlich ermitteln.«

»*Wir* müssen ermitteln? Ich dachte, wir schauen dem Typen beim Ermitteln zu.«

»So ein Quatsch, Janis. Da ist der Fall ja in zehn Jahren noch nicht gelöst, so langsam, wie der arbeitet. Typisch Beamter! Nein, wir legen selbst los. Aber du hast natürlich insofern recht, als dass wir nicht ermitteln, sondern recherchieren. Während Lorenz also noch untätig in seinem warmen Bürostuhl hockt und auf die Ergebnisse aus Greifswald wartet, fahren wir zur Seebrücke nach Ahlbeck und knöpfen uns mal die Tierschützer vor.«

9

Heringsdorf und Ahlbeck gehen faktisch ineinander über, und Parkplätze sind in beiden Orten absolute Mangelware. Weil das so ist, hatte Raimund vor zwei Jahren die absolut bestechende Idee, vier Redaktionsfahrräder anzuschaffen, die an den Ständern vor unserem Eingang angeschlossen sind. Die Schlüssel hängen an einem Schlüsselbrett in der Teeküche, wer dienstlich im Umkreis der Kaiserbäder unterwegs ist, nutzt meist den Drahtesel. Geht einfach viel schneller. Also radeln auch Janis und ich auf dem Fahrradweg neben der Promenade Richtung Seebrücke Ahlbeck, nachdem wir zuvor den Panda auf dem Redaktionsparkplatz abgestellt haben. Ein paar Minuten später haben wir die berühmte Seebrücke erreicht. Dass die Tierschützer sich gerade diesen Ort für ihren Stand ausgesucht haben, wundert mich nicht. Es dürfte so ungefähr der bekannteste und meistfotografierte auf der Insel sein, entsprechend viele Touristen kommen hier vorbei.

Wir schließen die Räder an einem der Metallbügel an, die überall in Ahlbeck die Promenade säumen, und laufen zu dem Pavillon, in dem Softeis, Würstchen und Kaffee verkauft werden. Von hier aus kann man den Weg zur Seebrücke hervorragend sehen – und tatsächlich, da stehen sie, direkt vor der historischen Ziersäule mit der Uhr. Fünf junge Leute, drei Frauen und zwei Männer, verteilen Zettel an die Passanten, verwickeln sie in Gespräche und halten ihnen ein Klemmbrett mit einer Unterschriftenliste unter die Nase. Vor dem Stand ist ein Plakat angebracht.

Fish are friends, not food! heißt es da, illustriert mit einem Hering, der einem Angler einen Kuss auf die Wange haucht.

»Dann mal hin«, sagt Janis und will schon vorgehen, als mir eine Idee kommt.

»Warte mal. Ich hab irgendwie das Gefühl, dass es vielleicht gut wäre, wenn sie nicht wissen, dass wir beide vom Radio sind. Ich gehe also besser erst mal alleine hin.«

»Wie du meinst. Aber was soll ich solange machen? Auf dich warten oder schon mal zurück in den Sender?«

Ich krame aus meiner Hosentasche ein Zweieurostück hervor und drücke es Janis in die Hand.

»So, die Chefin gibt einen aus. Hol dir ein Eis und warte bei der Bude auf mich.«

»Zwei Euro?«, fragt Janis. »Das dürfte bei dieser Touristenfalle nicht mal in deiner zweifelsohne sehr lange zurückliegenden Kindheit für ein Eis gereicht haben.«

Eine Dreistigkeit! Leider eine sehr wahre! Mit betont bösem Blick krame ich noch tiefer in meiner Hosentasche, ziehe schließlich einen Fünfeuroschein hervor und gebe ihn Janis. Der reicht mir die Münze zurück, geht dann los und biegt zum Pavillon ab, ich mache mich auf den Weg zu den Tierrechtsaktivisten. Wenige Meter vor ihrem Stand werde ich bereits von einem jungen Mann mit sehr eindrucksvollen Dreadlocks und Kopftuch gestoppt. Er stellt sich direkt vor mich und drückt mir einen Flyer in die Hand.

»Hey, darf ich dich über die Überfischung unserer Ostsee informieren?«, fragt der Rastafari freundlich, aber bestimmt.

»Ja klar, und ich hätte da sogar ein paar konkrete Fragen«, erwidere ich und schaue mir den Flyer an. Ein Strahlen legt sich auf sein Gesicht, fast so, als könne er gar nicht fassen, bei mir auf echtes Interesse zu stoßen.

»Oh, toll! Immer raus damit, was willst du wissen?«

Ich lächle ebenfalls, so freundlich-harmlos ich nur kann, und beginne mit meinem Verhör.

»Sag mal, ihr kennt doch dann bestimmt den Fischer Peters, oder? Den aus Zeglin.«

Rastafari nickt heftig.

»Na, und ob! Das ist auch so ein Mörder! Fischt nicht nur mit Stellnetzen, sondern auch mit Schleppnetzen. Wusstest du, dass viele Fische aufgrund des starken Drucks in den Netzen zerquetscht oder verletzt werden? Kannst du dir vorstellen, was das für ein grausamer und qualvoller Tod für die Tiere ist? Und ein sinnloser noch dazu.«

»Ja, wirklich schlimm«, sage ich und meine das auch so. »Da möchte man doch fast, dass es diesen Fischern auch mal so schlecht ergeht wie den armen Fischen!« Okay, *das* meine ich nun nicht so, aber es scheint mir das Richtige zu sein, um den Tierfreund mal ein bisschen aus der Reserve zu locken.

»Cool, dass du das laut aussprichst, sehe ich nämlich ganz genauso«, gibt er mir tatsächlich recht. »Klar, Menschen sind Menschen, aber manchmal denke ich, man müsste dieses ganze Tierleid wirklich rächen.«

Ha! Rache – offenbar genau der Gedanke, den auch Peters' Mörder hatte. Vielleicht ein Zufall, vielleicht aber auch nicht.

»Tja, so isses. Aber ist ja verboten«, stelle ich trocken fest. »Protest ist natürlich nicht verboten. Habt ihr also mal dran gedacht, bei Peters ein bisschen Ärger zu machen? Ich meine, so ein Stand hier ist ja schon ganz hübsch, aber sinnvoller wäre es doch, direkt mit solchen Typen Klartext zu reden.«

»Haben wir doch auch schon gemacht«, verkündet Rastafari nicht ohne Stolz in der Stimme, »und zwar so richtig! Wir haben vor seinem Anleger in Zeglin 'ne spontane Demo abgezogen, und zwar gerade, als die anderen Tiermörder mit an Bord kommen wollten.«

»Die anderen Tiermörder? Du meinst die Touristen, die für Angelfahrten mit ihm rausfahren?«, will ich wissen.

»Genau die. Ein widerlicheres Hobby gibt es ja wohl nicht, als in seiner Freizeit unschuldige Tiere zu töten. Aber denen haben wir was erzählt!« Der Typ redet sich regelrecht in Rage. »Die sind dann alle abgehauen, haben sich nicht mehr auf den Kutter getraut.« Jetzt wird er so laut, dass die anderen Fischfreunde am Stand in unsere Richtung sehen. Eine junge Frau mit blonden Locken, um die ich sie spontan sehr beneide, kommt zu uns herüber.

»Hey, Max, was ist los? Gibt's Ärger?«

»Nee, Imke, alles gut. Wir haben uns nur gerade über Peters, diesen üblen Fischmörder, unterhalten. Wir waren uns da ganz einig.«

»Peters?«, fragt seine Kollegin nach.

»Ja, Maik Peters«, bestätigt Max.

»Wie kommt ihr denn gerade auf den?«

»Na ja, sie hier wollte wissen, ob wir uns solche Verbrecher auch mal vorknöpfen.«

»Aha. Wollte sie.« Goldlöckchen mustert mich nachdenklich. »Wer sind Sie denn?«

»Hallo, Imke, ich bin Franzi Mai«, stelle ich mich vor.

»Sind Sie von der Polizei?«

Ich muss lachen.

»Nein, natürlich nicht. Wie kommen Sie denn darauf?«

»Ich hab gehört, dass Peters ermordet wurde. Jetzt kreuzen Sie hier auf und wollen wissen, ob wir uns den mal *vorgeknöpft* haben. Ist doch irgendwie komisch, finden Sie nicht?«

Max, der Tierfreund, starrt mich an, als ob er gerade entdeckt hätte, dass ich zwei Köpfe habe.

»Wolltest du mich etwa aushorchen?«

»Nicht doch. Wieso sollte ich?«

»Hey, raus mit der Sprache«, zischt mich die Blonde an, »das ist doch kein Zufall, dass Sie nach Peters fragen. Wer schickt Sie? Wenn Sie nicht von den Bullen sind, von wem sind Sie dann?«

Irgendwie klingt sie für jemanden, der gewisse Ähnlichkeit mit dem Nürnberger Christkind hat, ganz schön aggressiv. Sollte ich da tatsächlich ins Schwarze getroffen haben? Mit meiner ersten Idee? Allerdings habe ich auch keine Lust, mich hier weiter rumzustreiten, und mehr werden mir die Tierfreunde vermutlich sowieso nicht erzählen. Es ist also an der Zeit, mich zu outen.

»Ich bin nicht von der Polizei, sondern Journalistin. Bäderland-Radio, und da zuständig für die Reportage-Themen.«

Imke sagt kein Wort, schaut aber immer noch nicht freundlicher und scheint auch nicht im Ansatz beeindruckt. Offenbar gehört sie in der Generation, in der fast alle *was mit Medien* machen wollen, zur Minderheit. Ich beschließe also, meinem Auftritt ein bisschen mehr Gewicht zu verleihen.

»Ich war da an einer richtig großen Sache dran«, hübsche ich meinen geplanten Einsatz an Bord der *Fine* etwas auf. »Maik Peters hatte mich angerufen, weil er bedroht wurde. Und dann …«

Weiter komme ich nicht, weil mir Imke sofort das Wort abschneidet.

»Und da dachten Sie: Frage ich doch mal die Tierschützer, weil die ja bestimmt einen Fischer bedroht und umgebracht haben.« Sie lacht verächtlich. »Was für 'ne miese Nummer. Wir haben überhaupt nichts mit der ganzen Sache zu tun. Und jetzt entschuldigen Sie uns – wir müssen uns um die wirklich wichtigen Dinge kümmern. Das Überleben unserer Meere!« Dann fasst sie Max am Ärmel und zieht ihn hinter sich her zum Stand zurück.

Ich bleibe stehen und sehe den beiden nach. Gut, das war jetzt kein glasklares Geständnis, aber ich bin mir sicher, dass es sich lohnt, an der Fischfreunde-Truppe dranzubleiben. Und ich weiß auch schon genau, wie. Schlauerweise hatte ich Janis ja zum Eisessen geschickt. Selbst wenn er sich die große Schlemmertüte mit Sahne und Streusel bestellt hat, müsste er damit mittlerweile fertig sein. Jetzt ist genau der richtige Moment, ihn in meinen Spitzenplan einzuweihen.

Ich finde Janis auf einem der Fahrradbügel sitzend.

»Pause beendet!«, begrüße ich ihn.

»Okay, was sagen die Tierschützer? Haben sie gestanden?«

»Noch nicht. Aber es kann nicht mehr lange dauern«, lache ich. »Komm mit, lass uns mal da hinter die Bäume gehen.«

»Warum denn auf einmal so geheimnisvoll?«, wundert sich Janis.

»Erklär ich dir gleich.«

Wir schlendern zu der Baumreihe, die die Promenade von der Häuserzeile trennt. Von hier aus kann man sehr gut den Stand beobachten, ohne selbst gesehen zu werden.

»Sag mal, Janis, ist eine von denen die, mit der du flirten wolltest?«, will ich wissen.

Janis nickt und deutet auf Imke.

Bingo, Volltreffer!

»Okay, hier kommt deine Chance, das Angenehme mit dem Nützlichen zu verbinden. Du musst dazu nur bei den Fischfreunden anheuern.«

»Was? Nee, das sind garantiert alles Vegetarier. Oder sogar Veganer. Ich will da nicht mitmachen. Wenn die sehen, dass ich am liebsten Currywurst esse, schmeißen sie mich sowieso wieder raus.«

»Ich sag dir jetzt mal was – als Journalist musst du auch mal zu unkonventionellen Methoden greifen. Du gewinnst damit das Vertrauen der Tierschützer und erfährst aus erster Hand, was sie so treiben.« Janis legt die Stirn in Falten.

»Und wenn dann gar nichts dran ist?«

»Dann hast du im Zweifel mal 'ne Woche keine Currywurst

gegessen, aber zum Lohn dafür endlich die Telefonnummer von deinem Schwarm.«

Dem schweren Seufzen von Janis entnehme ich, dass Currywurst sein Grundnahrungsmittel ist.

»Letzte Frage, Chefin: Wieso gehst *du* nicht einfach hin und sagst, dass du mitmachen willst?«

»Ich habe sie schon befragt. Insbesondere Imke war extrem misstrauisch. Sie dachte, ich sei von der Polizei. Also habe ich zugegeben, dass ich Journalistin bin. Hat aber keinen Unterschied gemacht.«

»Ich weiß nicht«, zögert Janis.

»Nun komm schon. Du bist ein gleichaltriger Typ, der sich für Tierschutz interessiert. Dir werden sie glauben.«

»Na gut. Ich mach's«, fügt sich Janis in sein Schicksal und will schon Richtung Stand trotten.

»Halt. Nicht so schnell«, bremse ich ihn.

»Mann, Franzi, jetzt mach es nicht so kompliziert. Ich wechsle bald freiwillig in die Musikredaktion, wenn du so weitermachst.«

»Du brauchst einen anderen Namen, der willst du dich da mit Janis Neubauer vorstellen? Falls einer von denen Bäderland-Radio hört, wäre das doch etwas auffällig, meinst du nicht?«

»Nee, meine ich nicht. Die sehen mir alle eher nach Delta-Radio oder irgendwas anderem mit Indie Rock aus. Unsere 80er-Mucke dürfte die eher verschrecken.«

»Egal. Hast du einen zweiten Vornamen?«

»Ja. Florian.«

»Okay, dann geht die Geschichte so: Du hast Semesterferien und jobbst bei deiner Tante im *Inseltreff* Bansin. Du interessierst dich schon ganz lange für Tierschutz. Jetzt willst du dich auch endlich mal selbst engagieren.«

Janis seufzt.

»Wenn du es sagst.«

Zufrieden klopfe ich ihm auf die Schulter.

»Dann mal los, Flo, äh, Altmüller. In einer Stunde triffst du dich mit deinem Verbindungsoffizier im Sender.«

Ich ernte einen maximal entnervten Blick und beiße mir sehr fest auf die Unterlippe. Sonst hätte ich möglicherweise den schlimmsten aller Klassiker für diese Situation rausgehauen: *Lehrjahre sind keine Herrenjahre.*

10

Zurück an meinem Schreibtisch in der Redaktion, ziehe ich noch einmal den Brief aus der Schublade, in die ich ihn vorhin gelegt habe. Sorgfältig untersuche ich ihn, drehe ihn immer wieder hin und her und schaue mir auch noch mal den Angelhaken an. Hat Janis recht, und wäre es nicht besser, um nicht zu sagen: alternativlos!, ihn bei Lorenz abzuliefern? Andererseits: Müsste ich dann nicht Lorenz sagen, dass der Brief schon abgegeben worden war, bevor ich zu ihm ins Kommissariat gefahren bin? Er wird sich wundern, warum ich den Brief nicht gleich mitgebracht habe, und mir dann ziemlich sicher vorwerfen, dass ich versucht hätte, Beweismittel zu unterdrücken. Das ist bestimmt keine Bagatelle. Jedenfalls aus Sicht eines Kommissars. Mist, ich hätte wirklich auf Janis hören sollen.

»Na, was überlegst du?«

Markus ist an meinen Schreibtisch gekommen. Seine Schicht ist offenbar gerade vorbei, jedenfalls hat er seine Jacke an und sieht so aus, als wolle er Feierabend machen.

»Ach, nichts Besonderes. Ich denke nur über den Mordfall Peters nach und ob ich irgendeinen Anhaltspunkt habe, wer den armen Maik Peters wie einen Rollbraten in seinem eigenen Fischernetz verschnürt haben könnte.«

Markus zuckt mit den Schultern.

»Na ja, ist ja Gott sei Dank Sache der Polizei, das herauszufinden. Solange es kein Serienkiller ist und ich demnächst nicht selbst im Netz zapple, ist es mir eigentlich auch ziemlich egal.«

Das ist aber mal empathisch! Entgeistert starre ich Markus an.

»Du willst sagen, es interessiert dich nicht, wer Maik Peters umgebracht hat?«

»Nee, nicht im Geringsten. Ich bin einfach kein besonders neugieriger Mensch.«

»Dann wundert es mich aber wirklich, dass du Journalist geworden bist.«

Markus grinst.

»War keine bewusste Entscheidung. Eher ein Mangel an Alternativen. Ich hätte noch die Fischräucherei meines Onkels übernehmen können, aber ich habe diesen Fischgeruch immer gehasst. Und jetzt bin ich schon so lange hier, dass mir erst recht nichts anderes mehr einfällt. Also hoffen wir mal, dass sie die Bude hier nicht dichtmachen. Die Fischräucherei hat zwischenzeitlich nämlich meine Schwester übernommen.«

»Schönes Stichwort, Herr Kollege!«

»Was? Fischräucherei?«

Ich schüttle den Kopf.

»Nicht doch. Stichwort *Bude dichtmachen*. Damit das nicht passiert, habe ich mir doch die Problemlöser ausgedacht. Und umso mehr sollte dich der Mordfall interessieren, schließlich ist das auch der erste Fall unserer neuen Rubrik, und wenn die zündet – wer weiß…«, sage ich und lasse den letzten Satz bewusst unvollendet.

»Wenn du meinst. Gibt es denn schon irgendwelche Erkenntnisse? Was sagt denn die Polizei?«

Ich seufze.

»Ach, dieser Lorenz würde mich am liebsten ganz raushalten. Ätzender Typ. Aber ich lasse mich nicht verschrecken.«

»Hm.« Mehr sagt Markus nicht dazu.

»Kennst du den eigentlich? Sonja sagt, er stammt von hier. Und du bist doch auch Insulaner, oder?«

»Fast. Ich bin mit meinen Eltern hierhergezogen, als ich in der

Grundschule war. Kay Lorenz ist, glaube ich, ein bisschen jünger als ich. Er war nicht in meiner Clique. Und ich habe gehört, er war die letzten Jahre in Hamburg. Oder in Berlin. Jedenfalls nicht hier.«

»Hamburg. Sagte sein Kollege heute früh. Weißt du, warum? Also, warum er nach Hamburg gegangen ist und jetzt wieder hier ist? Private Gründe?«

An dem unglücklichen Gesichtsausdruck von Markus kann ich ablesen, dass er genau diese Sorte Inseltratsch hasst. Wirklich keine guten Voraussetzungen für einen Nachrichtenredakteur. Also hake ich nach.

»Komm schon, Markus, du Inselgewächs! Du weißt doch bestimmt was!«

Markus brummt mürrisch, aber erteilt dann brav Auskunft.

»Soweit ich weiß, ist er für die Karriere nach Hamburg. Zusammen mit seiner Frau, die ist auch von hier. Dann ging die Ehe in die Brüche, und sie ist mit dem Kind zurück nach Meck-Pomm. Na ja, und er hinterher. So von wegen Superpapi mit gemeinsamem Sorgerecht und so. Außerdem lebt seine Mutter hier, bei der wohnt er jetzt wieder. Ist wahrscheinlich 'ne einfache Rechnung: Unterhalt für'n kleines Kind und die Ex – da musste als Bulle schon mal bei Mutti einziehen, um dir das überhaupt leisten zu können, schätze ich.« Er macht eine Pause und mustert mich. »Warum willst du das eigentlich so genau wissen? Findest du den gut oder was?«

Ich lache laut auf.

»Also bitte, Markus! Ich will ihn nur besser einschätzen können, schließlich bin ich auf ihn angewiesen, wenn das mit diesem Fall gut laufen soll.«

»Tja, ich weiß zwar nicht, wie dir die Infos dabei helfen sollen – aber mehr kann ich dir über den Typen auch nicht sagen. Da musste vielleicht doch noch mal Sonja ausquetschen.«

Ich nicke.

»Ja, danke, mach ich.«

Markus tippt sich an die Stirn.

»Okay, also dann noch viel Erfolg!«

»Danke. Und dir einen schönen Feierabend.«

Er trabt nach draußen, und ich sehe mir wieder den Brief an. Es hilft nichts, der muss zur Polizei. Seufzend hole ich die Visitenkarte von Lorenz hervor und greife zum Telefonhörer. Zwei Sekunden später habe ich ihn an der Strippe.

»Hallo, Herr Lorenz, Mai hier«, erwidere ich sein knappes *Kripo Anklam, Lorenz.* Erst ein kurzes Schweigen, dann ein Räuspern am anderen Ende der Leitung.

»Hallo, Frau Mai. Hatten wir nicht verabredet, dass Sie mich erst morgen anrufen?« Okay, Begeisterung klingt anders. Aber davon lasse ich mich nicht ins Bockshorn jagen.

»Ja, hatten wir.«

»Und das hatte Gründe, Frau Mai. Es gibt in der Zwischenzeit noch keine neuen Erkenntnisse.«

»Bei Ihnen vielleicht nicht. Bei mir aber schon«, verkünde ich selbstbewusst.

»Oh! Was denn?«

»Erkenntnisse oder sagen wir vielleicht besser: Entdeckungen. Ich habe einen Brief geschickt bekommen. Von jemandem, der offensichtlich unerkannt bleiben will. Und der Inhalt ist wirklich verstörend.«

»Nämlich?«

»Raten Sie mal.«

Missbilligendes Schnauben.

»Frau Mai, ich bin Ermittler im Fall eines Tötungsdelikts, nicht Kandidat in einer Quizshow. Also, was steht in dem Brief?«

»Es geht eher darum, was im Briefumschlag steckte.«

»Geht es ein bisschen genauer?« Kay Lorenz klingt genervt.

»In dem Umschlag war ein Angelhaken.«

»Was?!«

Ich kann deutlich hören, wie Lorenz nach Luft schnappt, er findet diese Entwicklung also ähnlich sensationell wie ich.

»Ja, ganz recht. Irgendjemand hat mir einen Angelhaken geschickt. Und zwar in einem Umschlag, auf den mein Name mit ausgeschnittenen Buchstaben geklebt war. Sie wissen schon – wie in so einem Old-School-Erpresserbrief.«

»Bleiben Sie, wo Sie sind! Ich fahre sofort zu Ihnen.«

*

Kay Lorenz hat das offenbar genauso gemeint, wie er es gesagt hat, denn ungefähr vierzig Minuten später steht er schon vor meinem Schreibtisch.

»Wo ist der Umschlag?«, will er wissen, ohne vorher Zeit mit einem *Hallo!* oder *Guten Tag!* verschwendet zu haben.

»Hier«, sage ich und hole den Umschlag wieder aus der Schreibtischschublade. Kay Lorenz nimmt ihn mir allerdings nicht ab, ohne sich zuvor Gummihandschuhe übergestreift zu haben. Dann dreht er ihn erst hin und her, bevor er einen Blick reinwirft.

»Tatsächlich. Ein Angelhaken.«

»Natürlich. Dachten Sie, ich bilde mir das ein?«

»Nein, nein«, rudert er zurück. »Ich meine nur ... äh ... was für eine interessante Entwicklung. Wann genau haben Sie den Brief denn gefunden?«

»Als ich vorhin in die Redaktion zurückgekommen bin.« Oh, nein! Habe ich das gerade wirklich gesagt? Verdammt, das ist mir einfach so rausgerutscht. Wieso bin ich nicht bei der Wahrheit geblieben?

Lorenz greift in seine Jackentasche, zieht eine Plastiktüte heraus und steckt den Brief hinein.

»Hm, also vor ungefähr einer Stunde. So gegen eins. Hat jemand etwas gesehen? Einen Boten? Ich meine, wie ist der Brief denn auf Ihren Schreibtisch gekommen?«

»Ja, also …«, beginne ich zu stottern und fühle mich schrecklich. »Nein, ich meine – der Brief lag vorn beim Empfang. Ich … ich habe ihn gesehen und mit nach hinten genommen.«

»War der Empfang nicht besetzt?«

Ich merke, wie mir warm wird.

»Sonja hat Mittagspause«, antworte ich knapp.

»Gibt es hier Überwachungskameras?«

Stumm schüttle ich den Kopf.

»Gut«, sagt Lorenz ganz geschäftsmäßig. »Ich gebe den Brief in die KTU. Vielleicht finden die Fingerabdrücke, die wir im System haben. Dann müssten Sie nur Ihre Fingerabdrücke abgeben, damit wir die schon mal ausschließen können.«

Fingerabdrücke. Na klar! Mist – ich reite mich hier immer tiefer rein! Denn wie erkläre ich bei meiner Version der Geschichte dann, dass da nicht nur meine, sondern auch die von Sonja und Janis drauf sind? Am besten wahrscheinlich mit der Methode *Augen zu und durch*!

»Also, ich schätze mal, dass Sonja den Brief auch schon in der Hand hatte. Und … äh … möglicherweise auch mein Volontär.«

»Ich dachte, der Empfang war nicht besetzt. Und wo ist der Volontär überhaupt? Auch in der Mittagspause?«

Nun ist mir nicht nur warm, sondern gleichzeitig auch kalt.

»Ja, der wollte … der wollte ein Eis essen gehen.« Meine Stimme klingt ganz krächzend. »Es könnte natürlich sein, dass Sonja den Brief schon vor ihrer Pause gefunden und angefasst hat. Und … äh … das gilt auch für meinen Volontär.«

Hoffentlich geht Kay Lorenz jetzt endlich! Wenn er jetzt auf Janis trifft und ihn zu dem Brief und den zeitlichen Abläufen befragt, fliege ich garantiert auf.

»Na gut«, meint Lorenz schließlich, »dann bringe ich den Brief jetzt zu den Kollegen. Auf Papier ist das mit Fingerabdrücken immer nicht ganz so einfach, aber vielleicht war der Absender dumm genug, in den Kleber zu fassen. Dann könnte es geklappt haben.«

Fingerabdrücke sind auf Papier schwer zu sichern? Verdammt, dann hätte ich hier ja gar nicht so rumstottern müssen. Ich atme tief durch. Ich bin einfach keine gute Lügnerin.

»Okay, ich begleite Sie zur Tür«, sage ich und gehe um meinen Schreibtisch herum. Lorenz folgt mir und sieht sich dabei interessiert in meinem Büro um.

»Und hier denken Sie sich also diesen ganzen Qua… also die ganzen Geschichten aus?«, will er wissen.

»Geschichten ausdenken ist schon mal grundverkehrt. Wir erzählen schließlich keine Märchen. Janis und ich – wir sind gewissermaßen die Reportage-Abteilung von Bäderland-Radio. Wir berichten über das, was die Leute bewegt.«

»Aha.« Mehr sagt Kay Lorenz dazu nicht.

Bevor ich mich aber darüber aufregen kann, dass dieser Mensch keinerlei Verständnis für Journalismus hat, kommt mir schon das nächste Problem entgegen. Und zwar in Form von Janis, der genau das macht, worum ich ihn gebeten habe. Nämlich wie verabredet nach einer Stunde wieder vor meinem Schreibtisch in der Redaktion zu erscheinen. Mist – hoffentlich redet Janis mich jetzt nicht um Kopf und Kragen!

»Ach, Herr Neubauer«, begrüßt ihn Lorenz sichtlich erfreut. »Gut, dass Sie wieder da sind. Frau Mai hat mir gerade den Brief mit dem Angelhaken gegeben. Das könnte natürlich ein sehr starker Hinweis auf den Täter sein – haben Sie vielleicht gesehen, wer den abgegeben hat? Also, das muss ja gewesen sein, als Sie beide gerade vom Revier hierher zurückgekehrt waren. Frau Mai hat mich korrekterweise gleich informiert.«

Janis schaut völlig verwirrt drein.

»Wieso? Der ist doch vorhin schon ...« Ich werfe Janis einen bösen Blick zu, den er natürlich überhaupt nicht deuten kann.

»Ja, genau, als wir vom Revier zurückkamen, lag der Brief schon am Empfang. Und, äh, na ja, Sonja war da längst in der Mittagspause«, versuche ich, ihn zu bremsen.

»Ja, aber die hatte doch schon heute Vormittag ...«, redet er weiter.

»Janis, die Mittagspause!«, unterbreche ich ihn.

Kay Lorenz schaut ratlos zwischen uns beiden hin und her. Janis scheint Gott sei Dank zu verstehen, dass es hier ein Problem gibt. Und schaltet endlich.

»Stimmt, die Mittagspause ... ja, also, nein, Herr Kommissar, ich habe nicht gesehen, wer den abgegeben hat.«

Puh! Eines steht mal fest: Sonja muss ich deutlich besser briefen, bevor Kay Lorenz sie in die Mangel nimmt. Ich bin mir nämlich ziemlich sicher, dass sie nicht so geistesgegenwärtig wie Janis reagieren würde.

Kay Lorenz streicht sich durch die Haare und scheint zu überlegen, ob ihm unsere Antworten reichen oder ob er uns noch mal auf den Zahn fühlen sollte. Zum Glück entscheidet er sich für Ersteres.

»Sie haben ja meine Nummer, Frau Mai. Wenn Ihnen noch etwas einfällt, rufen Sie an. Und es wäre gut, wenn sich Ihre Kollegin auch meldet, wenn sie wieder da ist. Der Briefumschlag scheint mir ein wichtiges Puzzleteil in dieser ganzen Sache zu sein.«

»Ich werde Sonja fragen, wenn ich sie sehe, und dann rufe ich Sie sofort an«, sage ich betont fröhlich. »Aber umgekehrt Sie mich bitte auch, wenn Sie etwas Neues aus der Rechtsmedizin hören.«

»Mach ich«, sagt Lorenz, klingt dabei allerdings nicht mehr ganz so energisch wie noch vor zwei Sekunden. »Ich werd dann mal wieder. Henk Ahrens kommt ja nachher noch zu mir in die Inspektion, ich will ihn nicht warten lassen.« Er nickt uns zu.

»Ich bringe Sie mal besser zur Tür«, biete ich an, schließlich will ich sichergehen, dass er nicht doch noch alleine auf Sonja trifft.

»Also bitte, Frau Mai, keine Umstände«, lacht Lorenz, »so groß ist Ihr Sender auch wieder nicht, ich finde schon allein raus.«

»Nein, nein, mache ich doch gern«, beharre ich auf meinem »Angebot« und schleife ihn danach geradezu im Eiltempo zum Ausgang. Zum Glück, ohne auf Sonja zu treffen.

Als Janis und ich schließlich wieder allein in unserem Büro stehen, schüttelt Janis den Kopf.

»Mann, Franzi, was war das denn für 'ne Nummer? Wenn du willst, dass ich eine bestimmte Geschichte erzähle, dann musst du mir das gefälligst vorher sagen und mich hier nicht mit Blicken töten!«

»Ja, tut mir leid«, entschuldige ich mich. »Ich weiß auch nicht, warum ich so einen Schwachsinn erzählt habe. Aber ohne weiter darüber nachzudenken, habe ich behauptet, dass der Brief mit dem Haken erst hier angekommen ist, *nachdem* wir im Kommissariat waren. Weil ich nicht zugeben wollte, dass ich den Brief schon hatte, als wir eben bei ihm waren.«

»Warum nicht?«

»Ich dachte, der kommt mir dann irgendwie blöd mit unterdrückten Beweisen oder so. Ja, völliger Schwachsinn, ich weiß. Aber es ist mir dann so rausgerutscht. Quasi eine Notlüge. Die konnte ich nicht mehr geradebiegen.«

Janis nickt.

»Verstehe. Da gab's dann kein Zurück mehr.«

»Genau«, bestätigte ich. »Aber dann hat mich Lorenz so durcheinandergebracht mit seinen Bemerkungen über die Suche nach Fingerabdrücken auf dem Umschlag, dass ich falsch reagiert habe. Weil ich wusste, dass deine Fingerabdrücke da auch drauf sind. Und das passte nicht zu dem zeitlichen Ablauf, weil du ja in Wirklichkeit gar nicht mehr hier warst. Wir sind doch gleich zu den Tierschützern gefahren. Da habe ich Panik bekommen …«

Janis klopft mir mitfühlend auf die Schulter.

»Sei nicht so streng mit dir. Solche Sachen passieren.«

Ich lächle gequält.

»Außerdem habe ich auch noch richtig gute Nachrichten«, fährt Janis fort.

»Nämlich?«, frage ich erwartungsvoll.

»Ich bin jetzt offizielles Mitglied von *Fish are Friends*!«

»Super – das hast du gut gemacht!«, lobe ich ihn.

»Ja, aber das ist noch nicht alles.«

»Ist es nicht?«

Er schüttelt den Kopf.

»Nein, ist es nicht.«

»Nun mach's nicht so spannend – was ist noch passiert? Was hast du herausgefunden?«

Janis grinst, und zwar so breit, dass locker eine Banane quer zwischen seine Mundwinkel passen würde.

»Tja, ich sag mal so: Ich bin bereit, einen größeren Geldbetrag darauf zu verwetten, dass es bei den Tierfreunden nicht nur um Tierschutz geht. Die haben noch eine ganz andere Mission, da bin ich mir sicher!«

11

»Bei den Tierfreunden war ich genau richtig. Oder falsch, wie man's nimmt.« Janis klingt atemlos, als er sich endlich hingesetzt hat.

»Nicht so kryptisch!«, ermahne ich ihn. »Sag mir einfach, was passiert ist.«

»Die mögen vielleicht Freunde der Fische sein, Freunde der Menschen sind sie mit Sicherheit nicht!«

»Janis, damit kann ich immer noch nicht mehr anfangen«, lache ich. »Also: Was ist los?«

»Okay, der Reihe nach: Wie befohlen, bin ich mit den Resten meines Eisbechers zu dem Stand geschlendert. Ich wollte gleich diese Imke ansprechen, aber das ging nicht, weil sie den Typen mit den Dreadlocks gerade tierisch zur Sau gemacht hat und deswegen zu beschäftigt war, um sich mit mir zu unterhalten. Der Typ …«

»Max«, ergänze ich.

»Genau. Also dieser Max hat sich erst noch ein bisschen gewehrt, aber er kam nicht wirklich gegen Imke an. Die hat ihn echt plattgemacht.«

»Interessant! Und worum ging es bei dem Streit der beiden?«

»Ich glaube, um deinen Auftritt am Stand. Wenn ich das richtig verstanden habe, war Imke sauer, weil Max sich mit – und das ist jetzt nur ein Zitat, nicht meine Wortwahl – so einer alten Spießertussi über Maik Peters unterhalten hat.«

Alte Spießertussi? Unverschämtheit! Oder eine Verwechslung?

»Ob noch jemand am Stand war und nach Peters gefragt hat?«, überlege ich laut.

Janis zuckt mit den Schultern.

»Nee, sorry, ich glaube schon, Imke meinte dich.« Dann grinst er. »Aber hey, mach dir keine Gedanken. Die war einfach auf hundertachtzig. Die hätte sich auch aufgeregt, wenn du Madonna gewesen wärst.«

»Das ist jetzt wirklich ein unpassender Vergleich«, weise ich ihn zurecht. »Madonna ist neulich sechzig geworden.«

»Kann schon sein. Aber sehr heiße sechzig!«

»Wie auch immer«, beerdige ich das Thema, das bei mir echt für schlechte Stimmung sorgt. »Warum genau hat sich Imke denn darüber so geärgert?«

»Sie fand, er hätte zu viel Informationen über die Sache mit Maik Peters an dich herausgegeben. Beziehungsweise war sie richtig auf Zinne, weil er dir überhaupt erzählt hat, dass es diese Aktion in Zeglin gab.«

»Kann man ja fast verstehen – niemand erzählt doch gern, dass er sich vor kurzem mit einem Mordopfer gestritten hat. So sensationell finde ich das nicht.«

»Warte doch mal, ich bin ja noch nicht fertig mit meiner Geschichte!« Janis klingt fast ein bisschen beleidigt. »Sie sagte dann nämlich, wenn Schollmeyer das erführe, dann wäre die Kacke aber richtig am Dampfen!«

»Wer ist Schollmeyer?«

»Siehst du, das habe ich natürlich auch gleich gefragt. Aber da hat mir Imke sofort einen mitgegeben und mich angefaucht, dass mich das überhaupt nichts angeht.«

»Klingt so, als hätte dein Einsatz da nach zehn Minuten beendet sein müssen.« Ich werfe einen Blick auf die Wanduhr in unserem Büro. »Was hast du den Rest der Zeit gemacht? Noch ein Eis gefuttert?«

»Jetzt mal ganz ruhig, Chefin! Wenn du mich ausreden lassen würdest, wüsstest du längst, was ich noch gemacht habe.« Er grinst. Okay, Punkt für ihn!

»'tschuldigung«, hüstle ich, »dann mal weiter!«

»Ich bin natürlich dageblieben, denn ich glaube, die wichtigsten Eigenschaften eines guten Agenten sind Geduld und Durchhaltevermögen.«

»Wow, woher hast du denn diese weise Erkenntnis? Handbuch der CIA?«

»Nee, aus dem Schlauen Buch des Pfadfinderclubs Fähnlein Fieselschweif.«

»Haha, sehr lustig. Aber Geduld und Durchhaltevermögen sind natürlich nie verkehrt.«

»Stimmt. Und so habe ich eine halbe Stunde Flyer verteilt und mich mit den anderen Gruppenmitgliedern unterhalten. Als Imke kurz um die Ecke musste, hat mich dann Helena ...«

»Stopp!«, unterbreche ich ihn. »Wer ist jetzt Helena?«

»Die andere Hübsche.«

»Ah, verstehe. Nicht die Blonde, die du angraben wolltest, sondern das Mädchen mit den kurzen dunklen Haaren?«

»Genau die. Jedenfalls hat mir Helena erzählt, dass Schollmeyer der eigentliche Chef der Truppe ist. Dass er den Tierschutz ziemlich professionell aufzieht, weil das der einzige Weg sei, die Knechtschaft der Tiere wirklich zu beenden, und dass ich ihn bestimmt auch kennenlernen werde, wenn ich etwas länger dabei bin. Er sei eine sehr eindrucksvolle Persönlichkeit.« Er hält kurz inne und überlegt. »Nee, charismatisch, hat sie gesagt. Schollmeyer sei eine sehr charismatische Persönlichkeit.«

Ein charismatischer, möglicherweise militanter Tierschützer. Die Sache wird immer interessanter. Wobei *interessant* im Zusammenhang mit Mord und Totschlag wahrscheinlich nicht das richtige Wort ist.

»Und, was treibt er so, der charismatische Herr Schollmeyer?«

»Helena sagt, dass er die ganzen Aktivitäten der Tierschützer managt. Der Stand in Ahlbeck und die Aktionen in den Fischereihäfen auf der ganzen Insel sind nur ein kleiner Teil ihrer Arbeit, um die Aufmerksamkeit der Leute für dieses Thema zu wecken.«

»Okay, und was machen die sonst so? Hat das diese Helena auch erzählt?«

Janis nickt.

»Ja, sie sammeln Geld. Für den Tierschutz. Sie ziehen mit einer Spendenbüchse von Tür zu Tür. Helena sagt, da räumen sie richtig ab, sie selbst hat schon fünfstellige Beträge gesammelt.«

Ich überlege kurz, welche Zahl fünf Stellen hat, und bin überrascht.

»Echt?«

Janis nickt.

»Ja, echt. Dabei bilden sie immer neue Teams und arbeiten überall in Deutschland. Sie war auch schon vier Wochen in München und in Düsseldorf und hat da gesammelt. Schon ein bisschen komisch, findest du nicht?«

»Jo, auf alle Fälle sind München und Düsseldorf keine beschaulichen Fischerdörfer, in denen man Kutter am Auslaufen hindern kann«, gebe ich ihm recht. »Und dass es nur um Tierliebe geht, wenn gleichzeitig ein Maximum an Kohle eingesammelt werden soll, ist zumindest zweifelhaft.«

»Ganz genau. Aber es geht noch weiter. Dann rief nämlich dieser Herr Schollmeyer persönlich an, und es flogen noch mal so richtig die Fetzen. Imke hat ihm erzählt, dass sich jemand nach Maik Peters erkundigt hat. Und dass Max mit dir geredet hat. Daraufhin hat er so laut gebrüllt, dass ich seine Stimme durch Imkes Handy hören konnte, wenn auch nicht jedes einzelne Wort.«

»Das ist wirklich eine interessante Beobachtung«, bestätige

ich. »Scheint ganz so, als hätte mein Besuch sie mächtig nervös gemacht.«

»Auf alle Fälle!«

»Und wie ging es weiter?«

»Danach war Imke ziemlich niedergeschlagen, und wir haben beschlossen, die Standaktion für heute zu beenden und alles zusammenzupacken.«

»Oh, *wir* klingt ganz so, als wärst du schon ein festes Teammitglied. Hervorragend!«

»Na ja, das weiß ich jetzt noch nicht, aber es war schon gut, dass ich da war. Das ganze Zeug in den alten Bulli zu schleppen war ziemlich anstrengend. Ich habe Helena versprochen, morgen früh wiederzukommen. Zehn Uhr auf der Promenade. Mal sehen, ob ich dann noch mehr Details über die Fischfreunde und ihren Streit mit Peters erfahre.«

»Versuch doch auch, an diesen Schollmeyer ranzukommen. Ich gucke mal, ob ich etwas über den im Netz finde.«

»Gute Idee«, sagt Janis und rollt mit seinem Bürostuhl auf meine Tischseite herum, während ich bereits *Schollmeyer, Tierschutz* und *Usedom* bei Google eingebe. Plopp! Keine Sekunde später haben wir schon jede Menge Material über den charismatischen Tierfreund.

»Da haben wir doch schon den Richtigen, oder?« Ich klicke auf das erste Suchergebnis und lese laut vor: »*Green Nature Fundraising by Schollmeyer* – hochgestochener geht's nicht!«

Janis lacht.

»Klingt eher nach einem Designer von Öko-Klamotten.«

»Mal sehen, was noch so auf der Seite steht«, murmle ich und lese weiter. »*Tue Gutes und rede darüber – dieser Satz ist längst zum geflügelten Wort jeglicher Art von Public Relation geworden? Jeder PR? Nein, denn leider zieren sich gemeinnützige Vereine und Unternehmen noch heute oft, auf ihre guten Taten aufmerksam zu machen. Ein*

Fehler, der sie bares Geld kostet! Geld, das später für die vielen wichtigen Projekte fehlt, die diese Unternehmen zu ihrer Mission gemacht haben.«

»*Und genau hier setzt* Green Nature Fundraising *an*«, liest Janis weiter. »*Wir professionalisieren Ihre Spendenaktionen und erhöhen so signifikant Ihr Spendenaufkommen. Für einen Bruchteil der Kosten, die Sie sonst selbst für Werbung ausgeben müssen, maximieren wir Ihr Sammelergebnis. Noch Fragen? Sprechen Sie uns an!*«

Professionelle Spendenaktionen. Ein mir bisher unbekanntes Geschäftsmodell. Mir war natürlich schon klar, dass es heutzutage nicht mehr reicht, auf dem Schulbasar Waffeln zu backen oder in der Kirche den Klingelbeutel rumzureichen, wenn man Geld für einen guten Zweck sammeln will. Aber dass es Firmen gibt, die sich darauf spezialisiert haben, wusste ich nicht. Ich gucke mir die verschiedenen Reiter der Homepage an.

»Hier. *Jobs.* Das ist doch genau das, was wir suchen!«, stelle ich fest und klicke auf den Link. *»Du bist Student oder Abiturient? Willst eine gute Verdienstmöglichkeit mit einem spannenden Job verbinden? Dann bist du bei uns goldrichtig! Bei* Green Nature Fundraising *kannst du etwas Sinnvolles für die Gesellschaft tun und gleichzeitig gutes Geld verdienen. Melde dich einfach bei unserer Job-Koordinatorin Imke Michaelis für weitere Details. Dann heißt es schon bald: Willkommen im Team!*«

Janis runzelt die Stirn.

»Okay, Imke ist also nicht nur Tierschützerin, sondern schmeißt den ganzen Fundraising-Laden mit, sehe ich das richtig?«

Ich nicke. »Sieht ganz so aus.«

»Steht da eine Telefonnummer dabei?«

»Nein, aber eine E-Mail-Adresse. Guck mal. imke@greennature.de, da schickst du deine Bewerbung hin.«

Janis schüttelt den Kopf.

»Finde ich zu kompliziert. Ich kenne die doch jetzt. Ich frage sie morgen einfach, ob sie diese Imke Michaelis ist, und dann sage ich, dass ich Interesse an einem Job habe und gern hier auf Usedom mitmachen möchte.«

»Gut, dann mach es so. Ich werde mich in der Zwischenzeit mal bei meinen Inselkontakten über Schollmeyer erkundigen.«

Meine letzten Worte werden von einem herzhaften Gähnen von Janis übertönt. Recht hat er – es ist zwar erst kurz vor drei, aber wir sind schon ziemlich lange auf den Beinen.

»Für heute Feierabend?«

Janis gähnt noch einmal und nickt.

»Gern, Chefin. Ich muss mal ein kleines Nickerchen machen.«

»Hast du dir redlich verdient. Dann würde ich sagen: Morgen neun Uhr hier im Sender!?«

*

»Schollmeyer? Nie gehört. Wer soll das sein?«

Gut. Meine Freundin Katja weiß vieles, aber doch leider nicht alles. Das ist schade, denn mein Journalistennäschen sagt mir, dass es sich lohnt, bei *Green Nature Fundraising* mal ein bisschen genauer hinzusehen, und ich dachte, Katja könnte genau die Quelle sein, die mir in dieser Hinsicht weiterhilft.

»Meinst du, Manni hat schon mal von dem gehört?«

Schulterzucken bei meiner Freundin, die gerade damit beschäftigt ist, die Tische auf der kleinen Terrasse des *Inseltreffs* zurechtzurücken. Schließlich ist schönes Wetter, und der ein oder andere Gast will heute Abend bestimmt draußen sitzen. Seltsam ist allerdings, dass Katja schon wieder so wortkarg ist. Dabei ist sie genau wie ich Rheinländerin, und der Rheinländer muss doch pro Tag mindestens 20 000 Wörter loswerden, womit er sich 5000 Worte über dem Bundesschnitt bewegt. Wenn Katja so weitermacht, schafft sie es höchstens auf zwanzig. Nicht mal nach meinem phänomenalen Einsatz in Sachen Maik Peters hat sie sich näher erkundigt, nur kurz erwähnt, dass sie mein Kolleginterview heute Morgen gehört hat. Das sieht ihr nicht ähnlich, normalerweise würde sie mich nun regelrecht nach jedem Detail ausquetschen.

»Ist alles in Ordnung bei dir?«, frage ich sie deshalb. Katja dreht sich zu mir um.

»Natürlich. Warum fragst du?«

Jetzt bin ich es, die mit den Schultern zuckt.

»Weiß nicht. Ich finde, du bist in letzter Zeit so still.«

Katja lacht, es klingt unnatürlich.

»Ach Quatsch, bin ich gar nicht. Das bildest du dir nur ein, weil du von Berufs wegen so viel sabbeln musst. Bei mir ist wirklich alles in bester Ordnung!«

Nachdenklich mustere ich sie, sage aber nichts mehr dazu. Ich bin mir sicher, dass ihr etwas auf dem Herzen liegt, aber wenn sie nichts davon erzählen will, will sie nichts erzählen. Punkt.

Manni kommt zu uns auf die Terrasse, er schleppt einen Kärcher hinter sich her.

»Oh, hast du die Tische schon aufgestellt? Ich wollte die Terrasse doch mal gründlich abstrahlen«, fragt er seine Frau erstaunt. Dann sieht er mich.

»Hallo, Franzi!«, begrüßt er mich freundlich. »Bist du jetzt unter die Polizeireporter gegangen? Das war ja Wahnsinn heute früh!«

Ich muss grinsen.

»Du, das Polizeiressort gehörte eigentlich früher schon zu meinen Aufgaben bei Bäderland. Hat nur nie einer gemerkt, weil wir bisher nur über die schönen Dinge im Leben berichtet haben. Aber damit ist jetzt Schluss!« Mit gespielter Empörung haue ich auf die Platte des kleinen Tisches, der vor mir steht. »Jetzt ist ernsthafter Journalismus angesagt!«

Manni lacht.

»Uuuuuh! Das Knieschlottern der örtlichen Kriminellen kann ich bis hierher hören!«

»Zu Recht, lieber Manni, zu Recht«, erwidere ich grinsend. »Aber apropos Kriminelle: Kennst du einen gewissen Thies Schollmeyer?«

»Nee, leider nicht. Dein neuer Freund?«

»Haha, sehr witzig. Wie du weißt, bin ich mit meinem Beruf verheiratet, für Männer habe ich gar keine Zeit«, behaupte ich. »Nein, dieser Schollmeyer muss 'ne große Nummer im Spendensammelbusiness sein, und er hat auch Teams, die auf Usedom für ihn am Start sind.«

»Tut mir leid, da klingelt gar nichts.«

»Schade.« Ich überlege kurz. »Aber sagt dir vielleicht der Name Kay Lorenz etwas?«

Manni runzelt die Stirn.

»Der Polizist?«

»Genau der!«, freue ich mich. »Was kannst du mir über den erzählen?«

»Nicht viel, fürchte ich. Kommt auch von der Insel, ist aber deutlich jünger als ich. Ende dreißig, schätze ich. Seine Mutter war zwei Klassen über mir in der Schule. War ein echter Skandal damals. Sabine Lorenz ging mit dem besten Abitur ihres Jahrgangs an die Uni nach Rostock und kam ohne Abschluss, dafür aber mit Kind wieder! Man munkelt, der Vater von dem Kleinen sei Kubaner. Aus Kuba gab es damals relativ viele Studenten in Rostock.«

Interessant! Daher also die schwarzen Haare. Allerdings ist das auch schon das Einzige an Lorenz, was irgendein karibisches Flair verströmt.

»Und sonst so?«, erkundige ich mich weiter.

»Was meinst du damit?«

»Na, irgendwelche Gerüchte, Skandale? Irgendwas?«

»Nicht, dass ich wüsste.«

Zu schade! Ich muss mir also selbst Gedanken machen, wie ich Kai Lorenz am besten in Schach halte. Verstohlen gähne ich.

»Müde?«, will Katja wissen.

»Klar, ich bin ja heute schon um halb vier los zu Peters nach Zeglin. Wo wir ihn dann um halb fünf gefunden haben. In seinem eigenen Fischernetz.«

»Aha.« Mehr sagt Katja nicht, auch wenn das nun eine echte Steilvorlage gewesen ist, um mich nach Details zu fragen. Ich bleibe dabei, irgendwas stimmt mit meiner Freundin nicht. Aber was auch immer es ist, ich kann es erst morgen herausfinden. Gerade jetzt zieht es mich nämlich ganz dringend auf mein gemütliches Sofa. Oder ich gehe einfach gleich ins Bett.

12

»Franzi, magst du mal nach vorne kommen? Da ist Besuch für dich.« Sonja ruft mich an meinem Schreibtisch an. Seltsam. Normalerweise schickt sie Besucher für mich einfach direkt durch.

»Klar, bin gleich da«, antworte ich, ohne weiter nachzufragen, und mache mich auf den Weg. Ich komme gerade sowieso nicht richtig mit meiner Recherche weiter. Seit heute Morgen um neun versuche ich, mehr über Thies Schollmeyer herauszufinden und mich über die neuen Fangquoten für die Ostsee und andere Vorschriften der Fischereibehörde zu informieren. Aber irgendwie will es nicht so recht laufen. Bei Schollmeyer komme ich über seine Homepage nicht hinaus, die Quoten sind zwar heftig umstritten, aber nicht besonders kompliziert, und bei der Fischereibehörde springt seit zwei Stunden nur der Anrufbeantworter an. Janis alias Florian ist gar nicht erst in die Redaktion gekommen, sondern gleich zu seinen neuen Tierfreunden verschwunden. Ich bin also allein mit meinem Frust. Umso besser, dass es nun Abwechslung in Form von unangekündigtem Besuch gibt!

Die kleine Freude darüber verfliegt allerdings sofort, als ich sehe, wer da bei Sonja steht. Es ist Kay Lorenz. Mir wird heiß und kalt. Ob er Sonja schon befragt hat, wann der Brief mit dem Angelhaken angekommen ist? Dann bin ich geliefert! Aber bevor ich eine überzeugende Ausrede gefunden habe, die ich gleich vorbringen könnte, hat mich Lorenz schon gesehen und nickt mir zu.

»Frau Mai, entschuldigen Sie, dass ich hier einfach so reinplatze. Aber ich hatte ja versprochen, dass ich mich melde, wenn es etwas Neues gibt. Und weil ich gerade in der Gegend war und mich eigentlich sowieso noch mit Frau Möller unterhalten muss, dachte ich, komm ich mal rein.«

Puh, also hat er noch nicht mit Sonja, Nachname Möller, gesprochen und weiß noch nicht, dass ich gelogen habe. Immerhin etwas.

»Hallo, Herr Lorenz!«, begrüße ich ihn also, und meine Stimme klingt dabei so rau und wackelig, als hätte ich nicht nur einen Frosch, sondern eine fette Kröte verschluckt. »Schön, dass Sie da sind.« Ein Blinder mit Krückstock merkt, dass das gelogen ist. Glaube ich jedenfalls.

»Sie wollten sich mit mir unterhalten, Herr Kommissar? Worüber denn?«, erkundigt sich Sonja neugierig. Verdammt – jetzt gibt es für mich nur noch einen Ausweg: Angriff ist die beste Verteidigung!

»Ja«, reiße ich schnell das Wort an mich, »Herr Lorenz will wissen, ob du gesehen hast, wer den Brief für mich hier abgegeben hat. Den mit den aufgeklebten Buchstaben. Aber du hast mir ja schon gesagt, dass du leider niemanden gesehen hast.«

Das ist immerhin nicht wirklich gelogen, und die Sache mit der Uhrzeit lasse ich einfach weg. Vielleicht fragt Lorenz gar nicht mehr so genau nach, und Sonja wird sich kaum darüber wundern, die weiß ja nichts von meiner Flunkerei. Hoffentlich klappt dieser Taschenspielertrick!

»Stimmt«, sagt Sonja bedauernd, »ich habe wirklich niemanden gesehen. Der Brief lag auf einmal am Empfang.«

»Schade«, sagt Lorenz, »aber da kann man nichts machen. Danke für die Info.«

Puh! Manöver gelungen, Kopf aus der Schlinge gezogen! Mir fallen ganze Wagenladungen von Steinen vom Herzen!

»Wollen wir zu mir ins Büro gehen, Herr Lorenz?«, biete ich erleichtert an.

»Gern.«

Im Büro angekommen, biete ich ihm mit einer Handbewegung Janis' Stuhl an, er setzt sich.

»Ist Herr Neubauer gar nicht da?«, erkundigt er sich dann.

»Nein. Der betätigt sich als Undercover-Tierschützer«, rücke ich unumwunden mit der Wahrheit heraus. Ich will mir schließlich nicht noch mehr Lügen merken müssen. Kay Lorenz hebt die Augenbrauen.

»*Undercover?* Das klingt jetzt aber gar nicht gut. Wie ich Ihnen schon sagte: Seien Sie vorsichtig! Da draußen läuft ein Mörder herum.«

»Und wie ich Ihnen schon sagte: Wir sind Journalisten. Recherche gehört zu unserem Job.«

Lorenz seufzt und schüttelt dann langsam den Kopf.

»Ich sehe es schon, Sie sind unbelehrbar. Aber deswegen bin ich auch gar nicht hier.«

»Da bin ich aber froh«, ätze ich, beiße mir dann aber sofort auf die Zunge, weil es natürlich gut ist, dass Lorenz mir offenbar etwas von dem erzählen will, was er herausgefunden hat.

»Ich hatte heute früh ein langes Telefonat mit Herrn Friedeberg. Ich wollte herausfinden, warum genau er eigentlich gestern schon im Morgengrauen im Hafen aufgekreuzt ist. Touristen, die er bei der Rückkehr von einem Angelausflug hätte kontrollieren können, waren um die Uhrzeit schließlich nicht zu erwarten.«

Beim Namen Friedeberg setze ich mich sofort aufrecht hin und bin ganz Ohr. Ich muss zugeben, dass ich nicht gedacht hätte, dass Lorenz mir tatsächlich von einem Gespräch mit Friedeberg erzählt.

»Und was hat er dazu gesagt?«, will ich wissen.

»Er hatte am Vorabend einen anonymen Hinweis bekommen, dass etwas mit der *Fine* nicht stimmen würde und es sich lohnen könne, am nächsten Morgen vorbeizuschauen.«

»Erstens: Der Tipp kam schon am Vorabend? War Peters da etwa schon tot? Zweitens: Was denn für ein Hinweis? Ein Anruf? Eine Mail?«

»Tatsächlich war es ein Anruf.«

»Mann oder Frau?«, hake ich sofort nach. Kay Lorenz grinst.

»Frau Mai, sollte an Ihnen etwa eine gute Kollegin verloren gegangen sein? Exakt die gleichen Fragen habe ich Friedeberg und der Rechtsmedizin auch gestellt.«

Ob das ein Kompliment sein soll? Vorsichtshalber lächle ich freundlich, damit Lorenz weitererzählt.

»Die Rechtsmedizin legt sich schon einigermaßen fest – Frau Dr. Bornhold ist sich ziemlich sicher, dass Peters noch nicht allzu lange tot war. Höchstens fünf bis sechs Stunden.«

Ich lege den Kopf schief und denke nach.

»Also entweder der Anrufer wusste nicht, dass er Friedeberg zur Leiche von Peters führt. Oder er hat es absichtlich getan. Falls Letzteres der Fall ist, frage ich mich, ob der Anrufer auch der Mörder ist. Oder nur ein Zeuge.«

Kay Lorenz pfeift anerkennend, was ich fast ein bisschen übertrieben finde. Ich habe schließlich nicht erklärt, wie die nächste Marsmission auszusehen hat, sondern nur den gesunden Menschenverstand walten lassen.

»Anrufer oder Anruferin?«, frage ich dann noch mal nach.

»Das ist in der Tat seltsam – Friedeberg ist sich nicht ganz sicher. Unser Anrufer hatte sich die Mühe gemacht, einen Stimmenverzerrer zu benutzen.«

»Ist das aufwendig?«

»Bitte was?«

»Na, ist es aufwendig, sich einen Stimmenverzerrer zu besorgen?«, erkläre ich meine Frage. Kay Lorenz zuckt mit den Schultern, ich drehe mich zu meinem Computer und beginne, auf der Tastatur herumzutippen.

»Nein«, beantworte ich mir die Frage kurz darauf selbst. »Man kann sich so ein Tool im Netz runterladen oder es wahlweise für unter zehn Euro bei Amazon bestellen. Sogar in der Sonderedition *Die drei???*. Kein Problem. Kann also wirklich jeder oder jede gewesen sein.«

»Frau Mai, falls ich mal eine fähige Assistentin suche, rufe ich Ihren Chef an«, sagt Lorenz. *Assistentin?* Der tickt ja wohl nicht ganz richtig!

»Herr Lorenz, falls das FBI mal anruft, würde ich tatsächlich darüber nachdenken. Kripo Anklam – eher nicht.«

Seine eben noch gut gelaunte Miene verfinstert sich, er sagt aber nichts dazu. Vielleicht ist ihm selbst klargeworden, dass seine Bemerkung ein klein bisschen überheblich war. Er zieht ein kleines Notizbuch aus seiner Jackentasche und blättert darin herum.

»Mal sehen, was hat er noch gesagt…« Er murmelt etwas Unverständliches vor sich hin und blättert weiter. »Ach ja, genau. Ich habe ihn auch auf Ihre Theorie mit den Tierschützern angesprochen. Genauer gesagt, auf Peters' Verdacht, dass Friedeberg von Tierrechtsaktivisten auf ihn gehetzt werde. Und da geriet Friedeberg ganz schön ins Schwimmen. Er wollte nicht so recht raus mit der Sprache und erging sich in ziemlichen Allgemeinplätzen, aber ich werde dranbleiben. Irgendetwas ist da nicht ganz koscher mit ihm und den Tierschützern.«

Ha! Innerlich juble ich laut los: Kay Lorenz verwendet tatsächlich meine Rechercheergebnisse und trifft damit ins Schwarze!

»Alles in Ordnung?« Lorenz schaut mich erstaunt an.

»Äh, klar. Wieso?«

»Na, weil Sie laut *Ha!* gerufen haben.«

Ups. Ich habe offenbar nicht nur innerlich gejubelt. Wie unangenehm!

»Tja, wenn Sie mich so direkt fragen: Ich habe mich einfach darüber gefreut, dass Sie in Ihren Befragungen Informationen verwenden, die ich Ihnen gegeben habe. Und offenbar führen die auch zu etwas. So schlimm ist es also gar nicht, mit der Tante vom Dudelfunk zusammenzuarbeiten.«

Ich grinse ihn an, aber anstatt an die Decke zu gehen, grinst Kay Lorenz zurück.

»Dudelfunk haben Sie jetzt aber gesagt.«

»Aber Sie haben es die ganze Zeit gedacht.«

»Niemals. Ich schwöre!« Er hebt die rechte Hand und streckt Daumen, Zeige- und Mittelfinger gerade durch. »Nein, im Ernst – das war wirklich ein guter Hinweis. Und wie Sie sehen, halte ich mich auch an unsere Verabredung und berichte von meinem Gespräch mit Friedeberg.« Er wirft einen Blick auf seine Armbanduhr. »So, ich muss los. Ich muss noch mal nach Zeglin.«

Sofort springe ich von meinem Stuhl auf.

»Ich komme mit!«, rufe ich mit einer Entschlossenheit, bei der Widerstand hoffentlich völlig zwecklos erscheint. Trotzdem schüttelt Lorenz den Kopf.

»Frau Mai, ich habe Ihnen doch schon erklärt, dass ich …«

»Ich weiß«, unterbreche ich ihn, bevor er seinen Vortrag von gestern wiederholen kann. »Aber Sie werden mich sowieso nicht davon abhalten können, mich an Ihre Fersen zu heften. Das ist nun mal mein Job. Plus: Sie haben eben selbst zugegeben, dass ich mit meiner Recherche nicht gerade ein Ermittlungshindernis bin.«

Jetzt steht Kay Lorenz ebenfalls auf, macht einen Schritt auf mich zu und guckt mir direkt in die Augen – so direkt das bei einem Größenunterschied von dreißig Zentimetern möglich ist.

»Erstens: Können Sie mir schwören, auf die Bibel, den Pressekodex oder meinetwegen auf die Bäderverordnung der Gemeinde Heringsdorf, dass Sie alles, was Sie von mir erfahren, mit höchster Vertraulichkeit behandeln? Und dass Sie mir umgekehrt auch mitteilen, was Sie herausfinden? Mit anderen Worten: Kann ich Ihnen zu hundert Prozent vertrauen? Weil: Sollten es auch nur 99,9 Prozent sein, können die restlichen 0,1 Prozent für ganz schön viel Ärger sorgen.«

Ich nicke und hebe dann die Hand, genauso wie es Kay Lorenz eben getan hat.

»Ich schwöre.« Kurz überlege ich, ob jetzt ein guter Moment wäre zu gestehen, dass ich den blöden Angelhaken schon ein klitzekleines bisschen früher bekommen habe, lasse es aber. Immerhin habe ich die Geschichte mit Sonja gerade so schön ausgebügelt, und das wird schon nicht so wichtig sein. Wenn ich es Lorenz jetzt doch noch sage, nimmt er mich wahrscheinlich nicht mit nach Zeglin. »Und was ist zweitens?«, erkundige ich mich dann.

»Zweitens: Wenn ich Sie mitnehme, dann halten Sie vor Ort gefälligst die Klappe. Sie beschweren sich nicht, wenn ich Sie als Praktikantin oder was weiß ich was vorstelle, und Sie quatschen mir nicht dazwischen. Haben wir uns da verstanden?«

Ich nicke.

»Völlig verstanden. Alles klar!«

Lorenz seufzt, dann zeigt er Richtung Tür.

»Na gut, dann mal los.«

*

Tagsüber und bei Sonnenschein ist der Hafen von Zeglin ein wirklich nettes Fleckchen. Wobei Hafen fast ein bisschen übertrieben ist – eigentlich ist Zeglin nur eine natürliche Bucht mit drei Anlegestegen für kleinere Segel- und Motorboote und einer vielleicht fünfzig Meter langen Kaimauer, an der auch größere

Schiffe wie die *Fine* festmachen können. Ich werfe im Vorbeigehen einen Blick durch die ziemlich dreckige Scheibe des Hafenbüros und kann mit Mühe einen leeren Stuhl und einen Schreibtisch entdecken, auf dem außer ein paar Blatt Papier nichts herumliegt. Viel Verwaltungsaufwand scheint der Hafen nicht mit sich zu bringen.

Auf der linken Hafenseite, direkt am Ufer, wird die *Flache Flunder* von der Sonne in ein warmes Licht getaucht. Und während sie frühmorgens noch recht trostlos aussah, hat sie jetzt, mit ihrer gut besuchten Terrasse, etwas sehr Einladendes. Das Lachen der Gäste schallt über die gesamte Bucht, Familien mit kleinen Kindern essen Kuchen, die ersten Segler trinken schon Bier, und insgesamt wirkt dieses Bild so freundlich und friedlich, dass man kaum glauben kann, dass hier vor kurzem ein grauenhaftes Verbrechen verübt wurde.

»Was genau wollen wir denn hier?«, erkundige ich mich bei Kay Lorenz, der wortlos Richtung *Flunder* stapft. Das hätte ich ihn eigentlich schon auf der Fahrt hierhin gern gefragt, aber da mich der Herr Kommissar nicht mitgenommen hat, sondern ich mein eigenes Auto nehmen musste – *viel praktischer, Frau Mai, da sind wir ganz unabhängig voneinander* –, habe ich keine Ahnung. Lorenz hält kurz an.

»Ich habe mich vor Ort mit dem Bruder des Opfers verabredet. Ole Peters arbeitet auch am Hafen, ich möchte von ihm genau geschildert bekommen, was sich hier in den letzten Tagen abgespielt hat. Ob ihm vielleicht irgendetwas Verdächtiges aufgefallen ist oder sein Bruder anders war als sonst.«

»Haben Sie ihm gestern persönlich gesagt, dass sein Bruder tot ist? Oder war das einer Ihrer Kollegen?«, frage ich ihn.

»Warum?«

»Ich würde gern wissen, wie Ihr erster Eindruck von ihm war.«

»Gute Frage. Ja, ich war persönlich bei ihm. Mir ist der erste Eindruck tatsächlich auch wichtig. Allerdings war Peters gestern noch viel zu geschockt, um ein normales Gespräch zu führen. Ich hoffe, heute geht es ihm besser.«

»Hoffentlich. Haben Sie eine Taktik? Also, wie Sie Ihr Gespräch aufbauen, meine ich?«

Kay Lorenz holt tief Luft.

»Frau Mai, ich wiederhole es gern noch mal für Sie: Bleiben Sie einfach immer dicht hinter mir, spitzen Sie die Ohren und vor allem, Klappe halten. Klar so weit?«

»Klar so weit.«

Der Gästebereich der *Flunder* besteht im Wesentlichen nur aus sechs Biertischen mit Bänken, die quer zum Ufer aufgestellt sind, sowie fünf Strandkörben, denen jeweils eine einfache Holzkiste als Tisch dient. Sonnenschirme, die zwischen den Biertischen platziert sind, spenden Schatten, links und rechts vom Eingang stehen Kühlschränke mit Getränken, daneben jeweils ein Regal mit Gläsern. Sehr einfach das Ganze, aber durchaus ansprechend. Ein junger Mann räumt leere Flaschen und Gläser von einem der Biertische. Kay Lorenz spricht ihn an.

»Guten Tag, ich bin Kay Lorenz von der Kripo Anklam, und ich suche Herrn Peters. Wissen Sie, wo ich ihn finde?«

Der junge Mann stellt sein Tablett auf dem Tisch ab und mustert Lorenz. Ohne eine Miene zu verziehen, deutet er dann auf die Wiese neben der *Flunder.*

»Ich glaube, er ist gerade in der *Gloria.*«

»In der *Gloria?*«, hakt Lorenz nach.

»Ja, unser Schiff da drüben. Da hat Ole auch 'ne Koje. Er wollte sich kurz hinlegen. Ist total fertig. Verständlich, oder?«

»Natürlich«, gibt ihm Lorenz recht. »Völlig verständlich. Wo wir gerade dabei sind – wie heißen Sie?«

Der Kellner zögert kurz.

»Alessio. Alessio Ölschläger.«

»Wie lange arbeiten Sie schon hier, Herr Ölschläger?«

Alessio fährt sich mit der Hand durch seine blonden, schulterlangen Haare und denkt nach. Ich frage mich, worüber. So kompliziert war die Frage schließlich nicht.

»Vielleicht so zwei Jahre?«

Kay Lorenz mustert ihn.

»War das eine Frage oder die Antwort?«, sagt er dann und klingt belustigt.

Ölschläger zuckt mit den Schultern.

»Werden schon zwei Jahre sein.« Er klingt ziemlich unsicher. Was ist denn bloß mit dem los?

»Man muss doch wissen, wie lange man schon irgendwo arbeitet – warum wollen Sie uns das nicht sagen?«, mische ich mich ein. Kay Lorenz ist einfach viel zu lahm, so kommen wir hier nicht weiter.

Wobei – so lahm ist er gar nicht. Denn in diesem Moment fährt er, wie von der Tarantel gestochen, zu mir herum.

»Was an unserer Vereinbarung haben Sie nicht verstanden?«

Alessio reißt die Augen auf.

»Hey, wer ist die denn? Gehört die gar nicht zu Ihnen?«

»Doch, doch«, beeile ich mich zu versichern. Kay Lorenz tötet mich mit Blicken, dementiert aber nicht.

»Frau Mai ist meine... äh... Praktikantin«, sagt er stattdessen.

»Ganz schön alt für 'ne Praktikantin«, ätzt Alessio. Wenn ich nicht sicher wäre, dass es das endgültige Aus meiner neuen Partnerschaft mit Kay Lorenz bedeuten würde, dann würde ich dem jetzt was erzählen. So lächle ich aber nur freundlich und versuche, mir meinen Ärger nicht anmerken zu lassen.

»Zurück zum Thema, Herr Ölschläger. Ich halte mal fest, dass Sie hier seit ungefähr zwei Jahren arbeiten. Hatten Sie auch in den letzten Tagen Dienst?«

Ölschläger nickt.

»Gut. Kommen wir mal zu vorgestern. Haben Sie da Herrn Peters gesehen?«

»Ole oder Maik?«, will Alessio wissen.

»Wenn Sie so fragen: beide.«

»Jo. Mit Ole habe ich mich um den Check-in der neuen Gäste gekümmert und dann hier gearbeitet. Maik habe ich gesehen, als er kurz davor war, sich mit diesem Vollidioten von der Fischereibehörde zu kloppen.«

Lorenz dreht sich zu mir.

»Das muss die Auseinandersetzung gewesen sein, von der Sie mir berichtet haben.«

Ich nicke.

Alessio starrt mich an.

»Sie waren auch da?« Er kratzt sich am Hinterkopf. »Stimmt. Mit so einem jungen Typen, oder? Der hat doch noch Maik davon abgehalten, dem Fischerei-Idioten so richtig eine zu schallern.« Mit einem breiten Grinsen fügt er hinzu: »War der etwa auch ein Praktikant?«

»Ja, meiner«, gifte ich zurück. »Der Praktikant der alten Praktikantin!«

Aus den Augenwinkeln kann ich sehen, dass Kay Lorenz sehr schwer atmet. Ich sage deshalb nichts mehr, sondern stelle mich brav hinter ihn.

»Herr Ölschläger, haben Sie hier noch zu tun?«, erkundigt sich Lorenz.

»Klar, ist ja ziemlich voll heute. Vermutlich Katastrophentourismus. Spricht sich natürlich sofort rum, wenn hier einer umgebracht wird.«

»Gut. Dann würde ich mich gern nach meinem Gespräch mit Herrn Peters noch einmal mit Ihnen unterhalten. Bis später.«

Kay Lorenz nickt Alessio zu, dann geht er zielstrebig zum Ausgang der *Flunder* und weiter Richtung *Gloria*. Ich folge ihm, obwohl ich nicht übel Lust hätte, mir diesen Kellner einmal richtig vorzuknöpfen. Der hat unter Garantie Dreck am Stecken – so etwas merke ich sofort!

13

Aus der Nähe sieht die *Gloria* noch schäbiger aus, als von der *Flunder* aus betrachtet. Die rote Farbe blättert an allen Stellen des massigen Schiffsrumpfes ab und gibt den Blick auf ein stumpfes Dunkelbraun frei. *Hafenkojen zu vermieten!*, verkündet ein Schild, das an die Bordwand genagelt ist, direkt daneben ein weiteres mit einem Pfeil und der Info *Anmeldung / Rezeption.*

»Kann mir nicht vorstellen, dass hier jemand freiwillig seine Ferien verbringt«, gewährt Lorenz kopfschüttelnd einen ungewohnt privaten Einblick in seine eigenen Urlaubspräferenzen.

»Also ich finde es wildromantisch«, halte ich dagegen. »Ist mal was anderes – auf einem Schiff so direkt am Hafen. Luxus ist doch langweilig.«

Dazu sagt Lorenz nichts, stattdessen läuft er einmal um die *Gloria* herum. Ich folge ihm. Auf der anderen Seite entdecken wir eine Gangway, die an Bord führt.

»Also los«, brummt Lorenz und steigt die Stufen hoch. Oben angekommen, stehen wir zwischen zwei Masten mit abgetakelten Segeln und stellen fest, dass auf dem Deck auch eine kleine Terrasse mit Biertischen aufgebaut ist. Allerdings sitzt hier kein einziger Gast, und aus dem Gerümpel zwischen Tischen und Bänken schließe ich, dass dieser Zustand schon länger anzudauern scheint. Der hintere Teil der Terrasse schließt mit dem Niedergang ab, der wie eine Hütte aussieht und in dem sich die Treppe ins Schiffsinnere befindet. Entschlossen marschiert Lorenz auf den Treppenabgang zu.

»Waren Sie gestern schon mal da drin? Also, als Sie Peters die traurige Nachricht überbracht haben?«

»Nein. Ich habe ihn in der *Flunder* getroffen. Auf diesem Schiff war ich noch nie. Oder Hotel. Oder Behausung. Oder wie auch immer man das hier nennt.«

Im Inneren des Schiffs sieht es allerdings deutlich gepflegter aus, als das Äußere es vermuten lässt. Die Treppe führt in einen Salon, der durch zwei große Bullaugen recht hell ist. In der rechten Ecke steht ein großer Tisch mit einer Sitzbank, ebenfalls rechts, direkt am Ende der Stufen ein kleinerer Tisch, auf dem Seekarten und Bücher liegen. Gegenüber befindet sich eine Art Pantry mit einem Wasserkocher und einem Regalbrett, auf dem Becher und Gläser stehen. Weiter hinten gehen mehrere Türen ab, an der ersten hängt ein Schild mit Aufschrift *Anmeldung*. Da die Tür geschlossen ist, klopft Kay Lorenz kurz, wartet aber keine Antwort ab, sondern öffnet die Tür und schaut dahinter.

»Auweia!«, ruft er dann.

»Stimmt was nicht?«, will ich wissen, laufe zu Lorenz und schaue ihm über die Schulter. Bevor Lorenz noch etwas sagen kann, sehe ich es selbst: In dem kleinen Raum steht ein Schreibtisch, an dem ein Mann völlig in sich zusammengesunken hockt, sein Kopf liegt auf der Tischplatte, aus einem Mundwinkel rinnt Speichel. Rings um den Tisch herum liegen leere Bier- und Schnapsflaschen, eine einsame Colaflasche hat sich noch dazugesellt. Es riecht so streng nach Alkohol, dass ich unwillkürlich einen Schritt zurück mache.

»Auweia«, bestätige ich die erste Einschätzung der Lage. »Ist das Peters?«

»Ja, das ist er.«

»Er scheint seinen Kummer in einem gigantischen Herrengedeck versenkt zu haben.«

Kay Lorenz dreht sich zu mir um und guckt erstaunt.

»Herrengedeck?«

»Na, Sie wissen schon – Köm und Bier. Der Klassiker.« Weil keine Reaktion von Lorenz kommt, schiebe ich noch ein »Wo ich herkomme, nennt man das so« hinterher.

»Woher kommen Sie denn?«, fragt er nun immerhin nach.

»Aus Düsseldorf.«

»Ach, das erklärt einiges.«

»Sie meinen meine fröhliche, lebensbejahende Art? Im Gegensatz zu Ihrem spröde-pessimistischen Ansatz, dem Leben zu begegnen?«

Lorenz lacht trocken auf.

»Nein. Ich meine Ihren Zwang, ununterbrochen zu reden und unpassendes Zeug zu erzählen. Sagt man den Rheinländern doch nach. Ich meine, wir sind kurz vor einer wichtigen Befragung, und Sie kommen mit folkloristischen Überlegungen zum Thema Alkoholmissbrauch.«

Autsch! Wie gemein! Aber um sein Vorurteil nicht noch weiter zu bestätigen, sage ich nichts dazu, sondern stelle mich stumm wie ein Fisch daneben, als Kay Lorenz Ole Peters vorsichtig an der Schulter berührt.

»Herr Peters?«

Keine Reaktion. Nun packt Lorenz deutlich fester zu.

»Peters, ich rede mit Ihnen!« Er schüttelt ihn an der Schulter. Daraufhin wird Peters allerdings nicht wach, sondern rutscht langsam vom Stuhl unter den Tisch. Regungslos bleibt er auf dem Boden liegen. Kay Lorenz kniet sich neben ihn, greift nach seinem Unterarm und fühlt seinen Puls.

»Das gefällt mir nicht – der rast regelrecht.« Er beugt sich über sein Gesicht. »Und sein Atem ist auch sehr unregelmäßig. Wir rufen am besten einen Krankenwagen.«

Ich nicke, ziehe mein Handy aus der Hosentasche und tippe die

112 ein. Viel mehr kann man hier wohl gerade tatsächlich nicht tun.

*

Als die Sanitäter Peters auf der Trage abtransportieren, gibt Kay Lorenz noch ein paar Anweisungen.

»Ich brauche unbedingt drei zusätzliche Blutproben von Peters. Sagen Sie das gleich bei der Einlieferung. Der Mann ist ein wichtiger Zeuge in einem Mordfall, ich will wissen, ob er wirklich nur zu viel getrunken hat.« Er überlegt kurz. »Oder noch besser: Ich rufe selbst in Wolgast an und erkläre, was ich brauche. Habe Sie die Nummer für mich?«

Der Sani nickt, und die beiden gehen zum Krankenwagen. Ich stehe noch eine Weile unschlüssig herum und überlege, ob mich Lorenz wieder faltet, wenn ich mich schon mal mit dem Kellner in der *Flunder* beschäftige.

»Na, junge Frau, mit dem Großmeister der Kriminalistik unterwegs?« Jemand tippt mir von hinten auf die Schulter, ich fahre überrascht herum. Es ist Kommissar Schwiebert vom KDD, der da grinsend vor mir steht.

»Ich … äh … *Großmeister der Kriminalistik?*«

»Jau. Sie sind doch mit Lorenz hier, oder? Ich habe Sie gerade von dem Boot kommen sehen.«

»Stimmt. Er wollte sich mit Ole Peters, dem Bruder von Maik, unterhalten, und das wollte ich auch. Leider war Peters bewusstlos, als wir ihn antrafen.«

»Zu viel gesoffen, wat?«

Ich nicke.

»Ja, es lässt sich nicht bestreiten, dass Peters eine ganz schöne Fahne hatte. Vermutlich haben Sie also recht.«

Schwiebert zuckt mit den Schultern.

»Na, ist ja auch schrecklich, wenn der eigene Bruder ermordet wird.« Dann grinst er wieder. »Es sei denn, man hat ihn selbst um die Ecke gebracht.«

»Wie meinen Sie das?«, frage ich vorsichtshalber nach. Vielleicht hat Schwiebert schon brandheiße Erkenntnisse gewonnen, und der Fall ist so gut wie gelöst. Er prustet laut los.

»Das war ein Scherz! Ein bisschen Spaß bei der Arbeit, verstehen Sie? Aber erzählen Sie das bloß nicht Lorenz, der geht ja zum Lachen in den Keller.«

»Das ist mir auch schon aufgefallen«, sage ich und drehe mich noch mal in Richtung Krankenwagen, um zu schauen, wo Lorenz bleibt. Schwiebert folgt meinem Blick.

»Was will Lorenz denn noch von den Sanis?«

»Er möchte, dass bei Peters zusätzliche Blutproben entnommen werden. Nur zur Sicherheit.«

»Unser Lorenzo glaubt doch nicht im Ernst, dass Ole Peters vergiftet wurde, oder? So ein Quatsch. Ole hängt ganz gut an der Tasse, das weiß hier jeder. Außer, man hat sich die letzten Jahre in Hamburg rumgetrieben, weil man dachte, man kommt da karrieretechnisch ganz steil aus der Kurve.«

»Sie mögen ihn nicht besonders, kann das sein?«, stelle ich das Offensichtliche fest. Langsam ist mir unangenehm, wie Schwiebert über Lorenz spricht.

»Das ist wohl seine eigene Schuld, junge Frau!«, verteidigt sich Schwiebert. »Sie waren doch gestern dabei. Der hat sich aufgespielt, als wäre er schon Polizeipräsident. Da muss man sich dann auch nicht wundern, dass einem die Herzen nicht gerade zufliegen.« Er seufzt. »Ist ja auch egal. Ich bin heute nur noch mal hier, um den Tatort ohne Leiche und bei besseren Lichtverhältnissen zu videografieren. Wir arbeiten jetzt sozusagen dem großen Meister zu.« Er hebt die Hand. »Ich muss dann mal, man sieht sich.« Damit läuft Schwiebert zur *Fine* rüber. Kay Lorenz hat sich wohl im Krankenwagen festgequatscht, und mir wird langweilig. Also beschließe ich, doch schon mal ohne ihn in die Hafenkneipe zu gehen und Alessio Ölschlager auf den Pelz zu rücken.

Als ich durch den selbst gezimmerten Torbogen komme, sehe ich Alessio in ein Gespräch mit einer Brünetten vertieft, die mir ungeheuer bekannt vorkommt. Ist das nicht die schöne Helena von *Fish are Friends*? Ganz sicher bin ich mir nicht, denn sie steht halb schräg mit dem Rücken zu mir. Ich gehe ein bisschen näher, um zu verstehen, worüber die beiden reden. Es scheint ein Streit zu sein, besonders freundlich klingt es jedenfalls nicht. Jetzt packt Alessio die Frau am Arm, die macht einen Schritt zurück und reißt sich los.

»Du bist ekelhaft!«, schreit sie ihn an, dreht sich um und läuft direkt an mir vorbei durch den Bogen nach draußen. Es *ist* die schöne Helena, eindeutig. Alessio zögert kurz. Will er hinterher? Nein, er bleibt stehen. Eine Botschaft hat er allerdings noch für sie.

»Du wirst schon noch sehen, was du davon hast!«, ruft er ihr hinterher. Dann geht er zu einem der Kühlschränke, reißt die Tür auf und nimmt sich eine Flasche Bier heraus. Ich gehe auf ihn zu.

»Streit?«

Er stöhnt betont laut auf.

»Was wollen Sie denn schon wieder hier?«

»Unser nettes Gespräch von vorhin fortsetzen. Hatten Sie Streit mit der Dame? Das war doch Helena, oder?«

Ölschläger zuckt zusammen.

»Ich kenne die Irre nicht. Irgendein Gast. Hat sich beschwert.«

Ich ziehe die Augenbrauen so hoch, wie es nur irgend geht, und sehe hoffentlich maximal ungläubig aus.

»Ein Gast beschwert sich bei Ihnen mit den Worten ›*Du bist ekelhaft*‹? Wie ungewöhnlich.«

»Da haben Sie sich leider verhört. Sie hat gesagt: ›Das ist ekelhaft‹. Sie meinte damit, dass wir, äh, nichts Veganes auf der Karte haben.«

What? Niemals. Das ist die schlechteste Ausrede, die ich seit langem gehört habe. Aber ich werde kaum aus ihm herausbekommen, worum es in dem Streit wirklich ging. Zumindest nicht mit den Mitteln, die mir als Journalistin zur Verfügung stehen. Trotzdem lege ich noch mal nach.

»Und Sie fassen auch Gäste an, die Sie überhaupt nicht persönlich kennen?«, hake ich nach. »Sie halten also eine Ihnen unbekannte junge Frau einfach am Arm fest? Das glaube ich Ihnen nicht.«

Alessio zuckt mit den Schultern.

»Dann lassen Sie es halt. Ist aber so.«

»Das würde ja bedeuten, dass Sie jemand sind, der zur Übergriffigkeit neigt. Bei weiblichen Gästen. Weiß Ihr Chef das?«

Farbe steigt in Alessio Ölschlägers Wangen. Er kommt auf mich zu und bleibt erst kurz vor mir stehen. Sein Gesicht ist jetzt direkt vor meinem, und ich kann seinen Atem spüren. Sehr unangenehm! Ich will einen Schritt zurück machen, aber das geht nicht, denn jetzt packt mich Ölschläger an den Oberarmen und hält mich fest.

»Lass mich gefälligst in Ruhe! Sonst …«

»Sonst was?«, mischt sich auf einmal jemand ein, über dessen Erscheinen ich mich in diesem Moment ausnahmsweise richtig freue! Kay Lorenz hat es nun auch in die *Flunder* geschafft.

Er schiebt seinen rechten Arm durch den Griff von Ölschläger, wodurch mich dieser loslässt. Dann schüttelt er missbilligend den Kopf.

»Herr Ölschläger, wollten Sie Frau Mai gerade drohen? Falls ja, warum? Und was mich als Kriminalbeamter natürlich brennend interessiert: Womit?«

Ölschläger schaut nun völlig verdattert.

»Ich … also … nein, ich wollte ja nur, dass die mich endlich in Ruhe lässt! Die … die taucht hier einfach auf und stellt mir Fragen – darf die das überhaupt, so als Praktikantin?«

Lorenz wirft mir einen sehr strengen Blick zu, den Ölschläger glücklicherweise nicht sehen kann.

»Was wollten Sie denn wissen, Frau Mai?«, fragt er mich dann. »Vielleicht können wir das ja nun ganz in Ruhe mit Herrn Ölschläger besprechen.«

Ich lächle, so zauberhaft ich nur kann.

»Sehr gerne! Als ich eben an der *Flunder* vorbeikam, bemerkte ich einen heftigen Streit zwischen einer jungen Frau und Herrn Ölschläger. Ich wollte nur wissen, worum es in dem Streit ging.«

»Und ich habe ihr gesagt, dass das gar kein Streit war und sich die Frau nur darüber beschwert hat, dass wir keine veganen Gerichte auf der Karte haben«, wiederholt Alessio seine lahme Ausrede.

»Das ist völliger Blödsinn. Ich habe ja ein paar Gesprächsfetzen mitbekommen. Da ging es im Leben nicht um die Speisekarte. Warum lügen Sie, Herr Ölschläger?«

Der so Beschuldigte schüttelt vehement den Kopf.

»Hab ich doch gar nicht!«

»Oh, doch! Außerdem kenne ich die Frau. Und Sie kennen sie unter Garantie auch. Es war eine der Tierschützerinnen, die hier schon gegen Maik Peters demonstriert haben.«

Die Miene von Kay Lorenz hellt sich schlagartig auf.

»Ach, das ist ja interessant!«, ruft er. »Von denen mit dem Stand an der Seebrücke?«

»Ja, genau. Helena heißt das Mädchen. Wie weiter, weiß ich nicht.«

Kay Lorenz dreht sich zum Kellner und mustert ihn nachdenklich.

»Was sagen Sie dazu?«

Der verschränkt die Arme vor der Brust.

»Gar nichts. Außer, dass Ihre Praktikantin spinnt. Es ging um vegane Küche, nichts anderes. Und ich habe diese Frau noch nie zuvor gesehen. Sie hatte vorhin eine Cola bei mir bezahlt, dann kam sie später noch mal und wollte etwas zu essen bestellen, aber unsere Karte passte ihr nicht. Deswegen hat sie mich richtig dumm angemacht.«

Dazu sagt Lorenz nichts, aber er kramt in seiner Hosentasche und zieht eine Karte hervor.

»Ich habe jetzt noch einen Termin, Herr Ölschläger. Wir unterhalten uns morgen bei mir im Büro weiter. Um elf Uhr. Seien Sie bitte pünktlich.«

Dann dreht er sich um und verlässt die Terrasse der *Flunder*, ohne Ölschläger noch eines weiteren Blickes zu würden. Mich würdigt er allerdings auch nicht weiter, so dass ich etwas unbeholfen hinter ihm herstolpere, als er geht.

Auf dem Weg vor der *Flunder* dreht sich Kay Lorenz dann doch noch zu mir um.

»Mit Ihrer Beobachtung haben Sie Ölschläger ganz schön unter Druck gesetzt. Gut gemacht!«

Wow! Ein Lob aus berufenem Munde? Ich kann mein Glück kaum fassen.

»Und wie geht es jetzt weiter?«, will ich wissen. »Observieren wir ihn? Mit dem stimmt doch was nicht, das spüre ich genau.«

Lorenz lacht.

»Das berühmte Bauchgefühl, richtig?«

Ich nicke.

»Ja, das sollte man nie ignorieren, auch wenn ich persönlich mich lieber an die Fakten halte. Es ist aber tatsächlich so, wie ich zu Ölschläger gesagt habe – ich habe jetzt einen Termin und muss los. Hat mit unserem kleinen Notfalleinsatz alles länger gedauert, als ich dachte. Wenn Sie mögen, können Sie aber morgen zur Vernehmung dazukommen.« Er grinst. »Jetzt, wo Sie offiziell meine Praktikantin sind, spricht eigentlich nichts dagegen. Seien Sie einfach kurz vor elf Uhr in Anklam.«

Wir verabschieden uns voneinander, und Lorenz steigt in sein Auto. Ich beschließe, direkt nach Ahlbeck zu fahren und zu schauen, was Janis' Karriere im Tierschutz macht. Vielleicht hat er schon mehr über den ominösen Herrn Schollmeyer herausgefunden. Oder kann mir etwas über Helena erzählen. Ich glaube kaum, dass der Zufall sie in die *Flunder* verschlagen hat.

Ein seltsames Geräusch reißt mich aus meinen Gedanken. Ich gucke mich um und habe schnell ausgemacht, woher es kommt: Es ist das Auto von Kay Lorenz, das nicht anspringt. Ich gehe zur Fahrerseite und klopfe auf das Autodach.

»Will nicht anspringen?«

Kay Lorenz öffnet das Fenster.

»Nein. Ausgerechnet jetzt spinnt diese verfluchte Batterie wieder – ich muss dringend los!«

»Ich könnte gucken, ob ich ein Starthilfekabel habe«, biete ich an.

»Das wäre nett«, antwortet Kay Lorenz knapp und schlecht gelaunt. Mit unvorhergesehenen Ereignissen kann er anscheinend nicht so gut umgehen. Ich laufe zu meinem Wagen und wühle im Kofferraum herum. Irgendwann hatte ich mal ein Starthilfekabel, da bin ich mir ziemlich sicher. Oder habe ich es Katja geliehen? Oder gehörte es eigentlich Henning, und der hat es mitsamt *unserer* Jura-Kaffeemaschine und der schönen, flauschigen Wolldecke von seiner Oma einfach eingepackt und mir nicht Bescheid gesagt?

»Suchen Sie etwas?« Schwiebert taucht neben mir auf.

»Oh, hallo, sind Sie fertig mit Ihrem Videodings?«

»Jupp. Bin ich. Also, kann ich helfen?«

»Vielleicht. Haben Sie ein Starthilfekabel? Das Auto von Kommissar Lorenz springt nicht an.«

Schwiebert lacht.

»So ein Pech! Da muss er wohl laufen – selbst, wenn ich eins hätte, ich würde es ihm nicht geben.«

Ich muss wohl ziemlich überrascht gucken, denn nun hebt er entschuldigend die Hände.

»Sorry, schlechter Scherz. Ich glaube, ich habe keins. Ich könnte ihn höchstens wieder nach Anklam mitnehmen. Moment, ich frage ihn.«

Wir laufen zusammen zu Lorenz' Auto. Der sitzt immer noch mit finsterer Miene hinter dem Steuer. Auch Schwiebert klopft zur Begrüßung aufs Autodach.

»Moin, Kollege. Auto springt nicht an? Überbrückung habe ich leider nicht. Also entweder ADAC rufen oder, wenn es eilig ist, mit mir mitfahren.«

Lorenz schnallt sich ab und steigt aus.

»Danke für das Angebot, Herr Schwiebert«, antwortet er sehr förmlich. »Wohin fahren Sie als Nächstes?«

»Nach Anklam. Ich habe meine Aufnahmen hier im Kasten.«

»Dann passt es leider nicht.«

Schwiebert zuckt mit den Schultern.

»Tja, dann nicht. Ich muss los.« Er will gehen, da scheint Lorenz noch etwas einzufallen.

»Oh, Moment – haben Sie Ihr kleines Tatortbesteck im Wagen?«

»Warum? Denken Sie, mit Flatterband können Sie Ihre Karre wieder flottmachen?« Schwiebert grinst.

»Nein. Ich würde aber gern die Kajüte versiegeln, in der wir gerade Petersen gefunden haben. Leider habe ich selbst nichts dafür mit.«

Schwiebert runzelt die Stirn.

»Wenn Sie meinen…«

»Ja, meine ich.«

»Na gut. Kann ich noch schnell machen, bevor ich losfahre. Siegelbanderole habe ich tatsächlich im Auto.«

»Danke, das hilft mir sehr.« Lorenz nickt ihm zu, offenbar bemüht, so etwas wie kollegiale Freundlichkeit auszustrahlen. »Ich bin nämlich schon ganz schön spät dran und rufe mir jetzt ein Taxi. Um den Abschlepper kümmere ich mich später.«

»Wo müssen Sie denn hin?«, erkundige ich mich.

»Nach Heringsdorf.«

Wie bitte? Der Typ ist von Heringsdorf im Auto vor mir hierhergedüst und muss jetzt auch wieder dorthin zurück? Und wollte mich nicht mitnehmen? Obwohl ich ihn darum gebeten habe? Schwiebert, der die Situation sofort richtig eingeordnet hat, lacht sich schlapp.

»Tja, wenn Sie die Frau Mai ganz lieb fragen, dann nimmt sie Sie vielleicht mit, Kollege.«

Dann klopft er wieder auf das Dach, winkt mir gut gelaunt zu und geht. Ich überlege, ob ich einfach die Biege mache. Soll der Idiot doch sehen, wie er in dieser Pampa so schnell ein Taxi geordert bekommt. Kay Lorenz räuspert sich.

»Ja, ich weiß, das macht jetzt einen etwas unglücklichen Eindruck, aber ich hatte meine Gründe. Und die haben wirklich rein gar nichts mit Ihnen zu tun. Wenn Sie mich also mitnehmen könnten, wäre ich Ihnen wirklich sehr dankbar.«

Ich überlege kurz und seufze.

»Na gut. Dann kommen Sie schon mit.«

Zu gut für diese Welt – ich bin einfach zu gut für diese Welt.

14

Von Zeglin nach Heringsdorf braucht man ungefähr eine Dreiviertelstunde. Zeit genug also, Kay Lorenz mal etwas auszuquetschen. Mit irgendwas muss er sich diese Spitzen-Mitfahrgelegenheit ja verdienen.

»Was genau müssen Sie denn jetzt so dringend in Heringsdorf machen?«

Er schweigt.

»Hallo? Reden Sie jetzt nicht mehr mit mir?«

»Doch, natürlich, entschuldigen Sie. Ich habe einen privaten Termin.«

Aha. Ein privater Termin während der Dienstzeit. Und zwar offenbar einer, über den er nicht sprechen will. Was könnte das sein? Trifft er seinen Therapeuten? Oder seinen Schuldenberater?

»Kennen Sie diese Helena?«, wechselt Lorenz jetzt unvermittelt das Thema.

»Nein, nicht wirklich«, berichte ich wahrheitsgemäß. »Ich habe sie nur gestern kurz gesehen, als ich mit meinem Volontär an der Seebrücke war. Da stand sie zusammen mit den anderen Tierfreunden. Aber Janis hat sich länger mit ihr unterhalten, und sie hat ihm erzählt, dass hinter dieser Tierschutznummer noch mehr steckt als reine Tierliebe. Die Truppe sammelt offenbar für einen gewissen Thies Schollmeyer in ganz großem Stil Spenden.«

»Hm. Und die haben auch alle schon mal bei Peters demonstriert?«

Ich nicke.

»Genau. Das jedenfalls hat mir einer der Tierschützer erzählt, bevor ihn die Obertierschützerin zurückgepfiffen hat.«

»Diese Helena?«

»Nein. Eine gewisse Imke. Hat ihre Tierfreunde ziemlich im Griff. Jedenfalls hat niemand mehr mit mir geredet, als klar war, dass Imke das nicht will. Aber das macht nichts, ich habe jetzt meine Geheimwaffe vor Ort.«

»Nämlich?«

»Hab ich Ihnen doch schon erzählt. Hören Sie mir nie zu? Janis Neubauer recherchiert dort undercover. Er hat sich als Tierfreund ausgegeben und seine Mitarbeit angeboten. Heute ist er mit in Ahlbeck und hilft am Infostand aus. Vielleicht kann er uns später sagen, was Helena wirklich in der *Flunder* wollte.«

Kay Lorenz seufzt.

»Sie können es nicht lassen, oder?«

»Nein. Ist schließlich mein Beruf.«

Eine Zeitlang sagen wir beide nichts. Dann zieht Kay Lorenz sein Handy aus der Jackentasche und tippt darauf herum.

»Also«, sagt er dann, »der Bericht der Rechtsmedizin ist da. Gestorben ist Peters tatsächlich aufgrund von stumpfer Gewalteinwirkung auf den Kopf. Er war auch schon tot, als er in die Peene fiel, in seinen Lungen ist kein Wasser. Todeszeitpunkt muss am Vorabend zwischen 22 und 23 Uhr gewesen sein. Die Angelhaken wurden ihm nach seinem Tod in die Lippen gestochen, es war also keine Folter, sondern offensichtlich wollte der Täter eine Aussage damit treffen.«

»Oder die Täterin«, ergänze ich.

»Stimmt. Oder die Täterin. Wir haben übrigens keine Fremd-DNA gefunden, die uns diesbezüglich weiterbringen würde. Die Schrift auf seiner Brust wurde mit einem sehr spitzen Gegenstand eingeritzt, ebenfalls nach seinem Tod. Es finden sich Metallanhaftungen in der Wunde, ich glaube, dass möglicherweise auch ein Angelhaken für die Ritzungen benutzt wurde.«

Vielleicht der Haken, der mir in die Redaktion geschickt wurde? Bei dem Gedanken läuft mir ein kalter Schauer den Rücken herunter.

»Im Blut von Peters gab es keine Hinweise auf irgendwelche Substanzen. Er war nüchtern. Gegessen hatte er zuletzt ungefähr vier Stunden vor seinem Tod. Ein Nudelgericht.«

»Irgendwelche anderen Verletzungen? Gab es einen Kampf? Abwehrspuren oder so?«

Ich werfe Kay Lorenz einen kurzen Seitenblick zu, der schüttelt den Kopf.

»Nein, nichts. Der Schlag auf den Kopf muss ihn völlig überraschend getroffen haben. Möglicherweise ein Hinterhalt.«

Ein Hinterhalt. Ich überlege, ob ich mir vorstellen kann, dass die Fischfreunde, die keiner Fliege etwas zuleide tun wollen, den armen Maik Peters in eine fiese Falle locken und ihn dann einfach hinterrücks erschlagen. Nein, kann ich mir nicht vorstellen. Andererseits kann ich mir so etwas von niemandem vorstellen, das ist also kein Maßstab, denn irgendwer hat es ja getan.

»Denken Sie auch, dass Ölschläger vorhin gelogen hat?«, will ich dann von Kay Lorenz wissen.

»Kann sein. Ich werde ihm morgen noch mal auf den Zahn fühlen. Vielleicht haben Sie recht, und diese Helena war nicht zufällig in der Hafenkneipe. Wäre schon gut zu wissen, was sie da gemacht hat. Also, außer eine Cola zu trinken.«

»Und glauben Sie, dass Ole Peters sich einfach nur aus Kummer einen reingelötet hat, oder hat den jemand ausgeknockt?«

Kay Lorenz dreht sich zu mir.

»Frau Mai, Sie sollten doch noch mal über die Assistentenstelle bei mir nachdenken. Sie stellen definitiv die richtigen Fragen, und fähige Leute kann ich wirklich brauchen.«

»Danke für die Blumen, Herr Kommissar, das kann ich nur zurückgeben. Sie wären bestimmt auch eine Bereicherung für unser Team, investigativ veranlagte Kollegen sind bei uns immer herzlich willkommen.«

Lorenz stutzt, dann lacht er.

»Ich denke mal drüber nach, wenn sie mich in Anklam wieder alle nerven. Aber um zu Ihrer Frage zurückzukommen: Ich habe vorhin am Telefon den diensthabenden Oberarzt in Wolgast gebeten, ein bisschen Beweissicherung zu betreiben.«

Ach, deswegen hat das also so lange gedauert, bis mir Lorenz in die *Flunder* gefolgt ist – der Herr Kommissar hat noch Anweisungen gegeben!

»Er wird sich Peters genau anschauen und auf Prellungen oder andere Wunden untersuchen. Außerdem schickt er Blutproben ins Labor. Die sollen mal ein vollständiges Screening machen. Dann wissen wir bald, ob ihn der Alkohol auf die Bretter geschickt hat. Oder es irgendetwas oder irgendjemand anderes war.«

»Das wäre schon krass, wenn der Mörder jetzt auch noch versucht, den Bruder umzubringen. Ist der denn auch Fischer und den Tierschützern ein Dorn im Auge?«

Kay Lorenz schüttelt den Kopf.

»Nein, Henk Ahrens sagt, dass Ole Peters mit dem Fischfang nichts mehr zu tun hat. Er lebt jetzt zwar wieder in Zeglin, war aber bis vor zwei Jahren irgendwo in Süddeutschland unterwegs. Hat im Hotel gearbeitet oder so etwas in die Richtung. Die Idee mit dem Campingplatz ist wohl von ihm.«

Wir passieren das Ortschild von Heringsdorf.

»Sie können mich gleich da vorne rechts absetzen.«

»Soll ich Sie zum Polizeirevier fahren? Haben Sie dort Ihren Termin?«

Heringsdorf hat ein eigenes Polizeirevier, ein ziemlich neues und großes noch dazu. Vielleicht ist Lorenz auf der Suche nach kollegialer Unterstützung.

»Nein, aber wie gesagt, Sie können mich einfach hier rauslassen.«

Tatsächlich werde ich langsamer und fahre rechts ran.

»Was ist denn das für ein Staatsgeheimnis mit Ihrem Termin? Man könnte denken, Sie sind mit Ihrem Dealer verabredet!«, wundere ich mich laut.

»So etwas trauen Sie mir zu?«

»Nicht wirklich. Sie kriegen doch vermutlich schon Herzrasen bei dem Gedanken, mal schwarzzufahren. Also, wo soll's hingehen?«

Er seufzt. »Zur Grundschule im Gothener Landweg.«

Zur Grundschule? Ich muss kichern.

»Die Straftäter werden wirklich immer jünger!«

»Sehr witzig. Ich habe versprochen, meine Tochter abzuholen, und wenn ich da nicht pünktlich erscheine, kriege ich richtig Stress.«

»Hoppla! Wann müssen Sie denn da sein?«

Lorenz wirft einen Blick auf seine Armbanduhr.

»Vor fünf Minuten.«

»Dann gebe ich besser mal Gas!«

*

Mit quietschenden Reifen halte ich kurz darauf verbotenerweise mitten auf der Bushaltestelle, hinter der ein lang gezogenes, in hellem Gelb verputztes Gebäude mit einem roten Dach liegt. Die bunten Papierfiguren, die an den Fensterscheiben kleben, zeigen an, dass es sich um eine Grundschule handeln muss. Interessanterweise ist mir das vorher noch nie aufgefallen. Ich muss allerdings gestehen, dass Menschen unter 16 Jahren nicht gerade meine Kernkompetenz sind.

Der Schulhof scheint ruhig und menschenleer, entweder die Kinder sind alle schon zu Hause oder vielleicht in der Schulkantine. Erst auf den zweiten Blick erkenne ich ganz am Rand ein kleines Mädchen. Es sieht immer wieder nach links und rechts und hüpft dabei ungeduldig von einem Bein auf das andere, so dass sein langer dunkelbrauner Pferdeschwanz auf und ab wippt.

Kay Lorenz springt regelrecht aus dem Auto und winkt dem Mädchen zu.

»Greta, hier bin ich! Komm her, Schatz!«

Das Mädchen zögert und schaut noch mal genauer hin. Kein Wunder – sie hat das dunkelblaue Riesenschiff von Lorenz erwartet und nicht meinen kleinen roten Panda. Sehr langsam, fast misstrauisch, kommt sie auf uns zu. Ich überlege, wie alt sie wohl sein mag. Sieben? Acht? Auf alle Fälle hat sie ein grünes T-Shirt mit einem Pferdekopf vorne drauf an, aber Pferdemädchen gibt es ja in jeder Altersklasse, meine eigene eingeschlossen, also ist das auch kein Hinweis.

Beim Auto angekommen, bleibt Greta mit einem Sicherheitsabstand von zwei Metern vor uns stehen. Ich beschließe, auch auszusteigen, und stelle mich auf der Fahrerseite neben mein Auto.

»Hallo, Papa, ich dachte schon, du hast mich vergessen!«

Ganz schön vorwurfsvolle Stimme für so eine zarte Person. Kay Lorenz lacht und klingt dabei ungewohnt unsicher.

»Aber Schatz, ich vergesse dich doch nicht. Mein Auto ist leider kaputt, deswegen habe ich mich verspätet.«

»Wer ist die da?« Die Vorwurfsvolle zeigt mit dem Finger auf mich, die Entschuldigung ihres Vaters geflissentlich ignorierend. »Ist das deine Freundin?«

»Was? Äh, nein, das ist … Frau Mai. Frau Mai ist Reporterin beim Radio.«

Dazu sagt Greta nichts, sondern starrt mich weiter nicht gerade freundlich an. Ich ringe mir trotzdem ein Lächeln ab.

»Hallo, Greta. Ich bin die Franzi. Ich habe deinen Papa hierhergefahren, weil sein Auto nicht mehr angesprungen ist. Er wollte unbedingt rechtzeitig da sein.«

»Seid ihr aber nicht. Ich warte schon ganz lange!«

»Das tut mir auch echt leid«, entgegnet Lorenz, »wir haben uns wirklich beeilt. Aber nun ist ja alles wieder gut, oder?«

Das Pferdemädchen sieht seinen Vater an – und legt den Finger in die nächste Wunde.

»Und wie kommen wir jetzt nach Hause?«

»Wir … äh … wir nehmen den Bus, okay?«

»Oder du rufst Mama an. Und die holt uns ab.«

»Nein, das mache ich nicht«, entfährt es Lorenz unnötig scharf. Er scheint es in diesem Moment selbst zu merken und schiebt schnell deutlich sanfter hinterher: »Du weißt doch, dass Mama heute einen wichtigen Termin hat. Deswegen hole ich dich ja ab. Hier kommt sicher bald der nächste Bus, und dann fahren wir zu uns nach Hause. Oma hat bestimmt schon etwas Leckeres gekocht.«

Das Mädchen verzieht das Gesicht und tritt mit dem Fuß ein paar Kieselsteine weg. Ich räuspere mich.

»Ich weiß ja nicht, wo ihr hinwollt, aber ich habe noch ein bisschen Zeit und könnte euch fahren.«

»Nicht nötig«, beeilt sich Lorenz, mein Angebot abzulehnen. Die Gesichtszüge seiner Tochter hellen sich allerdings auf.

»Au ja, das ist eine gute Idee! Danke!«

»Das können wir wirklich nicht annehmen, Greta«, hält ihr Vater dagegen. »Wir nehmen den Bus, kein Problem.«

Seine Tochter funkelt ihn böse an.

»Aber ich hab Riesenhunger! Ich will nicht auf den Bus warten!«

Mit hilfloser Geste hebt Kay Lorenz die Hände, dann schaut er zu mir herüber.

»Es tut mir leid, Frau Mai. Aber wenn es Ihnen keine Umstände macht…«

»Macht es überhaupt nicht, sonst hätte ich es nicht angeboten.« Ich gehe ums Auto, öffne die Tür und kippe den Beifahrersitz nach vorn. Auf dem Platz dahinter liegt nämlich nicht ganz so viel Gerümpel wie hinter dem Fahrersitz. »Bitte schön, Greta. Ich habe leider keinen Kindersitz, aber wir haben ja die Polizei an Bord. Vielleicht geht es dann ohne.« Ich muss grinsen, Greta lächelt endlich auch mal, nur Lorenz guckt wie sieben Tage Regenwetter in der Hauptsaison.

Nachdem ich mich angeschnallt habe – immerhin das sehr vorschriftsmäßig – werfe ich ihm einen fragenden Blick zu.

»Und? Wo soll es hingehen?«

»Nach Usedom«, sagt Lorenz irgendwie genervt.

Er muss mir nicht vor Dankbarkeit die Füße küssen, aber ein bisschen freundlicher könnte er schon sein, finde ich.

Findet offenbar auch die kleine Greta, denn nun beugt sie sich zwischen unseren beiden Sitzen nach vorne.

»Das ist total nett, dass du uns fährst, Frau Mai! Sei Papa nicht böse, der ist immer so schlecht gelaunt, weil er im Beruf mit so schlimmen Menschen zu tun hat.«

Eine sehr einleuchtende Erklärung!

»Sagt wer?«, hake ich neugierig nach.

»Sagt Mama. Die kennt Papa schon gaaanz lange. Und gut. Auch wenn sie jetzt nichts mehr mit ihm zu tun hat.«

Kay Lorenz wirft seiner Tochter einen Blick zu, der sie wohl zum Schweigen bringen soll, aber die plappert munter weiter.

»Deswegen ist er auch so viel allein. Weil die anderen seine schlechte Laune nicht mögen. Also, außer Oma. Aber die zählt nicht, die ist ja Papas Mama.«

Jetzt fährt Kay Lorenz herum.

»Du hältst jetzt mal den Mund, Greta. Frau Mai kann sich sonst gar nicht aufs Fahren konzentrieren!«

Schweigend fahren wir also über die Landstraße, bis wir an einer Weide mit Pferden vorbeikommen.

»Bist du eigentlich eine Pferdefreundin, Greta?«, schneide ich ein hoffentlich unverfängliches Thema an.

»Ja, total! Ich liiiiebe Pferde!«, kommt es prompt vom Rücksitz. »Und ich kann auch schon reiten, ich war in den Osterferien auf einem Ponyhof. Mein Lieblingspony heißt Naomi.«

»Das ist ein schöner Name. Ich habe ehrlicherweise ein bisschen Angst vor Pferden. Sie sind so groß.«

»Aber sie sind sooo lieb!« Greta ist offenbar in ihrem Element. Die nächsten zehn Minuten ist sie damit beschäftigt, mir alles über Naomi, den Ponyhof und ihre Reitlehrerin Sandra zu erzählen. Kay Lorenz hingegen hat offenbar ein Schweigegelübde abgelegt, er sagt die restliche Fahrt keinen Ton mehr.

In Usedom angekommen, lotst er mich mit knappen Worten zum Haus seiner Mutter. Es ist ein kleines Häuschen mit Fachwerk in der Usedomer Altstadt, unweit vom Marktplatz. Sehr hübsch, offenbar vor kurzem restauriert. Ein paar Touristen stehen davor und machen Fotos.

»Omas Haus ist sogar auf Instagram!«, berichtet Greta und klingt begeistert.

»Woher weißt du denn das?«, fragt Lorenz. *Seine* Begeisterung über diese Information hält sich in Grenzen. »Du hast doch gar kein Handy.«

Dazu sagt Greta nichts mehr, schließlich steigt Kay aus und lässt auch seine Tochter raus. Er wirft mir noch einen kurzen Blick zu.

»Morgen um elf Uhr?«

Ich nicke.

»Danke für den Shuttleservice«, sagt er dann und will die Tür schließen. Da taucht noch mal Gretas Kopf im Wageninneren auf.

»Du bist echt nett, Frau Mai! Schade, dass du nicht Papas Freundin bist! Mama sagt immer…«

Was *Mama immer sagt*, erfahre ich leider nicht mehr, denn in diesem Moment zieht Kay Lorenz seine Tochter mit einem energischen Ruck zurück, schmeißt die Wagentür zu und winkt kurz. Dann dreht er sich um und verschwindet mitsamt Kind im Haus.

15

»Meine Starreporterin! Endlich!«

Raimund klatscht euphorisch in die Hände, als ich zurück in die Redaktion komme.

»Alles in Ordnung?«, frage ich misstrauisch nach. Ich bin solche überschwänglichen Begrüßungen durch meinen Chef nicht gewöhnt. Zumal wenn sie direkt am Eingang der Redaktion stattfinden, noch bevor ich meinen Schreibtisch erreicht habe.

»Ob alles in Ordnung ist?«, wiederholt Raimund meine Frage. »Keine Ahnung. Sag du es mir.«

Aha. Hatte ich es also richtig eingeschätzt – der pure Zynismus.

»Natürlich ist bei mir alles in Ordnung, Chef. Wie kommst du drauf, dass es anders sein könnte?«

Raimund runzelt die Stirn und wirft mir einen Blick zu, der deutlich aussagt, dass doch wohl jedem Vollidioten klar sein müsste, worum es hier gerade geht. Schließlich bemüht er sich aber doch noch, seinen unausgesprochenen Vorwurf zu vertonen.

»Weil ich seit gestern früh keinen Beitrag mehr von dir und Janis gehört habe. Ich dachte, ihr habt da jetzt so ein Knallerthema am Haken, und ich bekomme zweimal am Tag einen entsprechenden Knallerbeitrag von euch. Aber nach dem Frühreport gestern ist nichts mehr passiert.«

»Ja, aber Chef…«, setze ich zu meiner Verteidigung an, komme aber nicht weit, weil mich Raimund unterbricht.

»Nichts *aber* – ihr habt für eure Problemlöser extra einen Jingle produziert, und ich habe euch Sendezeit freigeräumt. Du willst uns doch vor der Auflösung retten, hast du gesagt. So wird das garantiert nichts.«

Bitte? Jetzt werde ich aber richtig sauer!

»Doch *aber,* Raimund! Du warst gestern selbst dabei, als Kay Lorenz hier aufgekreuzt ist, und du warst froh, dass ich mich mit ihm auf einen Kompromiss verständig habe. Und der sieht vor, dass ich erst mal nicht mehr berichte, ihn dafür aber bei seinen Ermittlungen begleiten darf. *Ich* wäre ja auf Konfrontationskurs geblieben, aber *du* hattest doch schon Schnappatmung, als Lorenz irgendwas von *Behinderung der Strafverfolgung* geschwafelt hat.«

Dazu sagt Raimund nichts, sondern brummt nur etwas Unverständliches vor sich hin.

»Stimmt's oder habe ich recht?«, setze ich also nach.

»Ja, es war eine etwas unglückliche Situation«, windet sich Raimund. »Nichtsdestotrotz ist Bäderland-Radio zu klein, um seine beste Reporterin tagelang ohne hörbares Ergebnis in die Welt zu schicken. Tu mir einen Gefallen – schnapp dir den Stapel, der hier auf Sonjas Tisch liegt, und such dir etwas raus, über das du berichten kannst.«

Stapel? Auf Sonjas Tisch? Ich bin komplett ratlos und sehe offenbar auch so aus. Raimund setzt jedenfalls zu einer Erklärung an.

»Während du weg warst, haben wir noch mal den Jingle gespielt. In Ermangelung anderer Beiträge von dir. Sonja hat alle Anrufe danach notiert. Du hast die freie Auswahl.«

Das darf doch nicht wahr sein – Raimund scheint nicht zu verstehen, dass ich jetzt überhaupt keine Zeit habe, mich um herüberhängende Äste auf Nachbars Grundstück oder Falschparker vor Omas Garage zu kümmern. Ich will die Informationen auswerten, mit denen Janis hier hoffentlich gleich auftaucht, und recherchieren, ob ich Helena, Imke und Max irgendwo im Netz finden kann – auf Instagram, Facebook, vielleicht Tiktok. Oder von mir aus auch im Online-Archiv der Bäckerblume. Gleiches gilt für Alessio Ölschläger: Irgendwo im Internet hinterlassen die meisten Menschen mittlerweile Spuren, die etwas über sie erzählen. Und dann wäre da noch Knuti, mein guter Kontakt zum Einwohnermeldeamt. Wenn ich den ganz lieb frage und verspreche, keinen Unsinn anzustellen, rückt er mir bestimmt einen Datenabgleich von Thies Schollmeyer raus. Dann weiß ich, wo Schollmeyer schon überall gemeldet war, und kann gezielter nach Schatten in seiner Vergangenheit suchen. Mit anderen Worten: Ich habe wirklich genug zu tun.

»Chef, echt jetzt – ich bin mitten in einer aufwendigen Recherche! Morgen kann ich dabei sein, wenn ein ziemlich verdächtiger Kerl vernommen wird, da will ich mich optimal vorbereiten!«

»Kein Problem. Gib den Stapel Janis, soll der mal beweisen, was er schon bei uns gelernt hat. Apropos: Wo steckt der eigentlich?«

»Hat einen Undercover-Einsatz«, erkläre ich knapp. Raimund gibt ein meckerndes Lachen von sich.

»Bitte was? Ist das jetzt ein Codewort für *macht blau*? Du brauchst den jungen Kollegen nicht zu decken. Zieh ihm lieber die Ohren lang!«

»Das war kein Scherz, Raimund. In dieser Minute recherchiert Janis als angeblicher Tierschützer im Umfeld einer Gruppe, die das Mordopfer Maik Peters schon bedroht hat.« Ich senke die Stimme, um möglichst geheimnisvoll zu klingen. »Das ist die Megastory, das sage ich dir!«

Offenbar bin ich nicht sonderlich überzeugend, denn Raimund schüttelt den Kopf und sieht plötzlich richtig streng aus.

»Egal. Der Stapel wird jetzt abgearbeitet. Und wenn du deinen Voli in der Weltgeschichte rumstromern lässt, dann musst du es eben selbst machen. Hier!« Er geht vom Eingang direkt auf Sonjas Tisch zu, wo tatsächlich ein Stapel Papier liegt. Dann nickt er ihr zu, sie grinst und gibt ihm den Stapel, mit dem er sich zu mir umdreht. Na großartig – läuft bei mir!

»Bitte sehr, Franzi. Guck mal rein, ob du nicht irgendetwas Kleines findest, über das du berichten kannst. *Zusätzlich* zu deiner großen Story. Sollte dir als gestandener Reporterin doch keine Probleme bereiten, oder? Wo du doch die selbst ernannte Problemlöserin bist.« Okay. Widerstand ist zwecklos. Er legt mir den Stapel in die Hände und grinst. »Ich wusste, ich kann auf dich zählen.«

*

Janis, nun geht schon endlich an dein Handy! Oder ruf wenigstens zurück, wenn du meinen Anruf in Abwesenheit siehst! Aber nichts – kein Anruf, kein Rückruf, keine WhatsApp. Janis scheint zu ahnen, dass hier in der Redaktion eine Fleißarbeit auf ihn wartet. Also muss ich mich wohl oder übel tatsächlich selbst durch den Haufen von minimalsten Ärgernissen wühlen und überlegen, wie ich daraus etwas Spannendes stricke, das für 90 Sekunden Radiobeitrag reicht. Länger muss es allerdings auch gar nicht sein, getreu dem alten Rundfunkjournalisten-Motto *Und bist du noch so fleißig, nie länger als 1:30.*

Markus kommt an meinem Tisch vorbeigeschlendert und bleibt stehen.

»Wirst du für 17 Uhr fertig?«, erkundigt er sich mitfühlend. Ich gucke ihn an und schüttle stumm den Kopf. Er lacht.

»Gott, du siehst ja echt verzweifelt aus. Nimm einfach irgendwas. Ist doch egal, was. Dann ist Raimund glücklich, und du hast deine Ruhe.«

»Warum ist der denn jetzt auf einmal so hinter mir her?«, frage ich meinen Kollegen, der meist einen ganz guten Riecher für Schwingungen in der Redaktion hat. Wahrscheinlich, weil er sich aus allem heraushält und von außen beobachtet. Markus ist unsere Schweiz.

»Sonja sagt, die Berliner haben vorhin angerufen. Sie hat durchgestellt.«

Ich stehe auf dem Schlauch.

»Wer hat angerufen?«

»Na, die von Megahit-FM.«

Ach du Scheiße. Die hatte ich schon fast verdrängt. Aber klar, dieses Damoklesschwert schwebt nach wie vor über uns.

»Sonja hat nicht zufälligerweise aus Versehen mitgehört?«

Ich weiß, dass Sonja unseren Chef ganz gern mal abhört. Und sie hat dabei überhaupt kein schlechtes Gewissen. Markus grinst.

»Hat sie natürlich.«

»Und?«, will ich wissen.

»Die Berliner haben von eurer Problemlöser-Sache Wind bekommen.« Er macht eine bedeutungsschwere Pause, aber ich bleibe cool. Zumindest äußerlich. Innerlich breitet sich ein Kribbeln in meinem gesamten Körper aus. Nach ungefähr fünf sehr langen Sekunden spricht Markus endlich weiter. »Die waren ziemlich begeistert von der Idee. Wollten wissen, wer dahintersteckt.«

»Na, Raimund hat doch hoffentlich sofort meinen Namen genannt!«

Markus zuckt mit den Schultern.

»Keine Ahnung. Sonja hat mir ja kein Wortprotokoll in die Hand gedrückt, sondern nur kurz bei einem Kaffee davon erzählt.«

Hm. Mist. Die wirklich wichtigen Sachen hat sich also wieder keiner gemerkt!

»Also mein Tipp, wenn du ihn hören willst…«

Ich nicke schnell.

»Euer erster Fall hat richtig Wellen geschlagen. Bleib dran und sorge für ständigen Nachschub, damit die Leute regelmäßig deine Stimme hören.«

Er klopft mir auf die Schulter und lässt mich in meinem Unglück zurück. Wahrscheinlich hat er recht. Ich muss unbedingt weitermachen und werde jetzt einfach das Schicksal entscheiden lassen, welche Geschichte ich als Nächstes bringe.

Mit geschlossenen Augen mische ich die Zettel auf der Schreibtischplatte vor mir und ziehe dann einen heraus. *Ärger mit dem Vermieter* hat Sonja als Überschrift draufgeschrieben. Ja, doof. Aber trotzdem voll langweilig. Ich überfliege Sonjas Stichworte:

Elke Meier aus Karlshagen: hat seit kurzem einen neuen Vermieter, mit dem es nur Ärger gibt. Früher gehörte das Haus älterem Herrn. Mit dem kam man bestens aus. Miete war in Ordnung. Erbengemeinschaft hat Haus jetzt allerdings an Investor verkauft, der die Mieter loswerden will. Plant offenbar, Haus abzureißen und Hotel zu bauen. Neulich wurde Wasser abgestellt und Stromleitung gekappt. Angeblich aus Versehen. Spekulanten?? Name der Firma: Novalis Projekt Management, NPM.

Hm. *NPM.* Das habe ich irgendwo schon mal gehört oder gelesen. Bloß wo? Die Geschichte ist jedenfalls gar nicht so schlecht, finde ich. Könnte man auf alle Fälle eins dreißig draus zusammenstricken.

Ich wähle die Nummer, die Sonja fein säuberlich auf dem Zettel notiert hat.

»Meier?«, meldet sich eine Stimme, die zu einer älteren Dame zu gehören scheint.

»Hallo, Frau Meier, Franzi Mai hier von den Problemlösern.«

»Wer?«

»Franzi Mai. Von den Problemlösern. Sie hatten bei uns angerufen.«

»Problemlöser?«, echot die Frau und klingt unsicher.

»Na, vom Radio. Bäderland-Radio. Sie wissen schon – *Hits und News von Deutschlands schönster Insel!*«

»Ach, die Frau vom Radio!«, fällt jetzt der Groschen. »Genau, ich habe heute angerufen.« Sie macht eine Pause und seufzt. »Es ist alles ganz schrecklich, wissen Sie? Ich glaube, Sie sind meine letzte Hoffnung.« Wieder eine Pause und dann ein seltsames Geräusch. Hat Frau Meier etwa angefangen zu weinen? Ich horche genauer hin. Tatsächlich. Frau Meier schluchzt.

»Es tut mir wirklich leid, dass es Ihnen so schlecht geht«, versuche ich, den Gesprächsfaden möglichst einfühlsam wieder aufzunehmen. »Was halten Sie davon, wenn ich vorbeikomme, und Sie erzählen mir mal alles in Ruhe?«

*

Eine Stunde später sitze ich neben Frau Meier, einer zierlichen Dame Anfang achtzig mit einer beeindruckenden Hochsteckfrisur, auf dem Sofa, vor mir ein Fotoalbum mit Bildern aus einer anderen Zeit.

»Also wohnen Sie jetzt seit fast fünfzig Jahren hier?«, will ich von ihr wissen.

»Richtig. Ich kann mich noch genau an unseren Einzug erinnern. Dieses Haus war eine Offenbarung, so schön neu und hell!«

Ich muss mir ein Grinsen verkneifen, denn *Offenbarung* war tatsächlich nicht gerade das erste Wort, das mir eingefallen ist, als ich meinen Panda vorhin neben dem eher uncharmanten Plattenbau aus den sechziger oder siebziger Jahren abgestellt hatte. Fünf Stockwerke, hellbraun verputzt, die Balkone mit hellgrauen Kieselsteinen abgefasst, für meinen Geschmack kein Kandidat für *Schöner Wohnen.*

»Und bisher lebten Sie hier in Ruhe und Frieden?«, versuche ich, das Gespräch nun mal Richtung Problemlöser zur lenken, denn so interessant es auch ist, gemeinsam mit Frau Meier über

Karlshagen im Wandel der Zeit zu philosophieren – das haben wir jetzt mindestens eine Viertelstunde lang getan, und ich brauche langsam mal ein paar harte Fakten für meinen nächsten Beitrag. Frau Meier nickt.

»Ja, es war hier all die Jahre recht friedlich, trotz der Veränderungen. Nach der Wiedervereinigung wurde das Wohnkombinat von der Treuhand an einen Herrn aus Berlin verkauft. Warnow hieß der. Stammte wohl von hier. Der hatte mehrere Häuser auf der Insel und hat sich immer gut gekümmert. Die Miete blieb günstig, Reparaturen wurden erledigt, wir hatten einen Hausmeister für unsere Anlage.«

»Und das ist jetzt nicht mehr so?«

»Nein. Herr Warnow ist vor zwei Jahren gestorben. Und dann ging das Elend los. Kinder hatte er keine, nur zwei entfernte Neffen. Und die haben die Häuser an diese schreckliche Gesellschaft verkauft. Die NPM. Novalis Projekt Management. Aber so märchenhaft der Name auch klingt – seitdem die unser Vermieter ist, ist hier gar nichts mehr wie im Märchen. Eher wie im Albtraum.«

»Unserer Assistentin haben Sie erzählt, dass es kein Wasser und keinen Strom mehr gab?«

»Ja, eine Riesensauerei war das – neulich war auf einmal wieder alles abgestellt! Auch das Gas! Hier ging drei Wochen lang gar nichts mehr. Drei Wochen! Können Sie sich das vorstellen?«

Ich schüttle den Kopf.

»Nein, das ist ja unglaublich! Haben Sie sich da nicht beschwert?«

»Natürlich haben wir uns beschwert. Aber angeblich waren bei Renovierungsarbeiten die Leitungen beschädigt worden, und *zu unserem Schutz* musste dann alles abgestellt werden. Dass ich nicht lache! Vor allem, da das seit einem Jahr immer wieder passiert. Mal drei Wochen, mal nur ein paar Tage, aber inzwischen fast jeden Monat.«

»Ja, das klingt wirklich seltsam«, gebe ich ihr recht.

»Die ersten Mieter sind schon ausgezogen. Vor allem im Winter ist es der reinste Horror. Die Kälte, wenn die Heizung nicht funktioniert, ist unerträglich.«

»Und Sie vermuten, die Novalis will Sie alle loswerden?«

Energisches Nicken bei Frau Meier.

»Und ob die das wollen. Und zwar so schnell wie möglich. Einfach kündigen können sie uns nicht, das ist hier schließlich ein Mietshaus. Also versuchen sie, uns das Leben zur Hölle zur machen, damit wir freiwillig gehen.«

»Und dann?«

»Dann wird das Haus bestimmt abgerissen. Denn der Grund ist Millionen wert. Direkt hinter dem Haus liegt ein großes Grundstück, das ebenfalls der Novalis gehört. Und von dort kommt man direkt in den Wald und zur Promenade. Angeblich soll hier so ein neues Teil entstehen. Ein *Resort,* wie man das jetzt wohl nennt, mit Hotelzimmern und Ferienwohnungen, die dann einzeln verkauft werden können.«

»Woher wissen Sie das?«

Nun huscht ein Lächeln über Frau Meiers Gesicht.

»Meine Tochter arbeitet bei der Gemeinde. Sie hat mitbekommen, dass die Novalis sofort nach dem Kauf einen Bauvorantrag gestellt hat. Und dass die schon ganz schön drängeln und versuchen, den Gemeinderat zu beeinflussen, damit der dem Projekt wohlwollend gegenübersteht. Als ich dann letzte Woche von eurer neuen Radioshow gehört habe, da wusste ich: Das ist unsere Chance!«

»Da hatten Sie genau den richtigen Gedanken, Frau Meier«, lobe ich sie. Nun ist ihr Lächeln nicht nur ein Huschen, sondern eines, das von Ohr zu Ohr reicht.

»Tja, Frau Mai, ich bin zwar alt, aber nicht blöd. Als der nächste Brief von Novalis kam, dass sie jetzt in allen Wohnungen modernisieren wollen, da wusste ich: Wir müssen uns endlich wehren!«

»Kann ich das Schreiben mal sehen?«, bitte ich Frau Meier. Die nickt, steht vom Sofa auf und holt einen Umschlag von dem kleinen Schreibtisch neben dem Fernseher.

»Hier bitte.« Als mein Blick auf das Logo der NPM fällt, das groß auf dem Umschlag geprägt ist, weiß ich auf einmal wieder, woher ich den Namen kenne. In den letzten zwei Monaten habe ich mindestens drei solche Umschläge aus unserem Briefkasten gezogen, allesamt an Katja adressiert.

16

»Warum hast du mir nicht davon erzählt?« Katja bleibt stumm und zuckt nur mit den Schultern. »Mensch, wir sind doch Freundinnen. Und ich habe ja gemerkt, dass es dir in letzter Zeit irgendwie nicht so gut geht.«

»Ich wollte dich nicht beunruhigen«, murmelt Katja und klingt dabei müde. »Du hast doch deine eigenen Probleme. Und außerdem ist es mir auch unangenehm.«

»Wieso ist es dir unangenehm, dass ihr in einem Bietergefecht mit einem raffgierigen Heuschreckenkonzern nicht locker mithalten könnt?«, will ich wissen und streiche Katja sanft über die hängenden Schultern. Denn genau das ist die Geschichte, die sie mir erzählt hat, nachdem ich von dem Termin mit Elke Meier sofort nach Hause gefahren bin. Schließlich wollte ich wissen, was es mit den Briefen der NPM auf sich hat. Und hier bestätigt sich leider mein Verdacht: Auch für den *Inseltreff* hat es böse Post gegeben. Der Vermieter hat ein sehr gutes Angebot vom Investor bekommen und bei aller Wertschätzung für Katja und Manni: Am Ende ist es doch sehr wahrscheinlich, dass er das Geld nimmt und der *Inseltreff* Geschichte ist. So ein Mist!

»Ich wünschte, wir wären reich«, stellt Katja trocken fest. »Dann würden wir dieses Haus kaufen und die NPM könnte uns mal kreuzweise. Aber so müssen wir uns wohl diese unverschämten Briefe gefallen lassen. Jetzt wollen sie schon ihren Architekten schicken, obwohl sie noch nicht mal beim Notar waren. Eine Frechheit ist das!« Ihre Schultern sinken wieder nach vorne.

»Der *Inseltreff* ist unsere Existenz!«

Ich merke, wie ich richtig wütend werde.

»Aber es wird bestimmt irgendein Mittel gegen diese Typen geben! Ich verstehe auch gar nicht, wieso die euch dann so einfach hier rausschmeißen können. Es gibt doch so etwas wie Mieterschutz.«

Trauriges Kopfschütteln bei Katja.

»In unserem Fall leider nicht. Wir haben einen Gewerbemietvertrag, den kann man tatsächlich auch ohne Eigenbedarf kündigen, wenn man etwas anderes mit dem Haus vorhat.«

Verdammt! Das klingt nun gar nicht gut. Ich denke kurz nach. Und habe gleich eine Idee.

»Trotzdem – wir dürfen nicht aufgeben, sondern müssen kämpfen, damit wir unsere Heimat nicht verlieren!«, rufe ich und recke die geballte Faust in die Luft. Gut, das klingt jetzt ziemlich pathetisch, aber egal. Im Radio kommt Pathos nämlich ziemlich gut rüber – und genau das ist mein Plan. Wir nehmen den Kampf auf und nutzen das Radio dafür. Denn offenbar ist Elke Meier kein Einzelfall, sondern Teil einer viel größeren Geschichte: der Geschichte vom Kampf David gegen Goliath. Vom Kampf um die Heimat und gegen gewissenlose Spekulanten. Und ich, Franzi Mai, werde über diese gnadenlose Verdrängung ganz groß berichten. Dann wollen wir doch mal sehen, ob wir nicht mehr Widerstand gegen diese Heuschreckenplage organisiert bekommen!

»Alles in Ordnung bei dir?«, erkundigt sich Katja.

»Natürlich. Warum?«

»Du hast auf einmal so geschnaubt.«

»Ach so!« Ich muss lachen. »Das liegt daran, dass ich jetzt ganz kämpferisch bin. Denen werden wir es schon zeigen! Denn wenn die Öffentlichkeit erst mal davon erfährt, dass Novalis versucht, den Menschen hier ihre Insel unter dem Hintern wegzukaufen, dann bewegt sich vielleicht etwas.«

Katja schaut mich mit großen Augen an und sieht dabei immer noch extrem verzagt aus.

»Das interessiert doch niemanden. Ob in Bansin 'ne Kneipe zumacht oder in China ein Sack Reis umfällt, ist den Leuten bestimmt egal. Ich glaube, die gehen demnächst zum Notar, und dann ist die Messe gesungen. Wie willst du das ändern?«

»Ganz einfach: Mein nächster Problemlöser-Beitrag handelt nicht einfach von Elke Meier, sondern von Miethaien und Grundstückspekulanten. Wollen doch mal sehen, ob wir die Vorpommeraner nicht auf die Barrikaden bekommen!«

Schulterzucken bei Katja.

»Wenn du meinst.«

»Ja, meine ich. Und von dir brauche ich ein paar traurige O-Töne. Zusammen mit denen von Elke Meier wird das ein spitzenmäßiger Aufhänger für das Thema. Ich hole mal mein Aufnahmegerät aus der Handtasche.«

Ich laufe in den Flur von Katjas Wohnung, wo ich eben meine Handtasche an die Garderobe gehängt habe, und krame nach meinem Aufnahmegerät. Dabei habe ich als Erstes mein Handy in der Hand. Dreizehn Anrufe in Abwesenheit – elf von Janis und zwei von Kay Lorenz. Ist etwas passiert?

»Hey, Janis, hier ist Franzi. Ist was los?«, will ich von meinem Volontär wissen, den ich, noch im Flur stehend, zurückrufe.

»Allerdings!«, trötet der ins Telefon. »Wo steckst du, und wann kommst du in die Redaktion?«

»Ich bin noch in Bansin, kann aber gleich kommen. Sag mal ein Stichwort.«

»Nee, kein Stichwort. Ich zeige es dir lieber im Original!«

Der macht es ja spannend! Ich werfe einen Blick auf die Uhr. Fast fünf. Heute werde ich sowieso keinen Beitrag mehr fertigstellen, die O-Töne von Katja und Manni kann ich also auch heute Abend oder morgen früh noch aufnehmen.

»Okay«, antworte ich. »In zehn Minuten bin ich da.«

»Nein, nein, ich komme zu dir! Ich muss sowieso dringend etwas essen – habe einen Riesenhunger auf 'ne Currywurst oder einen Burger von Manni.«

Gut. Ein Tag bei den Tierschützern hat offenbar noch nicht gereicht, um aus Janis einen Vegetarier zu machen. Als Nächstes rufe ich Kay Lorenz zurück, erreiche aber nur seine Mailbox. Draufzusprechen habe ich keine Lust, also beende ich meinen Anruf wieder und gehe zurück zu Katja ins Wohnzimmer.

»Können wir das mit dem Interview vielleicht verschieben?«, fragt Katja. »Das Wetter ist so gut, da geht es hier sicher gleich rund. Ich glaube sowieso, dass du dir zu viel davon versprichst.«

Ich muss grinsen.

»Katja, deinen Optimismus habe ich schon immer geliebt. Wenn du nachher zu viel zu tun hast, machen wir es morgen. Das passt mir auch besser. Und nein – ich verspreche mir nicht zu viel davon. Du wirst schon sehen!«

*

Janis kommt angeradelt, als ginge es darum, den Zielsprint bei der Tour de France zu gewinnen, springt von seinem Fahrrad, lehnt es an einen der Bäume neben der Terrasse und rennt dann direkt auf mich zu.

»Endlich!«, ruft er aufgeregt und fuchtelt mit seinem Handy vor meiner Nase rum.

»Was ist denn los? Hast du das Geständnis des Angelhakenmörders auf dem Ding, oder warum springst du hier so rum wie auf Droge?«

Die Köpfe der anderen Gäste an den Nachbartischen fahren zu uns herum.

»Pst, nicht so lauf!«, zischt Janis, und ich muss lachen, weil er dabei wie der Agent aus der Sesamstraße klingt, der ein Z verkaufen will. Vermutlich hat er aber recht, und es ist nicht so schlau, Täterwissen hier direkt auf der Terrasse des *Inseltreffs* hinauszuposaunen.

»Ist ja gut«, flüstere ich ihm zu. »Wollen wir zu mir in die Wohnung gehen? Dann kannst du mir deine Sensation in Ruhe und unter Ausschluss der Öffentlichkeit zeigen.«

»Nee, lass uns ruhig hierbleiben. Ich muss mir auch gleich etwas bestellen, sonst verhungere ich noch. Aber hier, guck erst mal.«

Er tippt hektisch auf seinem Handy herum und hält es mir dann unter die Nase. Zu sehen bekomme ich ein ziemlich verwackeltes Video, das offenbar aus einem Busch heraus oder hinter einem Baum stehend aufgenommen wurde, jedenfalls ragen sehr viele Blätter ins Bild. Viel mehr sehe ich nicht.

»Was ist das?«, frage ich.

»Guck doch mal hin – das sind Helena und Schollmeyer, die sich heftig streiten. Hier!«, er nimmt mir das Handy weg und zieht das Bild mit zwei Fingern größer, hält es mir dann wieder hin. Jetzt sehe ich es auch – zwischen den Blättern erkenne ich tatsächlich Helena und einen stämmigen rothaarigen Mann, der sie offensichtlich anschreit. Sie giftet zurück – und dann packt sie der Mann plötzlich an den Schultern und schüttelt sie so heftig, dass ihr Kopf vor- und zurückfliegt. Das ist ja kein guter Tag für Helena – erst der Streit mit Alessio, und nun geht dieser Kerl so auf sie los. Leider hat das Video keinen Ton, und die Aufnahme ist zu unscharf, als dass ich von ihren Lippen lesen könnte. Aber die Lage scheint ernst zu sein. Jetzt versucht sich Helena loszureißen, aber der Typ hält sie weiter fest und beschimpft sie.

»Sag mal, warum hast du da nicht eingegriffen?«, will ich von Janis wissen. »Der bedrängt sie doch regelrecht.«

Janis wird rot.

»Na ja, ich habe natürlich drüber nachgedacht. Und ich hätte es auch gemacht, wenn es noch schlimmer geworden wäre. Aber…«

»Aber was?«

»*Aber* ich wollte doch wissen, warum die beiden streiten. Also, ob ich irgendwas erfahre, was uns in dem Mordfall weiterbringt. Wenn ich mich eingemischt hätte, hätten die doch aufgehört.«

Okay, wenn Janis die Wahl hat, eine junge Frau zu retten oder eine große Enthüllungsstory klarzumachen, entscheidet er sich für Letzteres. Er wird es definitiv noch sehr weit bringen im Leben.

»Und, hast du etwas erfahren?«, hake ich nach. »Wo ist überhaupt der Ton von dem Video hin?«

»Mein Handy ist anscheinend kaputt, hab ich aber erst hinterher gemerkt. Jedenfalls ging es irgendwie um Peters. Also Ole, nicht Maik. Ich glaube, Schollmeyer hatte Helena beauftragt, sich mit ihm zu treffen, und irgendetwas muss da passiert sein.«

Schollmeyer hat Helena zu Peters geschickt? Das ist wirklich eine interessante Information.

»Ich habe sie da gesehen. Heute gegen zwölf, halb eins.«

»Du warst bei Peters?«

»Ja, Kay Lorenz hat mich mit nach Zeglin genommen, um Ole Peters zu befragen. Und genau da habe ich Helena gesehen.«

»In Zeglin?«

»Ja. In dieser Open-Air-Kneipe direkt neben dem Anleger. Sie hat sich mit einem Kellner gestritten und ist abgerauscht.«

»Hm.« Janis fährt sich mit der Hand durch die Haare. »Das käme hin, sie ist so gegen halb zwei oder zwei wieder bei uns am Stand angekommen. Und kurz darauf hatte sie dann diese Auseinandersetzung mit Schollmeyer.« Er macht eine kurze Pause und schaut versonnen in die Ferne. Abgesehen davon, dass er Helena für eine gute Geschichte hängen lässt, findet er sie offenbar ziemlich anziehend. Er seufzt und erzählt weiter. »Schollmeyer war übrigens schon morgens ein paarmal am Stand aufgetaucht. Imke hat mich ihm da gleich als neuen Tierfreund vorgestellt.«

»Und?«

»Und was?«

»Und wie kamst du so an, als neuer Mitarbeiter?«

Janis zuckt mit den Schultern.

»Schwer zu sagen. Dieser Schollmeyer ist ein undurchsichtiger Typ. Nicht besonders sympathisch, hat irgendwas Getriebenes, Angespanntes. Ich habe versucht, ein bisschen mit ihm zu quatschen. Smalltalk, nichts Besonderes. Über Tierschutz und so. Aber weit bin ich nicht damit gekommen, er hat mich gleich abgewürgt. Also habe ich mich an den Stand gestellt und Zettel verteilt.«

Ich nicke.

»Ja, gut gemacht. Nur nicht zu sehr auf die Pelle rücken, das fällt sonst auf.«

»Hab ich mir auch gedacht. Jedenfalls stand ich da erst noch mit Helena rum und habe Leute angequatscht, ihnen Bilder gezeigt oder auf unsere Petition gegen Schleppnetzfang aufmerksam gemacht. Schollmeyer und Imke waren 'ne Zeitlang weg. Gegen elf Uhr kamen sie wieder, und Schollmeyer hat Helena zur Seite genommen, und kurz darauf hat sie sich verabschiedet und gesagt, dass sie noch was erledigen muss und bald wiederkommt. Ich hab dann alleine mit Imke weitergearbeitet. Das macht allerdings überhaupt keinen Spaß, denn sie ist total humorlos und hat wirklich kein anderes Thema als Tierschutz.«

Ich überlege kurz.

»Stimmt, das passt alles zusammen. Schön wäre es natürlich gewesen, du hättest Helena danach mal gefragt, worum es in dem Streit ging. Hättest ja einen auf besorgt machen können. So gentlemanmäßig.«

»Das hätte ich auch gemacht, wenn ich dann nicht erstens

hätte zugeben müssen, dass ich sie belauscht habe, und zweitens, viel wichtiger, Helena danach überhaupt wieder aufgekreuzt wäre. Ist sie aber nicht.«

»Ist sie nicht?«

Janis schüttelt den Kopf.

»Nope. Sie haben sich gestritten, und dann hat Schollmeyer sie Richtung Promenade gezerrt. Hier, das sieht man am Ende meines Beweisvideos!« Er tippt noch einmal auf seinem Display herum, und tatsächlich ist da zu erkennen, dass Schollmeyer zwar Helenas Schultern wieder loslässt, sie dafür aber am Unterarm festhält und hinter sich herzieht. Dann wird das Handy offenbar schnell nach unten gehalten, denn jetzt sehe ich nur noch ein Paar Turnschuhe Größe 46, in denen die Füße von Janis stecken.

Der grinst und setzt zu einer Erklärung an: »Da musste ich mich schnell ducken, sonst hätten sie mich hinter meinem Bäumchen gesehen. Und als ich dann wieder geguckt habe, waren sie weg.«

Ich überlege. Ist das nun ein Beweisvideo für etwas, das im Zusammenhang mit Peters Tod steht? Das wäre natürlich echtes Reporterglück. Oder hatte Schollmeyer eine kleine Meinungsverschiedenheit mit einer Mitarbeiterin und ist einfach ein Freund sehr rustikaler Personalführung, und es gibt nicht die geringste Verbindung zum Mordfall Peters? Ich halte beides für möglich. Aber seltsam ist es schon, dass er Helena ausgerechnet zu Peters geschickt hat.

»Was sagt denn Imke dazu?«

»Die konnte ich wohl schlecht fragen, worum es in dem Streit ging. Die guckt mich sowieso schon immer so misstrauisch an.«

Ach was, Janis ist einfach paranoid. Warum sollte Imke ihn misstrauisch angucken?

»Du hast sie nicht mal gefragt, wo Helena geblieben ist?«

»Doch, das schon. Aber da war Imke ganz ausweichend. Hat nur gemeint, die hätte noch was Dringendes zu erledigen.«

Ich zucke mit den Schultern.

»Tja, stimmt ja vielleicht.«

»Weiß nicht. Helena geht auch nicht an ihr Handy. Ich hab da auf einmal ein ganz mieses Gefühl.«

»Ihr wird schon nichts passiert sein. Wahrscheinlich war sie einfach so genervt von dem Streit mit Schollmeyer, dass sie fristlos gekündigt hat und abgerauscht ist. Nun ist sie schlecht drauf und will mit niemandem telefonieren. Auch mit dir nicht.«

Janis legt den Kopf schief.

»Meinst du?«

»Ist zumindest genauso wahrscheinlich, wie dass ihr etwas passiert ist.« Ich klopfe ihm fürsorglich auf die Schulter. »Jetzt mach dir mal keine Sorgen. Lass uns lieber überlegen, wie wir herausfinden, warum Schollmeyer Helena zu Peters geschickt hat.«

Janis atmet tief aus und guckt angestrengt, schüttelt dann den Kopf.

»Da fällt mir gerade nichts ein. Ich werde einfach morgen wieder zum Stand gehen. Hoffentlich ist Helena dann wieder da, und vielleicht bringe ich sie dazu, es mir zu erzählen.«

»Richtige Einstellung!«, lobe ich ihn. Mein Handy klingelt, und als ich es hervorkrame, sehe ich, dass es Kay Lorenz ist. Schnell tippe ich auf Annehmen, damit ich ihn nicht wieder verpasse.

»Hallo, Herr Kommissar«, melde ich mich betont lässig, »was gibt es Neues?«

»Ich habe ein vorläufiges Laborergebnis für Ole Peters«, antwortet Lorenz und macht dann eine bedeutungsschwere Pause.

»Und?«, frage ich nach und bemühe mich, trotz meiner Neugier weiterhin ganz gelassen zu klingen.

»Peters war nicht einfach nur betrunken.« Wieder eine Pause. Oh, Mann, dem muss man ja jedes Wort aus der Nase ziehen!

»Nein?«

»Nein.« Pause.

»Also nun sagen Sie endlich, ich habe nicht den ganzen Tag Zeit.« Lässig war gestern, jetzt will ich endlich wissen, was los ist!

Täusche ich mich, oder lacht Lorenz jetzt?

»Drei Buchstaben: GHB.«

»Aha.« Sind auch drei Buchstaben, dürften aber wesentlich verständlicher sein als das, was mir Lorenz hier gerade an den Kopf wirft. Jetzt lacht er tatsächlich, und zwar laut und deutlich.

»GHB. Gamma-Hydroxybuttersäure.«

»Hab ich noch nie gehört«, gebe ich zu. »Was ist das?«

»Der Volksmund sagt dazu auch einfach K.-o.-Tropfen. Im Blut von Peters konnten Spuren davon nachgewiesen werden. Es war also nicht das Herrengedeck, das ihn umgehauen hat, sondern tatsächlich Gamma-Hydroxybuttersäure.«

Das haut nun wiederum mich um. Jemand hat Peters K.-o.-Tropfen in den Korn gekippt?

17

»Die Cola!«, rufe ich im Brustton der Überzeugung. Der Fall ist für mich völlig klar. Jedenfalls, was die K.-o.-Tropfen anbelangt. Janis und Lorenz schauen mich allerdings so an, als würde ich Spanisch sprechen. »Es muss die Cola gewesen sein, versteht ihr?«

Janis räuspert sich.

»Nicht so ganz. Sie, Herr Kommissar?«

Wir sitzen mittlerweile zu dritt auf der Terrasse des *Inseltreffs.* Ob Kay Lorenz direkt von seiner Mutter hierhergefahren ist oder ob er vorhin noch im Kommissariat in Anklam oder sonst wo war, weiß ich nicht und traue mich auch nicht zu fragen, weil ich das Gefühl habe, dass er das als unzulässige Ausforschung seines Privatlebens auffassen würde. Jedenfalls taucht er eine Dreiviertelstunde nach unserem kurzen Telefonat hier auf, und zwar für seine Verhältnisse erstaunlich gut gelaunt und zugänglich. Gerade hat Manni mir ein Bier vor die Nase gestellt, Janis hat in der Zwischenzeit seine zweite Portion Currywurst verdrückt und Lorenz sich ein stilles Mineralwasser bestellt. Er überlegt kurz, bevor er sich zu meinem Verdacht äußert.

»Sie glauben, die K.-o.-Tropfen waren in der Cola? Warum sind Sie da so sicher?«

»Ist doch logisch: Was haben wir in dem ganzen Chaos neben Bier- und Schnapsflaschen bei Peters noch gesehen? Eine Cola. Und was hat sich Tierschutz-Helena angeblich bei Alessio bestellt?«

»Äh, eine Cola?«, mutmaßt Janis.

»Richtig.«

Kay Lorenz mustert mich interessiert.

»Und das ist jetzt Ihre lückenlose Beweiskette? Dass sich in einer Hafenkneipe jemand eine Cola bestellt hat? Und auch der Wirt dieser Kneipe eine Cola in seinem Büro stehen hatte?« Nun grinst er. »Gewagt, Frau Mai. Dafür würde ich unter normalen Umständen keinen Durchsuchungsbeschluss bekommen. Aber den brauchen wir ja Gott sei Dank nicht, denn die *Gloria* ist offenbar ein Tatort. Und da mein Kollege Schwiebert das Büro heute Mittag so vorbildlich versiegelt hat, sind in genau diesem Moment meine geschätzten Kollegen auf der *Gloria* und sammeln alles ein, was irgendwie nach einem Gefäß aussieht.«

»Wer oder was ist *Gloria*?« Janis schaut verständnislos zwischen Lorenz und mir hin und her.

»Na, dieser dicke Holzkahn, der als Hotel aufgebockt neben dem Anleger mit den drei Stegen im Hafen von Zeglin steht«, erkläre ich ihm. »Da ist das Büro von Peters drin, mit dem ich und der Herr Hauptkommissar sprechen wollten und …«

»Momentchen mal«, unterbricht mich Kay Lorenz durchaus freundlich. »*Ich* wollte mit Peters sprechen, Sie wollten zuhören.«

Janis lacht.

»Und das haben Sie geglaubt? Dass meine Chefin einfach nur zuhört? Im Leben nicht!«

»Wie dem auch sei«, fahre ich fort, »es kam dann ja nicht mehr dazu, weil Peters schon bewusstlos war, als wir ihn in seinem Büro gefunden haben.«

»Und was hat das jetzt mit der Cola zu tun?« Meine Güte, ist Janis schwer von Begriff!

»Das ist doch logisch: Helena ist nach Zeglin gefahren, um Peters zu vergiften. Sie bestellt sich eine Cola, kippt die Tropfen hinein, geht zu Peters ins Büro, gibt ihm die Cola und verschwindet wieder. Dann erzählt sie Schollmeyer davon, der ist sauer darüber und sie streiten.«

»Aber wieso sollte Helena denn Peters vergiften?«

»Ganz einfach: Weil sie eine fanatische Tierschützerin ist. Möglicherweise hat die Truppe erst Maik umgebracht, jetzt wollen sie Ole ans Leben.«

Janis schüttelt den Kopf.

»Nee, das kann ich mir nun überhaupt nicht vorstellen. Klar, Helena liebt Tiere, und sie hat auch mit den anderen schon gegen den Fischfang von Peters demonstriert – aber die bringen doch keinen um!«

»Woher willst du das wissen?«

»Das weiß ich einfach. Helena würde so etwas niemals tun«, trägt Janis im Brustton der Überzeugung vor. Kay Lorenz kann sich ein Grinsen offenbar nicht verkneifen.

»Sagte Frau Mai nicht, dass sie Sie erst gestern da eingeschleust hat? Besonders lange kennen Sie die Dame und Ihre neuen Kollegen also noch nicht.«

Janis verzieht das Gesicht, sagt aber nichts mehr dazu.

»Also halten Sie meine Theorie für wahrscheinlich«, frage ich Lorenz. Der zuckt mit den Schultern.

»Weiß nicht. Das wäre ja fast ein bisschen einfach, oder? Die militanten Tierschützer, die hier gleich zwei Fischer um die Ecke bringen.«

»Na und? Muss ja nicht immer kompliziert sein im Leben. Wäre doch klasse, wenn Sie keine Woche für einen spektakulären Fahndungserfolg brauchen und ich endlich meine packende True-Crime-Reportage senden kann.«

Kay Lorenz seufzt. Offensichtlich glaubt er nicht an den schnellen Erfolg. Dann kramt er aus seiner Hosentasche einen Block hervor, an den oben ein kleiner Kugelschreiber geklippt ist.

»Okay. Name?« Erwartungsvoll guckt er Janis an.

»Janis Neubauer. Wieso?«

»Doch nicht Ihr Name«, schnaubt Lorenz. »Der vollständige Name dieser Helena.«

Janis zuckt mit den Schultern.

»Keine Ahnung. Wir sind da alle per du. Aber ich habe ihre Handynummer.«

Lorenz nickt und zückt den Stift.

Janis diktiert die Nummer. »Momentan ist das Handy ausgeschaltet. Ich habe schon ein paarmal versucht, sie zu erreichen, aber sie ist irgendwie verschwunden.«

»Kein Problem, irgendwann wird sie ihr Telefon schon wieder anschalten«, stellt Lorenz trocken fest. »Dann machen wir jetzt mal mit diesem Herrn Schollmeyer weiter. Wer genau ist das?«

»Vollständiger Name: Thies Schollmeyer. Gewissermaßen der Chef der Tierschützer«, berichtet Janis. »Alle Spenden, die wir sammeln, liefern wir bei ihm ab. Dafür kriegen wir einen gewissen Prozentsatz. Wie viel, kann ich noch nicht genau sagen.«

»Also gut, wenn die Theorie von Frau Mai stimmt und der Täter im Umfeld der Tierschützer zu finden ist, dann sollten wir uns auch Herrn Schollmeyer genauer ansehen.«

»Wow!«, rufe ich begeistert.

»*Wow* was?« Kay Lorenz guckt konsterniert.

»Na, Sie haben endlich *wir* gesagt. *Wir sollten uns Herrn Schollmeyer genauer ansehen.* Find ich gut!«

Lorenz öffnet den Mund, um etwas zu erwidern, schließt ihn dann aber wieder. Dann rede ich eben weiter!

»Ich habe schon versucht, etwas über ihn herauszufinden, aber ergiebig war das bisher noch nicht. Allerdings habe ich einen richtig guten Draht ins Einwohnermeldeamt. Knuti. Ich war ein paarmal mit einem Typen aus, der da…«

Sofort hebt Kay Lorenz die Hände.

»Stopp! Ich will gar nicht weiter hören, auf welch windige Art und Weise Sie sonst an Ihre Informationen kommen. Das ist auch nicht nötig, ich werde meine Kollegen anrufen und bitten, in unsere Datenbank zu schauen. Die dürfte für solche Fälle auch deutlich geeigneter sein als was auch immer Sie da am Wickel haben.« Er hält kurz inne und murmelt zu sich selbst: »*Einwohnermeldeamt.* Also wirklich!«

»Wenn Sie bessere Quellen haben, nur zu. Ich will mich da nicht aufdrängen«, erwidere ich kühl. Ist das hier ein Wettbewerb, oder was? Natürlich sind seine Recherche-Möglichkeiten besser, er ist ja schließlich bei der Polizei. Janis, dem nicht entgangen ist, dass sich die Stimmung gerade um fünf Grad verschlechtert hat, legt seine Hand auf meinen Unterarm. Soll das meine Laune etwa verbessern? Ich schüttle seine Hand ab.

»Prima, wenn Herr Lorenz seine Kollegen beauftragt«, ruft Janis nun betont fröhlich. »Dann haben wir bestimmt ganz schnell alle Informationen über Schollmeyer!«

»Ja, die haben *wir* dann«, schnauft Lorenz und klingt nur mittelglücklich mit der Erkenntnis, dass er nun nicht nur mich, sondern auch noch Janis an der Hacke hat. Er schiebt seinen Stuhl zurück und steht auf.

»Wo wollen Sie hin?«, frage ich. Der wird doch jetzt nicht beleidigt abhauen?

»Ich werde draußen in Ruhe meine Kollegin Janine Lamott anrufen und sie bitten, Informationen über Schollmeyer zu besorgen. Das möchte ich nicht so gern hier von der Terrasse aus tun.« Er macht eine kurze Pause und grinst. »Oder wollen *wir* alle dabei zuhören?«

Janis und ich schütteln gleichzeitig den Kopf, Lorenz nickt uns zu und geht Richtung Straße. Als er außer Hörweite ist, beugt sich Janis zu mir vor.

»Warum bist du denn so unfreundlich zu ihm? Ist doch toll,

dass er uns jetzt endlich einbindet. Das haben wir uns schließlich gewünscht.«

»Ich bin gar nicht unfreundlich. Was habe ich denn Unfreundliches gesagt?«

»Es geht nicht so darum, was du gesagt hast, sondern *wie* du es gesagt hast. Du klingst ziemlich zickig.«

»Ach so – du meinst also, wenn ein Typ eine deutliche Ansage macht, ist er durchsetzungsstark, aber wenn das von einer Frau kommt, ist es zickig?«, pflaume ich Janis an. Der setzt sich erschreckt wieder aufrecht hin.

»Das habe ich doch gar nicht gesagt. Ich wollte dich nur darauf aufmerksam machen, dass dein Ton Lorenz gegenüber nicht gerade freundlich war. Was ich nicht für klug halte. Immerhin wollen wir ja etwas von ihm.«

Ich merke, wie ich langsam richtig sauer werde.

»Du hältst das nicht für klug? Aha. Danke für dein Feedback, aber …«

»Störe ich? Dann gehe ich wieder.«

Mist! Kay Lorenz steht direkt hinter mir. Hoffentlich hat er nicht unser gesamtes Gespräch mitbekommen. Ich drehe mich zu ihm um und ringe mir ein hoffentlich bezauberndes Lächeln ab.

»Aber überhaupt nicht! Haben Sie schon etwas herausfinden können?«

Lorenz lacht.

»Also ganz so schnell sind wir auch wieder nicht. Aber falls die Kollegin etwas findet, schickt sie es mir gleich auf mein Handy.« Er zieht sich seinen Stuhl heran und setzt sich wieder an unseren Tisch. Janis wirft einen Blick auf das Display seines eigenen Handys.

»Wow, schon nach sieben und noch kein Feierabend bei Ihren Kollegen? Ich dachte, bei 'ner Behörde ist spätestens um fünf Uhr Schicht.«

Hochgezogene Augenbrauen bei Kay Lorenz.

»Natürlich nicht. Wir sind rund um die Uhr im Einsatz. Jetzt am Abend kümmert sich der Kriminaldauerdienst, deswegen habe ich Frau Lamott angerufen. Sie ist eine Spitzenkraft, ich bin mir sehr sicher, dass sie etwas findet, falls es etwas über Schollmeyer herauszufinden gibt.«

Wie zur Bestätigung dieser Aussage piept in diesem Moment das Handy von Lorenz. Er liest sich durch, was ihm eben geschickt wurde, und pfeift durch seine gespitzten Lippen.

»Na, sieh mal einer an – Thies Schollmeyer ist tatsächlich kein unbeschriebenes Blatt in unserer Datenbank. Vor zehn Jahren verurteilt wegen betrügerischem Bankrott und räuberischer Erpressung. Saß drei Jahre im Gefängnis. Danach allerdings nicht mehr auffällig geworden. Hat natürlich immer noch einen Berg Schulden, was ihn mit Sicherheit anfällig für Versuchungen aller Art macht.«

»Und so einer soll heute der größte Tierschützer von allen sein? Schwer zu glauben, oder?«

Kay Lorenz zuckt mit den Schultern.

»Wer weiß. Warten wir ab, was er in einer Befragung erzählt.«

»Sein Geschäftsmodell finde ich jedenfalls nicht so ganz seriös«, sage ich. »Mit Spendensammeln im großen Stil Geld zu verdienen ist irgendwie Betrug am Spender.«

»Rechtlich ist es einwandfrei«, wirft Janis ein. »Sagte jedenfalls Helena. Die habe ich nämlich danach gefragt.«

»Was soll die auch anderes sagen?«, halte ich dagegen. »Ist schließlich ihr Chef. Ein Chef mit einem ruppigen Führungsstil noch dazu. Wenn der sie schon wegen ihres Besuchs bei Peters durchschüttelt, dann wohl erst recht, wenn sie offen Zweifel an seinem Geschäftsmodell äußert. Schon komisch, dass Helena jetzt verschwunden ist.«

Ich kann sehen, dass ich mit dieser Bemerkung etwas in Kay Lorenz geweckt habe. Seine Augen werden schmaler, und seine Nasenflügel vibrieren unmerklich. Ich glaube, in Kay Lorenz ist soeben der Jagdinstinkt erwacht.

»Lassen Sie mich laut nachdenken: Wir haben hier einen vorbestraften Herrn, der mit seiner Mannschaft das Mordopfer schon mal bedroht hat. Seine Mitarbeiterin war heute beim Bruder des Mordopfers, der jetzt nach einem Giftanschlag im Krankenhaus liegt. Und die Mitarbeiterin selbst ist momentan verschwunden. Hm.« Er runzelt die Stirn. »Ist jetzt keine richtig heiße Spur, aber besser als nichts. Herrn Schollmeyer werde ich also definitiv einen Besuch abstatten.«

Mist. Aus *wir* ist wieder *ich* geworden, vielleicht sollte ich wirklich etwas netter zu Kay Lorenz sein. Janis hat vermutlich recht – es bringt nichts, dem Herrn Kommissar gleich ein paar zu verplätten, wenn er den Chefermittler raushängen lässt. Die Taktik der geschmeidigen Zusammenarbeit ist vermutlich deutlich besser. Also räuspere ich mich und setze ein Lächeln auf, bevor ich mich wieder zu Wort melde.

»Apropos *morgen*: Soll ich Sie mit dem Auto zu Hause abholen, oder haben Sie schon wieder einen fahrbaren Untersatz? Ich könnte um zehn Uhr in Usedom sein, dann wären wir pünktlich um elf Uhr in Anklam, um Alessio Ölschläger mal richtig in die Mangel zu nehmen.«

Mein wirklich zauberhaft vorgetragener Vorschlag scheint auf wenig Gegenliebe zu stoßen, das kann ich Lorenz gleich deutlich ansehen. Als er mir dann antwortet, klingt er regelrecht spöttisch, so dass ich mich über meine eigene Freundlichkeit schon wieder ärgere.

»Vielen Dank, Frau Mai. Mein Wagen ist heute Nachmittag schon abgeschleppt worden, und ich habe einen Ersatzwagen. Davon abgesehen, fängt mein Arbeitstag leider nicht erst um elf Uhr an.« Er grinst. »Ich bin schließlich nicht beim Radio, sondern, wie Ihr Kollege vorhin so treffend bemerkte, gewissermaßen in der öffentlichen Verwaltung. Und dort trete ich als treuer deutscher Beamter selbstverständlich um kurz vor acht meinen Dienst an.«

Zu gern würde ich jetzt mal wirklich zickig sein, aber ich verkneife es mir.

»Ja, ich weiß schon, warum ich immer einen großen Bogen um den öffentlichen Dienst gemacht habe«, sage ich. »Diese starren Arbeitszeiten wären wirklich nichts für mich, da bin ich beim Radio schon besser aufgehoben. Dann komme ich morgen einfach direkt in Ihr Büro.«

»Genau.« Er zögert kurz. »Und wenn ich vorher etwas Spannendes über Schollmeyer erfahre, melde ich mich. Und falls Sie«, wendet er sich an Janis, »vorher Kontakt zu dieser Helena bekommen, rufen Sie mich bitte an, okay?«

Janis nickt.

»Klar, mache ich.«

Lorenz schiebt wieder seinen Stuhl zurück.

»Ich muss los. Ihnen einen schönen Abend!«

»Versuchen Sie jetzt noch, Schollmeyer zu erreichen?«, frage ich neugierig nach. Lorenz grinst.

»Nicht doch. Öffentlicher Dienst, Feierabend. Nein, ich habe jetzt eine wichtige Verabredung mit einer jungen Dame, die sicher schon ungeduldig auf mich wartet.«

Er steht auf, tippt sich an eine imaginäre Mütze und verschwindet über den Terrassenausgang auf die Straße. Janis schaut ihm hinterher und schüttelt den Kopf.

»Komischer Typ. Wieso muss er uns jetzt noch aufs Brot schmieren, dass er ein Date hat?« Nachdenklich legt Janis den Kopf schief. »Oder wollte er es nur *dir* aufs Brot schmieren? Ist das vielleicht eine Art Balzverhalten? Will der was von dir?«

Ich pruste laut los.

»Ja, genau. Er will sich interessant machen. Nein, Quatsch. Ich kenne die Dame, mit der er verabredet ist. Sie heißt Greta, ist ungefähr acht Jahre alt, und ich bin mir ziemlich sicher, dass sie in diesem Moment sehnsüchtig darauf wartet, dass er ihr ein Pferdebuch vorliest. *Bille und Zottel,* oder was da aktuell im Angebot ist.«

»Oh, du bist ja bestens informiert«, grinst Janis. »Gehört das jetzt zu deiner Recherche dazu, oder warum kennst du dich so gut im Privatleben des Kommissars aus?«

»Mach dir da mal keine falschen Vorstellungen, Janis. Hier liegt nicht ein Hauch von Romantik in der Luft. Ich habe ihn heute Mittag lediglich zur Schule seiner Tochter gefahren, weil sein Auto liegen geblieben war. Mehr nicht.«

»Ach so.« Janis klingt enttäuscht. »Ich dachte schon …«

Ich schüttle den Kopf.

»Nein, keine Romantik. Und auch kein Bedarf danach.«

Tiefes Seufzen meines Volontärs.

»Schade. Mir persönlich würde ein bisschen mehr Romantik in meinen Leben gerade gut gefallen.«

Ich klopfe ihm tröstend auf die Schulter.

»Keine Sorge, Janis. Irgendwann wird Helena ihr Handy schon wieder anschalten.«

18

»Was für einen Unterschied macht es denn, ob sich diese Tussi die Cola selbst aus dem Kühlschrank geholt hat oder ob ich sie ihr gebracht habe?«

Alessio Ölschläger sitzt im Büro von Kay Lorenz und ist nicht begeistert über dessen Fragen. Der lässt sich davon aber nicht aus der Ruhe bringen.

»Herr Ölschläger, ich stelle hier die Fragen, nicht Sie. Also: Haben Sie Frau Wrede die Cola an den Tisch gebracht? Oder hat sie sich die Flasche selbst aus dem Kühlschrank geholt, der auf der Terrasse steht?«

Ölschläger denkt kurz nach, und ich schaue ihn mir dabei gründlich an. Zum Glück hat er meine Anwesenheit hier nicht noch einmal hinterfragt. Offenbar hat er die Story, dass ich die Praktikantin bin, geschluckt.

»Die hat sie sich aus dem Kühlschrank geholt. Bei mir hat sie nur gezahlt. Das ist ja unser Prinzip in der *Flachen Flunder*: Die Kühlschränke mit den Getränken stehen zur Selbstbedienung auf der Terrasse. Die Gäste holen sich raus, was sie möchten. Gläser sind im Regal daneben. Nur Essen wird bei mir bestellt, und am Ende rechne ich alles ab.«

»Das heißt, Sie haben die Cola, die Frau Wrede bezahlt hat, nicht gebracht?«

»Nee. Hab ich doch gerade gesagt. Die hat sie sich aus dem Kühlschrank genommen.«

Kay Lorenz nickt bedächtig.

»Haben Sie das selbst gesehen?«

»Was?«

»Dass sich Frau Wrede die Flasche aus dem Kühlschrank genommen hat.«

Alessio Ölschläger reißt die Augen auf.

»Hä? Meinen Sie, ich kann mir merken, wer sich da was aus der Kühle holt? Sie hat 'ne Cola bezahlt, also wird sie sich 'ne Cola genommen haben. Feddich, aus.«

Wieder dieses bedächtige Nicken von Lorenz. Mich würde das ja nervös machen, und mein Eindruck ist, dass es auf Ölschläger auch genau diesen Effekt hat.

»Sie haben es also nicht gesehen. Und haben Sie denn bemerkt, ob Frau Wrede die Terrasse zwischendurch mal verlassen hat?«

Nun schnaubt Ölschläger regelrecht vor Empörung.

»Alter, das kann auch nur jemand mit so einem Beamtenjob wie Sie fragen – wissen Sie, was bei uns auf der Terrasse los ist? Wie viele Gäste wir haben? Ich bin allein in Service, das ist eine elende Rennerei. Ob da mal jemand von den Gästen aufsteht oder nicht, keine Ahnung. Ich guck ja auch nicht, ob die Leute zum Klo gehen oder nicht.«

Bevor Kay Lorenz dieses Märchen glaubt, schalte ich mich ein. Schließlich habe ich in meinem Leben genug gekellnert, um das hier als dreiste Lüge enttarnen zu können.

»'tschuldigung, wenn ich mich hier einmische«, sage ich also und ignoriere Lorenz' genervten Blick, »aber gestern war auf eurer Terrasse rein gar nichts los. Das waren höchstens drei Gäste an insgesamt zwei Tischen. Und wenn ich als Kellnerin etwas sofort merke, dann, ob ein Gast aufsteht und geht. Könnte ja sein, dass ich den noch abkassieren muss.«

Täusche ich mich, oder wird Ölschläger ein bisschen rot? Nein, ich täusche mich nicht, denn jetzt rutscht er auch noch auf seinem Stuhl hin und her, ihm ist sichtlich unwohl.

»Glauben Sie, was Sie wollen. Ich habe nichts gesehen. Die Else ist mir erst aufgefallen, als sie mich wegen der Karte dumm angemacht hat.«

Da hat nun wiederum Kay Lorenz seine Zweifel, die er auch ganz deutlich macht.

»Und jetzt wollen Sie mir ernsthaft sagen, dass Sie sich mit einer Frau, die Sie noch nie zuvor gesehen haben und die Ihnen auch nicht weiter aufgefallen ist, so streiten, dass Sie handgreiflich werden? Neigen Sie häufiger zu solch unvorhersehbaren Gewaltausbrüchen? Dann müsste ich Sie doch eigentlich in unserer Kartei finden, oder?«

Auf Ölschlägers Stirn bilden sich kleine Schweißperlen.

»Nein, ich hatte keinen Gewaltausbruch!«

»Doch«, mische ich mich erneut ein, »Sie haben Helena am Arm gepackt, ich habe es selbst gesehen.«

»Die blöde Kuh hat mich provoziert, es war nicht meine Schuld!«

Das Telefon auf Lorenz' Schreibtisch klingelt, er nimmt den Hörer ab, murmelt dann ein paarmal »aha« und schließlich »danke, alles klar«. Nachdem er aufgelegt hat, wendet er sich wieder Alessio zu.

»Noch mal zu der Colaflasche: Haben Sie den Kühlschrank eingeräumt, in dem die Flaschen für die Gäste angeboten wurden?«

»Ja«, sagt Ölschlager und klingt dabei sehr zögerlich. »Ich glaube schon.«

»Sie glauben?«, wiederholt Lorenz.

»Na ja, ich bin ja nicht der Einzige, der den Kühlschrank auffüllt. Ole macht das auch ab und zu. Ich denke, ich habe die letzten Getränke eingeräumt, aber vielleicht war es auch Ole.« Er seufzt. »Wie geht es ihm eigentlich?«

»Wieder besser«, sagt Lorenz knapp und wechselt dann wieder das Thema. »Sie bleiben dabei, dass Sie Frau Wrede nicht kennen?«

Augenrollen bei Alessio.

»Nein! Ich kenne sie nicht! Ich habe sie gestern zum ersten Mal gesehen.«

»Das ist wirklich komisch. Sehen Sie mal, ich habe mir vom Lohnbüro der *Flunder* Ihren Stundenzettel geben lassen.« Er nimmt ein Blatt von seinem Schreibtisch und legt es direkt vor Ölschläger ab. »Und hier kann man sehr schön sehen, dass Sie am dritten April Dienst hatten. Nachmittags und abends, von 14 bis 20 Uhr. Und genau um 15 Uhr gab es einen kleinen Polizeieinsatz in Zeglin. Weil nämlich Maik Peters die Kollegen gerufen hatte. Demonstranten, zu denen auch Frau Wrede gehörte, bedrängten seine Angelgäste und versuchten, diese durch heftige, sehr aggressive Beschimpfungen daran zu hindern, an Bord gehen. Das alles spielte sich genau vor der Terrasse der *Flunder* ab.«

Jetzt bin ich aber ein bisschen beeindruckt – Kay Lorenz kommt gerade ziemlich cool rüber.

»Wenn ich es doch sage«, verteidigt sich Ölschläger, »ich habe diese Wrede oder wie die heißt noch nie gesehen. An den Nachmittag erinnere ich mich natürlich. Aber da waren ja so viele Demonstranten, keine Ahnung, ob die auch dabei war.«

Kay Lorenz zieht ein zweites Blatt vom Rand des Schreibtisches heran und legt es diesmal direkt vor sich selbst.

»Ich lese mal aus dem Polizeibericht vor. Was Sie mit ›viele Demonstranten‹ meinen, kann ich aus diesem ehrlicherweise nicht nachvollziehen. Vor Ort waren genau drei Demonstranten: Imke Michaelis, Max van der Laan und Helena Wrede. Die beiden Damen trugen trotz der recht frischen Temperaturen jeweils ein Meerjungfrauenkostüm mit Bikinioberteil. Und sonst nichts. Nicht bemerkt?«

Die letzten beiden Worte kommen in so süffisantem Ton, dass

ich mir auf die Unterlippe beißen muss, um nicht laut loszulachen. Nicht besonders zum Lachen ist offensichtlich Alessio Ölschläger zumute, er verzieht den Mund, als habe er Zahnschmerzen.

»Was soll das? Ich habe gesagt, was ich weiß. Mehr weiß ich nicht.«

»Gut, wie Sie meinen. Ich werde mich allerdings als Nächstes mit Fischereiaufseher Friedeberg unterhalten, der an diesem denkwürdigen Nachmittag auch zugegen war und der damals zu Protokoll gegeben hat, es habe beinahe eine Schlägerei zwischen Ihnen und Herrn van der Laan gegeben, was er, Friedeberg, noch im letzten Moment zu verhindern gewusst habe. Frau Wrede hatte sich übrigens auch dazwischengeworfen. Sie verlor dabei ihr Meerjungfrauen-Bikini-Oberteil. Erinnern Sie sich jetzt wieder etwas besser und können uns etwas zu Frau Wrede sagen?«

Erst sagt Ölschläger dazu gar nichts, dann holt er tief Luft.

»Ich will einen Anwalt. Vorher sage ich nichts mehr.«

Kay Lorenz nickt.

»Bitte, wie Sie meinen. Besorgen Sie sich gern einen Rechtsbeistand.«

Ölschläger starrt auf das Telefon.

»Kann ich einen anrufen? Oder wie geht das hier?«

Lorenz lacht.

»Herr Ölschläger, Sie können nach Hause gehen und sich ganz in Ruhe einen Anwalt suchen. Das hier ist kein Verhör, Sie sind nicht Beschuldigter, und ich habe weder Grund noch Lust, Sie hier festzuhalten.«

»Ach, das war kein Verhör?« Ölschläger sieht erstaunt aus.

»Nein. Natürlich nicht. Wir haben uns lediglich nett unterhalten. Ein bisschen geplaudert, gewissermaßen.«

»Glauben Sie mir«, kann ich es mir jetzt nicht verkneifen, »wenn Hauptkommissar Lorenz Sie verhört hätte, hätte sich das ganz anders angefühlt.«

Alessio Ölschläger klappt den Mund auf und sofort wieder zu, was ihn ungefähr so intelligent wie einen Karpfen in der Badewanne aussehen lässt, dann springt er von seinem Stuhl auf und rennt, ohne ein weiteres Wort zu sagen, aus dem Büro.

»Finden Sie allein raus?«, rufe ich ihm hinterher, dann kann ich mein Lachen nicht mehr unterdrücken. Kay Lorenz hingegen sieht leicht genervt aus.

»Was sollte das nun schon wieder?«, fragt er, als er Ölschläger wohl außer Hörweite wähnt.

»Herr Lorenz, nun machen Sie sich mal locker. Sie waren dabei, Ihr Licht unter den Scheffel zu stellen, ich wollte Ihnen nur zu ein bisschen mehr Respekt verhelfen. Ihr vornehmer Ton kommt in Hamburg bestimmt gut an, an so einen Vollpfosten wie Alessio Ölschläger ist er verschwendet.« Ich rutsche meinen Stuhl ein Stück zur Seite, so dass ich ihm nun direkt gegenübersitze und ihm in die Augen schauen kann. »Glauben Sie mir, wenigstens dieses eine Mal.«

Kay Lorenz scheint widersprechen zu wollen, lässt es dann aber und steht von seinem Stuhl auf.

»Ich muss los zu Friedeberg. Bisher konnte ich nur mit ihm telefonieren, aber jetzt sind wir vor Ort verabredet. Was machen Sie jetzt?«

Ich ärgere mich zwar, dass er mich für diesen Programmpunkt nicht mit eingeplant hat, lächle aber trotzdem.

»Oh, Sie interessieren sich dafür, wie mein Tag aussieht?«

Er schüttelt den Kopf.

»Nein, eigentlich nicht. War lediglich eine Höflichkeitsfloskel.«

»Wie nett«, zische ich ihn an. »Aber kein Problem, ich erzähle es Ihnen trotzdem, ob es Sie nun interessiert oder nicht. Ich fahre jetzt in den Sender und schneide ein Stück über Immobilienspekulation auf der Insel zusammen.«

Lorenz gähnt.

»Na, dann viel Vergnügen.«

Wir gehen beide schweigend die Treppe vom ersten Stock zum Ausgang im Erdgeschoss hinunter. Am Empfang stoppt Lorenz kurz. Dort sitzt nun nicht mehr die junge uniformierte Polizistin, sondern eine aparte Blondine in Zivil, geschätzte Mitte fünfzig.

»Nadja, Schwiebert wollte den Schlüssel vom V 90 bei dir hinterlegen. Meiner ist ja in der Werkstatt, und ich muss los nach Freest.«

Besagte Nadja klimpert mit ihren opulenten aufgeklebten Wimpern.

»Du, tut mir leid, Kay. Er hat mir nichts gegeben. Keine Schlüssel.«

Kay Lorenz, der ihr gewissermaßen nur im Vorbeigehen die Hand hingehalten hatte, auf dass sie ihm die Autoschlüssel hineinlege, zieht seine Hand wieder zurück und bleibt jetzt richtig stehen.

»Kein Autoschlüssel?«, fragt er ungläubig nach. Nadja schüttelt den Kopf.

»Nein. Bedaure.«

»Scheiße! Irgendein anderer Wagen verfügbar?«

Erneutes Kopfschütteln.

»Tut mir leid. Alle unterwegs.«

»Was ist denn mit dem Kleinen, mit dem ich gekommen bin? Der muss doch da sein. Schlüssel habe ich dir doch heute früh gegeben.«

»Mit dem sind die Anwärter unterwegs. Kleiner Ausflug zur Rechtsmedizin. Du hast mir nicht gesagt, dass du den Wagen noch brauchst.«

»Ich dachte ja auch, ich kriege den von Schwiebert. So ein Mist!«

»Wir haben ja Dienstfahrräder im Sender«, mische ich mich mit großer Freude in dieses schöne Gespräch ein. »Gibt's hier vielleicht auch?«

»Sicher doch!« Kay Lorenz guckt grimmig. »Von Anklam bis Freest sind es ja nur gute vierzig Kilometer, da brauche ich mit dem Fahrrad höchstens zwei Stunden, bei Gegenwind vielleicht auch drei, mehr auf keinen Fall.«

»Taxi?«, flöte ich.

»Hat der Alte beim letzten Mal nicht genehmigt«, kommt es von Nadja aus dem Glaskasten. »Er meinte, wer gut plant, könne auch mit Bus und Bahn jedes Ziel erreichen. Dauert vielleicht ein bisschen, aber für ein Taxi ist kein Budget mehr da.«

»Bus und Bahn?« Lorenz schnaubt wütend. »Erst mit dem Regionalexpress nach Greifswald und dann mit dem Bus nach Wolgast, oder wie? Das dauert mindestens drei Stunden!«

Nadja nickt.

»Ich weiß. Da bist du aus Hamburg natürlich mittlerweile Besseres gewöhnt.« Ui, das kam jetzt ein bisschen spitz. Aber wo sie recht hat, hat sie recht. Kay Lorenz wirft ihr einen Blick zu, dem deutlich zu entnehmen ist, dass er in der Tat gerade jetzt sehr gerne wieder in Hamburg statt in Anklam wäre. Ich beschließe, seinem Leiden ein Ende zu setzen.

»Dann sehe ich wirklich nur noch eine Möglichkeit, wie Sie es noch rechtzeitig nach Freest schaffen könnten«, flöte ich. »Sie müssen es nur sagen.«

Ein Seufzer, so tief wie das Stettiner Haff.

»Frau Mai, wären Sie so nett, mit mir nach Freest zu fahren?«, fragt er dann artig.

»Aber selbstverständlich, Herr Hauptkommissar. Wenn es der Wahrheitsfindung dient!«

*

Mit meinem Auto sind wir zwar deutlich schneller als mit dem Drahtesel, aber trotzdem tuckert man eine ganze Weile bis nach Freest. Die kleine Hafenstadt liegt direkt gegenüber von Peenemünde, allerdings auf dem Festland. Es gibt dort eine Personenfähre, die auch Fahrräder mitnimmt, und ich habe mit meinen Eltern tatsächlich schon eine Radtour von der Insel hinüber nach Freest gemacht. Natürlich haben wir vorher das Historisch-Technische Museum besichtigt, das in den riesigen roten Backsteinbauten der alten Heeresversuchsanstalt am Peenemünder Hafen untergebracht ist, denn mein Vater interessiert sich für alles, was irgendwie mit Raketentechnik zu tun hat. Es war ein schöner Tag, und ich nehme mir vor, meine Eltern bald mal wieder auf die Insel zu lotsen. Vielleicht in den nächsten Wochen – denn im Frühjahr ist es hier in Vorpommern einfach noch schöner als sonst. Das bestätigt mir auch ein kurzer Blick durch das Seitenfenster: Links und rechts von uns steht der Raps in voller Blüte und verwandelt die Felder neben der Straße in ein gelbes Meer. Wenn der Wind durch sie streicht, könnte man tatsächlich denken, dass gelbe Wellen auf die Straße zurollen.

Lorenz ist ungewöhnlich schweigsam, wahrscheinlich ist er immer noch beleidigt, dass er nicht *ohne mich* in einem schnittigen Volvo vom Parkplatz brettern konnte, sondern stattdessen *mit mir* in einer Nuckelpinne über die Landstraße hoppeln muss. Ich überlege, was ein unverfänglicheres Gesprächsthema sein könnte, denn nichts finde ich schlimmer, als sich im Auto anzuschweigen. Übrigens einer der Gründe, warum ich sehr ungern Taxi fahre. Ich verspüre immer den Zwang, mich mit dem Fahrer unterhalten zu müssen, und das ist nicht immer ein Vergnügen. Für keinen von beiden.

»Kennen Sie Friedeberg eigentlich von früher?«, frage ich Kay Lorenz. Der guckt mich von der Seite an.

»Sie meinen, weil ich so ein altes Inselgewächs bin?«

»Stimmt. So meine ich das.«

Zu meiner Überraschung entlocke ich Lorenz mit dieser Frage ein Lächeln.

»Natürlich. Ich habe als Junge meinen Sportbootführerschein bei Friedeberg gemacht.«

»Echt?«

»Ja. Echt. Er hat ehrenamtlich bei der DLRG gearbeitet, war Lehrer bei der Wassersportschule. Besonders geduldig war er allerdings nicht mit mir. Hat mir immer prophezeit, dass ich es nie lernen würde. Ich konnte mir nicht merken, was Backbord und was Steuerbord ist.«

Ich überlege kurz, ob das nicht *in Fahrtrichtung links* und *in Fahrtrichtung rechts* war, sage aber lieber nichts. Als Rheinländerin bin ich die totale Landratte.

»Wieso wollen Sie denn jetzt eigentlich noch mal persönlich mit ihm sprechen? Sie haben doch schon mit ihm telefoniert.«

»Ich möchte ihm gern auf den Zahn fühlen. Und das ist am Telefon nicht so einfach. Ich hatte erst überlegt, ihn nach Anklam zu bestellen, aber ich will ihn ein bisschen in Sicherheit wiegen.«

»Oha! In Sicherheit wiegen? Das klingt ja fast so, als stünde Friedeberg schon mit einem Bein im Knast!«

Kay Lorenz lacht.

»Nein, so habe ich das nicht gemeint. Ich glaube aber, dass er mir nicht alles über sein Verhältnis zu Peters erzählt hat. Da will ich noch mal nachhaken. Und das geht am besten persönlich.«

»Wieso glauben Sie, dass er Ihnen nicht alles erzählt hat?«

»Ich habe ja schon gesagt, dass er am Telefon ziemlich ins Schwimmen geriet, als ich ihn auf die Tierschützer angesprochen habe. Daher habe ich mich noch ein bisschen auf der Insel umgehört. Hat Peters Ihnen gegenüber eigentlich noch einen anderen Grund erwähnt, warum er mit Friedeberg über Kreuz war? Außer der Tierschützer?«

»Nö. Aber das reicht doch schon, oder?« Ich werfe Lorenz einen Blick zu, der allerdings nur kurz ausfallen kann, weil die Straße ziemlich voll ist und ich nicht mit dem Panda im nächsten Rapsfeld landen will.

»Klar, wenn es denn die ganze Wahrheit ist«, sagt Lorenz bedeutungsschwanger.

»Wie meinen Sie das?«, will ich wissen.

»Vielleicht hatte der wahre Grund für Friedebergs Zorn nichts mit Tierschutz zu tun. Sondern mit etwas, was Ihnen Peters nicht so direkt auf die Nase binden wollte, weil es ihm unangenehm war. Und geheim.«

»Das ist mir nun wirklich zu kryptisch, Herr Lorenz. Worauf wollen Sie hinaus?«

»Meine Quellen sagen, dass Friedeberg und Peters nicht nur die Liebe zur See gemeinsam hatten.«

What?

»Das hilft mir nicht weiter. Überhaupt nicht. Jetzt bitte Klartext!« Ich riskiere einen weiteren Seitenblick. Lorenz grinst von einem Ohr zum anderen.

»Na, sie haben auch die Liebe zu Gabriele geteilt. Schon mal gehört, den Namen? So als investigative Journalistin?«

»Gabriele? Ist das auch ein Kutter? Wie die *Fine*?«

Nun lacht Lorenz tatsächlich laut auf.

»Der war gut, Frau Mai! Ein Kutter!«

»Was ist denn daran so komisch? Von welcher Gabriele sprechen Sie denn?«

»Ich spreche von Gabriele Friedeberg.«

Offenbar bin ich begriffsstutzig, denn ich verstehe nicht, worauf Kay Lorenz gerade hinauswill. Deswegen echoe ich noch einmal »Gabriele Friedeberg?«, in der Hoffnung, dass er mir erklärt, was er damit gemeint hat.

»Sie ist die Ex-Frau von Fischereiaufseher Friedeberg. Und

wie meine für gewöhnlich gut unterrichteten Quellen zu wissen glauben, hatte Maik Peters ein Verhältnis mit ihr. Interessant, oder?«

Ich zucke mit den Schultern und gebe mich lässig.

»Weiß nicht. Wieso soll denn seine Ex-Frau nicht einen neuen Lebenspartner haben? Haut mich jetzt nicht vom Hocker.«

»Gut, vielleicht muss ich das etwas konkretisieren. Was würden Sie sagen, wenn ich Ihnen erzähle, dass Maik Peters der Trennungsgrund für Gabriele war? Und dass Friedeberg das bis heute nicht offiziell weiß? Es aber angeblich vor einem halben Jahr herausgefunden hat? Und dass er auch erst seitdem mit seinen verschärften Kontrollen bei Peters angefangen hat?«

Donnerwetter! Das ist wirklich eine Bombe!

»Dann haben ihn die Tierschützer womöglich gar nicht bestechen müssen, um ihn gegen Peters in Marsch zu setzen? Sagen Ihre Quellen?«, frage ich nach.

»Sagen meine Quellen«, bestätigt er.

»Okay. Dann würde ich wiederum sagen: Sie haben da ein paar sehr gute Quellen, Herr Lorenz. Sie könnten glatt Journalist sein!«

19

Der Hafen von Freest ist nicht groß, aber mit Sicherheit das, was im Reisekatalog als pittoresk bezeichnet wird. Im Hafenbecken liegen kleine und etwas größere Fischkutter, getauft auf Namen wie *Seeadler, Hilde* oder fast schon exotisch: *Angelina.* Hübsche gelbe Fischerhütten aus Holz mit roten Ziegeldächern säumen den Kai, vor und neben ihnen stapeln sich Plastikwannen in den verschiedensten Farben, die den Fischern offensichtlich zum Transport ihres Fangs dienen, sie sind nämlich beschriftet mit *Fischereigenossenschaft Peenemündung Freest* oder *Eigentum FG Haffküste.* Zwischen den Wannen stehen Tonnen mit Markierungsbojen, deren rote Wimpel im Wind flattern, gelbe und grüne Fischernetze liegen auf großen Haufen vor den Häuschen der Fischer. Die ganze Szenerie ist also ausgesprochen farbenfroh und strahlt etwas Heiteres und Lebenslustiges aus.

Einen krassen Gegensatz dazu stellen allerdings die Schilder dar, die die Fischer an ihre Hütten genagelt haben. Von Hafenidylle keine Spur, stattdessen wütender Protest: *Der Kurs von EU und Forschung ist für uns Fischer der Untergang! Die Fischerei in MV ist Geschichte! Rettet die Fischerei in MV!* Oder auch: *EU-Fischereipolitik erteilt Berufsverbot!*

»Hier ist die Stimmung ja ziemlich im Keller«, stelle ich fest, während ich mit Kay Lorenz auf das Boot der Fischereiaufsicht zugehe, das direkt vor dem Anleger für die Fähre nach Peenemünde liegt. Friedeberg war nicht in seinem Büro im Fischereihafengebäude, also wird er wohl hier sein.

»Kein Wunder«, bestätigt Lorenz, »ich bin kein Fachmann, aber was selbst ich nach unregelmäßiger Zeitungslektüre mitbekommen habe ist, dass die neuen Fischfangquoten der EU die Fischerei hier vor Ort fast zum Erliegen gebracht haben. Dorsch darf praktisch gar nicht mehr gefischt werden, alle anderen Quoten sind auch drastisch reduziert worden. Für die Fischer ist das hart.«

»Aber wäre es ohne strenge Quoten nicht das Aus für die Fische?«

Lorenz bleibt stehen und schaut mich an.

»Ich sehe schon, Sie haben die Flyer von Schollmeyers Truppe gründlich gelesen.« Er seufzt. »Keine Ahnung, wer nun wirklich recht hat. Aber das können wir gleich Friedeberg fragen. Sein Job ist es schließlich, die Quoten zu überwachen.«

Ich muss kichern.

»Na ja, das sind ja hoffentlich nicht die einzigen Fragen, die Sie an ihn haben. Ich bin sehr gespannt, was er zum Thema Gabriele zu sagen hat.«

Der Blick von Lorenz ändert sich schlagartig von freundlich-offen zu durchdringend.

»Frau Mai, ich warne Sie: Diesmal halten Sie sich aber wirklich raus!«

»Warum?«

»Ganz einfach: So eine Befragung mache ich nicht aus dem Bauch heraus. Ich überlege mir eine genaue Taktik, um ans Ziel zu kommen. Ich weiß vorher, was ich wie fragen will, verstehen Sie? Sie hingegen reden einfach so drauflos.«

Autsch! Ich gebe zu, dass mich dieser Vorwurf trifft.

»Also ich finde, ich habe schon einiges herausgefunden. Vielleicht gerade *weil* ich einfach drauflosrede! Dass die Tierschützer sich schon mit Peters angelegt haben, zum Beispiel. Und dass es vielleicht Helena war, die Ole Peters mit einer Cola vergiftet hat.

Den Streit zwischen Ölschläger und Helena hätten Sie ohne mich auch nicht mitbekommen. Abgesehen davon würden Sie immer noch in Anklam rumlungern und hoffen, dass Ihnen irgendjemand ein Auto leiht, wenn ich Sie nicht mitgenommen hätte.« So!

Kay Lorenz lacht.

»In Ordnung, Sie haben gewonnen. Trotzdem: Überlassen Sie mir diesmal die Fragen, bitte. Ich will erst mal sehen, wie das Gespräch läuft, und bin mir noch nicht sicher, ob ich wirklich schon rauslassen will, was ich über Gabriele Friedeberg erfahren habe. Mal hören, was er von sich aus erzählt, wenn ich noch mal nachbohre. Ich möchte einschätzen können, wie sehr ihm das mit Gabriele wirklich zu schaffen macht. Dazu muss ich ihn einigermaßen überraschen, denke ich.«

»Na gut. Sie sind der Chef. Ich schweige.«

Am Boot angekommen, werfen wir einen Blick über die Reling. Das Boot ist nicht besonders groß, sieht aber verglichen mit den Fischkuttern einigermaßen schnell und sportlich aus. Die Brücke ist fast rundherum umgeben von Fenstern, durch die wir Friedeberg sofort sehen. Lorenz winkt ihm zu, Friedberg öffnet die Tür vom Cockpit und kommt heraus.

»Hallo, Kay!«, ruft er, um sich dann zu korrigieren, »Herr Hauptkommissar, meinte ich natürlich.«

»Kein Problem, Kay passt völlig«, ruft Lorenz zurück. »Dürfen wir an Bord kommen?«

»Seltsame Frage«, flüstere ich ihm zu, »wieso brauchen Sie seine Erlaubnis? Sie sind schließlich die Polizei.«

»Man betritt niemals ein fremdes Boot, ohne vorher zu fragen«, flüstert er zurück, »alte Seebärenweisheit. Ist allerdings reine Formsache.«

»Natürlich, kommen Sie rauf!«, tönt es da schon zurück, und Friedeberg winkt uns zu. Kay Lorenz geht vor und setzt mit einem großen Schritt über die Reling, dann dreht er sich zu mir um und reicht mir die Hand, damit auch ich darüberklettern kann. Friedeberg mustert uns beide.

»Heffst do 'ne neue Assistentin, min Jung?« Er hält kurz inne und lächelt dann. »Pardon, ich meine natürlich: Haben Sie eine neue Assistentin? Noch dazu eine, die ich von irgendwoher kenne?«, wundert er sich. Fällt das jetzt noch unter Einmischung, wenn ich das Missverständnis kurz aufkläre? Glaube ich nicht.

»Wir haben uns tatsächlich schon einmal gesehen, Herr Friedeberg. Genau genommen zweimal. Franzi Mai mein Name, Reporterin bei Bäderland-Radio. Ich war neulich dabei, als Sie Herrn Peters und seine Angeltouristen bei der Rückkehr in den Hafen von Zeglin kontrolliert haben. Und vorgestern früh, als die Leiche von ihm entdeckt wurde.«

Friedebergs Augenbrauen schnellen nach oben.

»Ach ja! Deshalb kommen Sie mir so bekannt vor! Sie und dieser junge Mann hatten den Streit zwischen mir und Peters verfolgt. Besonders hilfreich waren Sie dabei ja nicht. Dass Sie so getan haben, als hätte der verrückte Peters gar nichts ...« Er hält plötzlich inne und schüttelt den Kopf. »Aber nun ist der arme Teufel so schrecklich umgekommen. Also nichts außer Gutes über die Toten, vergessen Sie, was ich gerade sagen wollte!« Er ringt sich zu einem Lächeln durch. »Ich hoffe sehr, Sie halten mich nach diesem Streit nicht für den Mörder! Ich habe nur meine Pflicht getan.« Er lächelt weiter, allerdings ist es ein sehr unsicheres Lächeln. Ich sage einfach mal nichts, denn ein wenig Unsicherheit aufseiten Friedebergs ist der Befragung sicherlich nicht abträglich.

»Damit wären wir auch schon beim Thema, Herr Friedeberg. Der Streit mit Peters. Können Sie mir noch einmal genau schildern, worum es dabei ging?«

»Aber das habe ich Ihnen doch schon alles am Telefon erzählt, Herr Hauptkommissar«, antwortet Friedeberg jetzt sehr förmlich. »Ich habe mich sowieso schon gewundert, warum Sie heute extra nach Freest rausgekommen sind.«

»Tja, ich möchte nur ganz sichergehen, dass ich auch alles richtig verstanden habe«, zieht sich Lorenz geschickt aus der Affäre.

Friedeberg nickt.

»Wenn Sie meinen. Ich habe natürlich nichts dagegen. Nehmen Sie doch Platz!« Er weist auf die Bank, die in einem Halbkreis in den Bug des Schiffes eingelassen ist, wir setzen uns.

»Zu meinen Aufgaben gehört es nun mal zu überprüfen, ob sich alle Beteiligten an die Fangquoten halten«, erklärt Friedeberg. »Auch die Touristen. *Gerade* die Touristen! Und da ist ein Dorsch zu viel nun mal ein Dorsch zu viel, auch wenn das den Fischern, die diese Touren organisieren, gar nicht schmeckt.«

»Und Maik Peters hat es nicht geschmeckt«, stellt Kay Lorenz trocken fest. Friedeberg schüttelt den Kopf.

»Nein, überhaupt nicht. Er hat mich wüst beschimpft und behauptet, ich würde ihn schikanieren.«

»Und? Hatte er damit recht? Haben Sie ihn schikaniert?«

Friedeberg verzieht den Mund.

»Natürlich nicht! Wie gesagt: Ich tue nur meine Pflicht.«

Zu gerne würde ich mich jetzt wieder einmischen und meinen Eindruck von dem Tag wiedergeben, als es zwischen ihm und Peters fast eine Schlägerei gegeben hätte. Aber Lorenz scheint zu wissen, was mir gerade durch den Kopf geht, denn er wirft mir einen Blick zu, der mich sehr deutlich an mein Versprechen von vorhin erinnert. Also schweige ich.

»Herr Friedeberg, ich habe Ihnen erzählt, dass Peters davon überzeugt war, dass Sie zu besonders scharfen Kontrollen der *Fine* angestachelt wurden. Und zwar von einer Gruppe Tierschützer, denen der Fischfang hier auf der Insel im Allgemeinen und insbesondere durch Peters ein Dorn im Auge war.«

»Ja, das haben Sie gesagt. Aber es stimmt nicht. Ich kontrolliere alle Fischer auf dieselbe Art und Weise. Peters war nun einmal ein Hitzkopf, sonst wäre das bei ihm genauso verlaufen wie bei jedem anderen Fischer.«

Kay Lorenz verzieht keine Miene, stattdessen zieht er seinen Notizblock aus seiner Jackentasche und blättert darin herum, als ob er etwas suchen würde.

»Sie sind ganz sicher?«, fragt er dann nach.

»Ganz sicher was?«

»Dass Sie Peters nicht stärker als die anderen Fischer kontrolliert haben? Und dass dieser Eindruck auch nicht entstehen konnte? Haben Sie vielleicht mal mit jemandem über die Kontrollen bei Peters gesprochen? So entstehen ja manchmal Gerüchte. Denken Sie bitte noch einmal genau darüber nach.«

Interessanterweise führt diese Nachfrage dazu, dass Friedeberg hektische rote Flecken im Gesicht bekommt.

»Wie meinen Sie das?«

»Genauso, wie ich es sage. Denken Sie einfach noch mal in Ruhe darüber nach. Manchmal vergisst man ja etwas.« Er lächelt Friedeberg milde an. »Das ist überhaupt nicht schlimm und kann doch jedem von uns mal passieren. Aber ich will ehrlich mit Ihnen sein – ich habe mich auf der Insel umgehört, und tatsächlich meint der ein oder andere hier, Sie seien Peters wirklich nicht wohlgesonnen gewesen. Wie kommt das wohl?«

Friedeberg atmet tief durch.

»Also, wenn ich so recht darüber nachdenke … Es könnte bei anderen vielleicht der Eindruck entstanden sein, ich hätte mich ein wenig aufhetzen lassen. Aber so war es natürlich nicht.«

»Interessant. Wie war es dann? Und um wen geht es?«

Friedeberg presst die Lippen aufeinander, dann fängt er an zu erzählen.

»Also vor einiger Zeit hatte ich Besuch von einem gewissen Herrn Schollmeyer. Hier in meinem Büro in Freest.«

Sofort sitze ich kerzengerade und starre Friedeberg an, der das aber Gott sei Dank nicht bemerkt, weil er so darauf konzentriert ist, seine Beichte abzulegen.

»Aha.« Mehr sagt auch Kay Lorenz nicht, und zugegebenermaßen ist sein Pokerface deutlich undurchsichtiger als meines.

»Dieser Schollmeyer ist Tierschützer, müssen Sie wissen. Er hat einen Verein – den Namen habe ich jetzt vergessen – und mit seinen Vereinsmitgliedern baut er Stände an den Promenaden auf, und ab und zu protestieren die auch direkt in den Fischereihäfen hier auf der Insel. Das sind dann vielleicht auch die Tierschützer, von denen Peters sich bedroht fühlte.«

»Was wollte Schollmeyer von Ihnen?«

»Schollmeyer hatte Fotos dabei, die er heimlich gemacht hatte. Irgendwie war es ihm gelungen, die Fänge von Peters zu dokumentieren. Man konnte sehen, dass viele der Fische deutlich zu klein waren.«

Jetzt kann ich mich doch nicht mehr zurückhalten.

»Das können Sie mit bloßem Auge sehen? Von einem Foto?« Kay Lorenz versucht, mich vors Schienbein zu treten, verfehlt mich aber und erwischt die Bordwand. Es poltert dumpf, Friedeberg zuckt zusammen. Er scheint ziemlich nervös zu sein.

»Ja, das konnte ich sehen, denn in der Wanne, zwischen den Fischen, lag ein Maßband. Und dann waren da ja noch die Fotos aus dem Internet.«

»Was für Fotos aus dem Internet?«, hakt Lorenz nach.

»Von Facebook. Angeltouristen von Peters haben sich selbst mit ihrem Fang fotografiert und die Fotos stolz hochgeladen. Es waren jedes Mal viel zu viele Fische, das können Sie mir glauben!«

»Glaube ich Ihnen. Solche Fotos kann man allerdings auch ziemlich leicht fälschen. Ein bisschen Photoshop, schon werden aus drei Fischen zehn. Oder auch zwanzig.«

»Meinen Sie?«

»Klar. Könnte durch ein Bildbearbeitungsprogramm gejagt worden sein«, erklärt ihm Kay Lorenz. »Aber egal. Wie ging es denn dann weiter?«

»Na ja, nach diesen Beweisen stand ich natürlich schon unter Zugzwang, da endlich mal hart durchzugreifen. Also habe ich Peters vermehrt kontrolliert. Und ich habe tatsächlich immer etwas gefunden, was nicht den Regeln entsprach. Von Schikane kann da überhaupt keine Rede sein.«

»Hat sich Schollmeyer danach noch einmal bei Ihnen gemeldet?«

Schulterzucken bei Friedeberg.

»Glauben Sie zum Beispiel, dass er der mysteriöse Anrufer war, der Sie am Dienstagabend gebeten hat, am Mittwochmorgen eine Kontrolle bei Peters durchzuführen?«

»Kann ich nicht sagen. Die Stimme war ja verzerrt. Aber warum hätte Schollmeyer das machen sollen? Der hat sich doch auch ohne Probleme in mein Büro gesetzt. Wieso sollte er geheim bleiben wollen?«

Kay Lorenz zieht die Augenbrauen zusammen.

»Vielleicht, damit wir hinterher nicht wissen, dass er es war, der Sie zu einem Leichenfundort gelotst hat?«

»Ach so!« Friedeberg sieht überrascht aus. »Das kann natürlich sein…«

»Und bei anderer Gelegenheit? Haben Sie da noch mal von ihm gehört?«

»Daran erinnere ich mich nicht mehr.«

»Zum Beispiel im April? Hat er Sie dazu aufgefordert, an einem bestimmten Tag im April in Zeglin aufzutauchen?«

»Weiß ich nicht mehr.«

»Wissen Sie nicht mehr? April, Zeglin – klingelt da nichts?«

»Nein.«

Nun räuspert sich Kay Lorenz und setzt einen sehr strengen Blick auf.

»Sie wollen mir ernsthaft erzählen, dass Sie nur zufälligerweise an dem Tag vor Ort waren, als Schollmeyer mit seiner Truppe im Zegliner Hafen eine Protestaktion gestartet hat, bei der es sogar zu einem Polizeieinsatz kam? Reiner Zufall?«

Die hektischen roten Flecken im Gesicht von Friedeberg weiten sich jetzt so sehr aus, dass eigentlich sein gesamtes Gesicht rot angelaufen ist.

»Ach … natürlich … den Tag meinen Sie. Ich, äh, ja – ich war tatsächlich nur zufällig zu einer Kontrolle da. Zeglin ist für mich ja nicht schwer zu erreichen, einmal über die Peene, und schon bin ich da.«

»Trotzdem,« lässt Kay Lorenz nicht locker, »wie groß ist das Gebiet, das Sie kontrollieren müssen?«

»Schon einigermaßen groß. Wir hier in Freest kontrollieren den Außenstrand von Usedom, den nördlichen Peenestrom und den südlichen Greifswalder Bodden.« Er hält inne. »Ja, ich weiß schon, worauf Sie hinauswollen. Vielleicht war es auch nicht ganz so zufällig. Ich erinnere mich nicht mehr so genau, aber es kann sein, dass Schollmeyer sich kurz vorher wieder über Peters beschwert hatte und wollte, dass ich raus nach Zeglin komme.«

Dazu sagt Lorenz erst mal nichts, sondern schaut nachdenklich und streicht sich mit der Hand über sein glatt rasiertes Kinn. Ich merke, wie mir allmählich die Geduld ausgeht. *Auf den Zahn fühlen* hatte ich mir irgendwie anders vorgestellt, nämlich deutlich zackiger und dynamischer, nicht so zäh! Ich habe ehrlicherweise nicht den ganzen Tag Zeit, den Ausführungen des obersten Fischschützers zu lauschen, bis er endlich mal zugibt, dass er einen Hass auf Peters hatte, weil der ihm die Frau ausgespannt hat. Schließlich muss ich unbedingt noch meinen Beitrag über die Immobilienspekulanten fertig machen, sonst geht mir Raimund an die Gurgel.

»Herr Friedeberg«, mische ich mich deshalb ein und ignoriere, dass Kay Lorenz bestimmt gerade wieder mein Schienbein anvisiert, »ich kann kaum glauben, dass Sie sofort mit Ihrem Bötchen hier losfahren, nur weil ein besorgter Bürger Sie anruft. Da hätten Sie vermutlich viel zu tun. Soll ich Ihnen sagen, was ich gehört habe?« Aua! Jetzt hat mich Lorenz tatsächlich vors Schienbein getreten. Ich lasse mich davon aber nicht stoppen, sondern rede weiter. »Ich habe gehört, dass Sie Peters fast täglich kontrolliert haben und dass Schollmeyer Sie geschmiert hat, damit Sie Peters das Leben schwer machen.«

»Was?!« Friedeberg springt von der Bank auf. »Was für eine Unverschämtheit, wer behauptet so etwas?«

»Das kann ich Ihnen leider nicht sagen, ich muss meine Quellen schützen«, behaupte ich. Dass die einzige Quelle für diese Behauptung der tote Peters ist, werde ich ihm garantiert nicht auf die Nase binden. Kay Lorenz atmet schwer.

»Frau Mai, wenn Sie mich jetzt bitte mit meiner Befragung…«, grummelt er böse.

»Einen Moment, ich bin noch nicht fertig«, sage ich knapp. »Herr Friedeberg, Sie werden zugeben müssen, dass es reichlich seltsam ist, wenn Sie einen einzigen Fischer so häufig kontrollieren, wo Sie doch ein so großes Gebiet betreuen müssen. Wenn Schollmeyer Sie nicht bestochen hat, muss es dafür einen anderen Grund geben.«

Jetzt ist Friedeberg nicht nur knallrot, sondern auf seiner Stirn bilden sich auch deutlich sichtbare Schweißperlen. Das scheint auch Kay Lorenz zu bemerken, denn anstatt mich weiter böse anzustarren, wendet er sich jetzt wieder Friedeberg zu. Offenbar hat er aus Friedebergs Nervosität geschlossen, dass ich befragungstechnisch auf dem richtigen Weg bin. Ja, von Franzi Mai lernen heißt siegen lernen. Jedenfalls, wenn es um Interviewtechnik geht.

»Ich muss Frau Mai recht geben«, sagt Lorenz zu dem mittlerweile recht verschüchtert dreinblickenden Fischereiaufseher. »Ich finde es auch schwer nachzuvollziehen, wieso Sie so viel Ihrer sicher kostbaren Zeit mit ständigen Kontrollen bei Peters verbracht haben. Der Gedanke, dass Schollmeyer Sie geschmiert hat, ist mir tatsächlich auch schon gekommen.«

»Aber ... aber«, stammelt Friedeberg, »wieso sollten mich denn Tierschützer bestechen? Die arbeiten doch für einen guten Zweck ohne Hintergedanken!«

»Normale Tierschützer vielleicht«, entgegne ich kühl. »Aber Schollmeyer ist kein normaler Tierschützer. Er verdient an jedem gespendeten Euro mit, und je spektakulärer seine Aktionen und je größer seine Erfolge, desto mehr fällt auch für ihn ab. Wenn er gegenüber den Spendern behaupten konnte, dass seine Tierschutztruppe dem Tierwohl auch durch Ihre Kontrollen zu seinem Recht verholfen habe, hat sich das für ihn garantiert ausgezahlt.« Behaupte ich jetzt einfach mal, schließlich will ich, dass Friedeberg endlich auspackt. »Also raus mit der Sprache – hat er Sie bestochen? Oder gibt es einen anderen Grund?«

Friedeberg sackt in sich zusammen und lässt den Kopf hängen. Eine ganze Zeitlang sagt er nichts. Als er sich wieder aufsetzt und uns anschaut, ist er nicht mehr rot im Gesicht, sondern kreideweiß.

»Dieser Mistkerl hat mir das Wichtigste in meinem Leben genommen«, flüstert er mehr, als dass er spricht. Dann schweigt er wieder, ein Häufchen Elend in einer blauen Strickjacke. Ich lege vorsichtig meine Hand auf seine Schulter.

»Herr Friedeberg, wie meinen Sie das?«, sage ich möglichst sanft. Er hebt den Kopf und sieht mir direkt in die Augen. Sein Gesicht schimmert feucht, ob das am Schweiß liegt oder vielleicht an ein paar geflossenen Tränen, kann ich nicht genau sagen.

»Gabriele.« Er schluckt schwer. »Meine Frau Gabriele hat mich für Maik Peters verlassen.«

Kay Lorenz mustert Friedeberg interessiert. Dann räuspert er sich.

»Herr Friedeberg, wo waren Sie am Dienstagabend zwischen 21 Uhr und Mitternacht?«

20

»Glauben Sie, dass Friedeberg Maik Peters auf dem Gewissen hat?«

Die Hände fest am Lenkrad, werfe ich Kay Lorenz einen Blick zu. Klaus Friedeberg hatte tatsächlich kein Alibi. Und dass wir ihn ganz schön ins Schwitzen gebracht haben, war ihm überdeutlich anzusehen gewesen. Aber macht ihn das wirklich zu einem Mörder? Ich kann es mir nicht recht vorstellen. Lorenz hat dazu bisher nichts gesagt, aber diese Schweigsamkeit kenne ich mittlerweile schon. Wir sind wieder auf dem Weg nach Heringsdorf, genau genommen sind wir schon fast da. Ich muss dringend in die Redaktion, und Kay Lorenz hat offenbar seine Mutter gebeten, ihn dort abzuholen. Schon doof, so ohne Auto in den Weiten Mecklenburg-Vorpommerns!

»Hm.« Mehr kommt nicht von Lorenz. Immerhin – er hat mir zugehört.

»Was *hm?*«

»Hm, kann schon sein. Es ist noch zu früh, um ihn als Täter auszuschließen. Er könnte es gewesen sein. Er hatte ein Motiv. Und er hat kein Alibi. Ganz im Gegensatz zu dem anderen Herrn, dessen Name hier immer wieder auftaucht. Der hat nämlich eins. Aber bei Friedeberg dürfte das nun immerhin für einen Durchsuchungsbeschluss reichen. Schließlich fehlt uns auch noch die Tatwaffe.«

Irritiert schaue ich zu Lorenz hinüber.

»Welcher andere Herr hat ein Alibi?«

»Na, dieser Schollmeyer.«

Was? Vor Schreck trete ich fest auf die Bremse, die Reifen des Pandas quietschen, und es versetzt uns um einen Meter Richtung Feldrand.

»Hoppla!«, ruft Kay Lorenz. »Was soll das denn? Haben Sie ein Kaninchen erwischt?«

Ich gucke stur geradeaus und versuche, ganz ruhig zu klingen, auch wenn ich jetzt am liebsten losbrüllen würde.

»Sie haben mit Schollmeyer gesprochen und mir nicht davon erzählt.« Hoffentlich klingt das jetzt wie eine nüchterne Feststellung. Auch wenn es in mir brodelt, möchte ich cool wirken.

»Tut mir leid«, sagt Lorenz, klingt dabei aber überhaupt nicht zerknirscht. »Ich habe mir tatsächlich erlaubt, mit diesem Herrn heute Morgen um acht Uhr zu sprechen. Da ich davon ausging, dass Sie um diese Uhrzeit noch gar nicht wach sind, habe ich das nicht mit Ihnen abgestimmt.«

»Was soll das denn heißen? Natürlich wäre ich auch um acht Uhr nach Anklam gekommen, wenn ich davon gewusst hätte.«

So ein Blödmann! Gerade habe ich mir noch eingebildet, dass wir mittlerweile eine Art Team sind, und jetzt so etwas!

»Hey, seien Sie nicht sauer«, sagt Lorenz und klingt dabei wirklich ernsthaft um Frieden bemüht. »Schollmeyer war nicht bei mir in Anklam. Ich hatte mir gestern ein paar Unterlagen mit nach Hause genommen, da lag auch sein Auszug aus dem Bundeszentralregister dabei. Ich habe seine Meldeadresse gesehen, festgestellt, dass ich auf dem Weg nach Anklam eigentlich direkt bei ihm vorbeikomme, und habe das dann spontan entschieden.«

»Hm.« Diesmal sage ich nicht mehr als das, denn ich bin mir noch nicht sicher, ob ich das jetzt glaube oder für eine Ausrede halte. Eine Zeitlang sagen wir beide nichts, dann siegt meine Neugier.

»Und?«

»Und was?«

»Was hat er denn gesagt, heute Morgen um acht? Zumindest werden Sie ihn doch mit ihrem Auftauchen ziemlich überrascht haben, oder?«

»Das habe ich. Er hatte nicht mit mir gerechnet. Trotzdem musste er auf meine Frage, wo er denn am Dienstagabend war, nicht lange nachdenken. Er war mit Imke Michaelis unterwegs. Den ganzen Abend. Sie hat es bestätigt. Damit scheidet er als Täter eindeutig aus.«

»Imke Michaelis?!«, schnappe ich nach Luft. »Sind Sie dann *ganz spontan* auch noch bei der vorbeigefahren?«

»Das war nicht nötig. Sie war bei Schollmeyer zu Hause. Angeblich schon eine dienstliche Besprechung. Früher Vogel und so.«

»Gibt's doch nicht!« Ich schaue zu Kay hinüber, er zuckt mit den Schultern.

»Warum nicht? Sie ist offiziell bei ihm angestellt. Ich hatte keinen Grund, an einer Besprechung zu zweifeln.«

»Und haben Sie auch nach Helena gefragt?«

»Natürlich. Beide haben keine Ahnung, wo sie stecken könnte. Seine Anrufe bei Friedeberg gibt er ebenfalls unumwunden zu – das sei als besorgter Tierschützer sein gutes Recht gewesen, mehr nicht. Sonst noch Fragen?« Er grinst. »Ich habe wirklich nichts vor Ihnen zu verbergen.«

Haha, sehr witzig! Eine Frage habe ich tatsächlich noch.

»Warum haben Sie mir nicht eher davon erzählt? Also, dass Sie Schollmeyer heute Morgen schon gesprochen haben. Warum haben Sie eben bei Friedeberg nichts gesagt?«

Kay Lorenz seufzt.

»Ehrlich gesagt: Ich hatte Angst, dass Sie es nicht für sich behalten können. Schon die Geschichte mit Gabriele war für Sie schwierig genug, wie man gesehen hat. Aber was Schollmeyer anbelangt – da musste ich unbedingt wissen, was Friedeberg von sich aus erzählt.«

Sehr gern würde ich mich jetzt aufregen. Aber tief im Inneren weiß ich, dass Lorenz ein klitzekleines bisschen recht hat.

»Na gut, dann war es also nicht Schollmeyer«, sage ich, um die Sache nicht weiter zu vertiefen, »aber Friedeberg? Nein. Ich glaube irgendwie nicht, dass der etwas mit dem Tod von Peters zu tun hat. Warum sollte er ein Netz kontrollieren, in dem er gerade die sterbliche Hülle von Maik Peters abgelegt hat?«

»Vielleicht, weil er nur geschickt von sich ablenken wollte?«, hält Lorenz dagegen.

»Und deswegen hat er extra noch die beiden jungen Typen mit angeschleppt? Ganz schön aufwendige Aktion.«

»Nicht, wenn Sie damit einen Mord vertuschen könnten. Das würde doch einen gewissen Aufwand rechtfertigen, meinen Sie nicht?«

Beim letzten Satz grinst Lorenz. Glaube ich jedenfalls. Ich kann es nicht sehen, weil ich sehr vorschriftsmäßig auf die Straße vor mir achte, aber der Klang seiner Stimme verrät es mir.

Das Handy von Lorenz klingelt, er zieht es aus seiner Hosentasche.

»Lorenz hier. Was gibt's?«

Am anderen Ende scheint eine Frau zu sein, jedenfalls meine ich, eine weibliche Stimme zu hören. Nach ein paar *Ahas, Okays* und *Hms* steckt Lorenz sein Handy wieder weg.

»Und? Wer war das?«, will ich wissen.

»Wie gut, dass Sie gar nicht neugierig sind.«

»Ich wäre wohl eine schlechte Journalistin, wenn ich es nicht wäre. Und Sie ein schlechter Polizist. Ich gehe also davon aus, dass wir beide neugierig sind.«

Kay Lorenz lacht.

»Treffer, versenkt!«

»Also?«

»Das war Frau Lamott. Die KTU kann an dem anonymen Brief an Sie keine verwertbaren Spuren finden.« Er seufzt. »Und der Angelhaken ist so klein, da haben keine Fingerabdrücke in verwertbarer Größe draufgepasst. DNA-Spuren ebenfalls Fehlanzeige.«

»Schade!« Mehr fällt mir dazu nicht ein. Sonderlich deprimiert scheint Lorenz über dieses Resultat allerdings nicht zu sein.

»War noch was?«, frage ich deshalb.

»Kann man so sagen. Die Laborergebnisse unserer kleinen Sammelaktion auf der *Gloria* sind nämlich auch gerade reingekommen.« Oh, jetzt wird es spannend! Leider spricht Lorenz nicht weiter.

»Und?«, will ich wissen. Herrgott, das ist wirklich immer das gleiche Spiel mit ihm. Nun rede doch endlich mal von allein!

»Sie hatten recht: In der Colaflasche wurde GHB nachgewiesen.«

»Ha!«, juble ich und recke die rechte Faust nach oben.

»Ich gebe zu, dass Sie einen ganz guten Instinkt haben«, lobt mich Lorenz. »Wir sollten jetzt unbedingt diese Helena ausfindig machen. Es ist natürlich nicht gesagt, dass sie es war, die das Zeug in die Flasche getan hat, aber der Verdacht liegt schon nahe. Immerhin haben wir einen Zeugen, der sie mit einer Colaflasche in der Nähe des Opfers gesehen hat.«

»Wobei eine Colaflasche in einer Kneipe jetzt auch nicht das achte Weltwunder ist«, gebe ich zu Bedenken.

»Stimmt«, stellt Lorenz nüchtern fest. »Umso wichtiger ist es, mit Helena Wrede zu sprechen.«

»Vielleicht wollte auch Alessio seinem Chef eins auswischen, hat ihm die Cola vergiftet und versucht jetzt, den Schwarzen Peter an Helena loszuwerden.«

»Auch denkbar.« Er seufzt. »Was halten Sie davon, wenn ich

in die Redaktion mitkomme? Ich würde gern noch einmal mit Ihrem Volontär sprechen. Von uns dreien kennt er Helena am besten.«

»Das ist auch keine Kunst, da wir beide sie überhaupt nicht kennen, aber klar, kommen Sie mit rein, wenn wir da sind. Janis wird sich über Abwechslung freuen. Ich habe ihn dazu verdammt, einen Beitrag über Immobilienhaie zu machen, und das ist irgendwie nicht so nach seinem Geschmack.«

Tatsächlich habe ich Janis den nächsten Problemlöser-Beitrag aufgebrummt und hoffe sehr, er hat schon ein paar O-Töne von Katja und Manni eingesammelt. Bei den Fischfreunden sollte er heute nur kurz vorbeischauen – hauptsächlich, um zu checken, ob es Nachrichten von Helena gibt. Da der Beitrag für 17 Uhr eingeplant ist, müsste Janis nun brav im Sender sitzen und ihn produzieren. Ich überlege kurz, ihn anzurufen, entscheide mich aber dagegen. Mit der Polizei an Bord könnte ich das nur über meine Freisprecheinrichtung tun, und ich will nicht riskieren, dass sich Janis vielleicht despektierlich über den Herrn Hauptkommissar äußert. Oder – noch schlimmer! – das Thema »Romantik« vertieft.

Kay Lorenz fummelt in der Zwischenzeit schon wieder an seinem Handy herum.

»Hallo, Mutti. Kay hier.« *Mutti.* Wie niedlich! Ich merke, dass ich große Ohren bekomme. »Ich hab in Heringsdorf doch noch zu tun, brauchst also nicht sofort kommen. Ich könnte auch den Bus … Nein, schon gut, also hol mich ruhig ab … Lass es uns so machen: Ich klingle durch, wenn ich so weit bin. Hm, schon klar … Mohrrüben? … Ja, warum nicht. Bis später.«

»Mohrrüben?«, frage ich nach. »Ist das ein Codewort für irgendetwas?«

»Ja. Ein Codewort für Mohrrüben. Greta und ich fahren morgen auf den Ponyhof, und meine Mutter fragt sich, ob sie dem

Kind Mohrrüben mitgeben darf oder ob das Füttern dort verboten ist. Ich finde, sie soll ihr ruhig welche kaufen. Notfalls isst Greta die selbst.«

Ich muss lachen. Ponyhof und Mohrrüben. Mit diesen Themen habe ich sonst nie zu tun. Wie das wohl ist, wenn man noch für einen kleinen Menschen mitdenken muss?

»Sie haben recht, Möhren sind gesund«, stelle ich fest. »Allerdings hoffe ich doch, die armen Ponys dürfen auch welche futtern, das wäre ja sonst ein freudloses Dasein. Reiten Sie auch?«

Lautes Lachen.

»Nein, auf gar keinen Fall. Ich traue den Viechern nicht. Wahrscheinlich beißen die mich auch gleich, wenn sie merken, dass ich Angst vor ihnen habe! Aber ich habe Greta ein Wochenende bei den Ponys versprochen, und jetzt heißt es: mitgefangen, mitgehangen. Ich fahre morgen früh mit ihr dorthin, und wir bleiben bis Sonntag. Das wird ein großer Spaß!« Er seufzt unglücklich.

Wie sympathisch! Kay Lorenz hat auch Angst vor Pferden. Ich sehe zu ihm hinüber und stelle mir vor, wie er mit seiner Tochter auf dem Reiterhof eincheckt.

*

In der Redaktion angekommen, schaffe ich es, uns von Raimund unbehelligt bis in mein Büro zu schmuggeln. Wenn nachher der neue Problemlöser-Beitrag läuft, ist der Chef garantiert glücklich, und ich habe erst mal wieder meine Ruhe.

»Ah, da bist du ja endlich«, freut sich Janis. Dann sieht er Kay direkt hinter mir. »Oh, hallo, Herr Hauptkommissar! Da bin ich aber überrascht! Gibt's was Neues in unserem Fall?«

Ich setze mich auf meinen Schreibtischstuhl und ziehe für Kay einen der Stühle aus unserer kleinen Besprechungsecke heran. Er setzt sich und wendet sich dann an Janis.

»Es gibt tatsächlich etwas Neues: Die KTU hat alle Flaschen und Gläser untersucht, die sie bei Ole Peters eingesammelt hat. Und es ist so, wie Frau Mai vermutet hat: Es fanden sich Spuren von GHB in der Colaflasche.«

Janis zieht die Augenbrauen hoch.

»Krass! Also hat Helena ihn vergiftet?«

Kay Lorenz nickt.

»Kann durchaus sein. Aber sicher ist das keineswegs. Zum einen kann es sich bei der Flasche in Peters' Büro um eine andere als die von Helena bestellte Flasche handeln. Denkbar wäre auch, dass Alessio Ölschläger ihr absichtlich eine vergiftete Flasche für seinen Chef mitgegeben hat. Oder aber er hat sie Peters selbst gegeben.« Er hält kurz inne und runzelt die Stirn. »Dann gibt es natürlich auch noch die Möglichkeit, dass Ole Peters das Zeug freiwillig genommen hat.«

»Wer nimmt denn bitte freiwillig K.-o.-Tropfen?«, wundere ich mich.

»Oh, das ist alles eine Frage der Menge«, klärt mich Lorenz auf. »In etwas niedrigerer Dosierung erfreut sich GHB unter dem Namen Liquid Ecstasy großer Beliebtheit beim Partyvolk. Es enthemmt und euphorisiert.«

»Hm, ich kann mir eigentlich nicht vorstellen, dass Ole Peters gerade in der Stimmung für enthemmte Euphorie war«, halte ich dagegen. »Der hat sich doch mit Bier und Korn abgeschossen, um seinen Kummer zu vergessen.«

»Schon klar. Ich sage ja nur, dass es theoretisch denkbar wäre. Meine Aufgabe ist aufzuklären, wie es wirklich war.«

»*Unsere* Aufgabe!«, stelle ich sofort klar und ernte dafür ein schiefes Lächeln.

»Von mir aus … Was mich aber nun von Ihnen interessiert, Herr Neubauer: Hatten Sie mittlerweile Kontakt zu Frau Wrede? Ich würde wirklich sehr gern mit ihr sprechen.«

»Zu Helena?« Kopfschütteln. »Nein, leider nicht. Auch bei den anderen hat sie sich nicht gemeldet. Ich war extra heute Morgen wieder am Stand, weil ich dachte, dass ich sie da vielleicht treffe. Fehlanzeige. Und Max wusste auch nicht, wo sie steckt.«

»Was ist mit Imke Michaelis? Heute früh habe ich sie nach Helena gefragt, da wusste sie noch nichts über ihren Verbleib. Hatte sie in der Zwischenzeit vielleicht Kontakt mit Frau Wrede?«

»Imke Michaelis?« Janis kratzt sich am Kopf. »Die war heute auch nicht da, hatte irgendeinen Termin, sagte Max. Genau genommen waren Max und ich heute nur zur zweit. Das war aber gar nicht so schlecht, so konnte ich mich mal in Ruhe mit ihm unterhalten, ohne dass Imke sofort dazwischengegangen wäre.«

»Oh, spannend!«, rufe ich. Lorenz hebt die Hände.

»Bestimmt. Aber nicht jetzt, eins nach dem anderen. Jetzt geht es erst mal um Helena Wrede. Ihr Telefon ist nach wie vor ausgeschaltet, das habe ich schon selbst überprüft. Bei der Arbeit war sie heute also auch nicht, was ungewöhnlich ist, oder?«

Janis zuckt mit den Schultern.

»Na ja, der Stand ist ja nicht wirklich ihr Job. Sie ist ein Volunteer. Und ich weiß nicht genau, ob sie überhaupt für heute eingeplant war, weil Imke die Planung macht, und die konnte ich ja nicht fragen.«

»Was macht sie denn normalerweise? Also hauptberuflich«, erkundige ich mich.

»Ich glaube, Helena arbeitet in einer Drogerie in Zinnowitz.«

»Würde ja passen«, sagt Kay. »Denn sie wohnt auch in Zinnowitz. Da haben die Kollegen sie aber nicht angetroffen. Wissen Sie, wie die Drogerie heißt?«

Wieder Schulterzucken.

»Irgendwas mit *Beauty*, glaube ich. Die verkaufen hauptsächlich tierversuchsfreie Sachen und vegane Seife. Oder so.« Er seufzt. »Mann, hoffentlich ist ihr nichts passiert!«

»Das halte ich für eher unwahrscheinlich«, sagt Lorenz. »Entgegen der Darstellung in Thrillern und Krimiserien ist vermissten Personen in der Regel nichts zugestoßen, sondern sie sind einfach gerade nicht zu erreichen. Frau Lamott hat schon einiges an Infos zu Frau Wrede rausgesucht – sie ist 25 Jahre alt, kommt ursprünglich aus Berlin, hat keine Geschwister, die Eltern sind vor fünf Jahren verstorben. Sie wohnt erst seit zwei Jahren in Zinnowitz. Sollte sie also einfach ein paar Tage weggefahren sein, dürfte es dauern, bis wir davon erfahren.«

»Aber der Streit mit Schollmeyer«, beginnt Janis, seine Sorgen in Worte zu fassen.

»Ein Streit mit dem Chef ist auch noch kein Grund, von einem Verbrechen auszugehen. Sonst müssten wir die Zahl der Kriminalbeamten in Deutschland wohl mindestens verzehnfachen.« Er lacht. »Nein, keine Sorge. Ich möchte zwar sehr gern mit Frau Wrede sprechen, aber ich glaube nicht, dass ihr etwas passiert ist. Wir versuchen gleich mal herauszufinden, wo genau sie arbeitet, dann schicke ich jemanden hin oder fahre selbst vorbei.«

»Wie geht es eigentlich Ole Peters?«, frage ich Kay Lorenz. »Er müsste uns doch erzählen können, wer ihm die Cola gebracht hat. Oder ob er sich selbst mit den Tropfen die endgültige Dröhnung geben wollte.«

»Stimmt. Das müsste er. Heute Morgen war er noch nicht vernehmungsfähig, das hatte ich schon mit dem Krankenhaus geklärt. Aber vielleicht sieht es mittlerweile besser aus.« Kay Lorenz wirft einen Blick auf unsere Wanduhr. »Fast drei. Wenn meine Mutter Gas gibt, könnte ich es noch ins Krankenhaus nach Wolgast schaffen.«

»Ihre Mutter?« Janis ist verständlicherweise erstaunt. »Ist die Kripo etwa ein Familienunternehmen?«

»Nein, zum Glück nicht. Aber mein Wagen ist leider in der Werkstatt.«

»Ach stimmt, das hat Franzi erzählt. Dann also wieder Mamas Taxi.«

»So ungefähr. Bisschen umständlich, aber es geht. Jedenfalls noch bis 17 Uhr, dann ist mein Auto fertig. Wenn ich die Info aus der KTU ein bisschen früher bekommen hätte, hätten wir eben am Krankenhaus halten können. Wir sind auf dem Rückweg von Freest ja fast dran vorbeigekommen.«

Recht hat er. Und ich muss gestehen, dass meine Neigung, schon wieder nach Wolgast zu düsen, nicht besonders ausgeprägt ist. Natürlich wäre es spannend, Ole Peters in die Mangel zu nehmen. Andererseits muss ich mich mal um meinen Hauptjob kümmern und den Beitrag von Janis abnehmen. Wenn wir heute wieder nichts zum Programm beisteuern, muss ich nicht auf die Übernahme durch Megahit-FM warten, um rausgeschmissen zu werden. Das erledigt Raimund dann schon vorher.

Kay Lorenz steht von seinem Stuhl auf.

»Okay, dann werde ich zu Hause anrufen und schon mal rausgehen. Oder wollen Sie mitkommen?«

»Nein danke. Ich freue mich natürlich, dass Sie mich fragen, aber wir haben hier noch einiges zu tun. Es sei denn, Sie brauchen mich doch als Fahrerin.«

Er schüttelt den Kopf.

»Ich will Ihre Hilfsbereitschaft nicht überstrapazieren. Ich fahre über Anklam, setze meine Mutter bei der Werkstatt ab und fahre selbst weiter nach Wolgast. Dann sind wir alle wieder mobil.« Er grinst. »Ich brauche morgen schließlich ein Auto, um zum Ponyhof zu kommen. Zurück könnten wir ja reiten …«

Ich muss laut loslachen. Die Vorstellung von Kay Lorenz auf einem kleinen, dicken Shetty ist schon sehr komisch. Bei seinen langen Beinen könnte er wahrscheinlich mitlaufen.

»Sagen Sie mir Bescheid, wenn Sie von Ole Peters noch etwas Bahnbrechendes erfahren?«, will ich wissen.

»Ich schwöre es.«

Er winkt uns freundlich zu und verlässt mein Büro.

»Wühaha!«, kommentiert Janis und grinst.

Ich klatsche in die Hände.

»So, und jetzt frisch ans Werk! Wie weit bist du mit dem Beitrag?«

»Schon fertig!«

»Dann lass mal hören. Hast du ihn schon überspielt?«

»Ist noch im Speicher.«

Ich drehe mich meinem Rechner zu, suche das Machwerk in der Cloud und klicke es an. Keine Sekunde später ertönt die Stimme von Janis.

Novalis – das klingt nach deutscher Romantik, nach Dichtern und Denkern, nach schönen Künsten. Auf Usedom muss man damit aber seit neuestem die Jagd nach dem schnöden Mammon in Verbindung bringen. Unglaublich, aber wahr: Auf unserer schönen Insel steht der Name Novalis mittlerweile ganz schlicht für die Gier nach Geld …

Ich drücke auf Pause.

»Hey, wie kunstsinnig«, stelle ich fest.

»Findste nicht gut?«

»Hm, ich bin mir noch nicht sicher. Der Einstieg ist schon eher was für Bildungsbürger.«

»Ja, genau. Eben unsere Hörer!«

Das kommentiere ich mal nicht, sondern verfolge weiter den Beitrag.

Denn mit der Novalis Projekt Management hat sich offenbar eine Heuschrecke auf der Insel breitgemacht, die mit dem spekuliert, was den meisten Menschen am wichtigsten ist: ihrem Zuhause!

Die Stimme von Elke Meier erklingt, sie zittert leicht.

Wir waren so glücklich hier, der Werner und ich. All die Jahre. Haben immer unsere Miete brav gezahlt, uns nie etwas zuschulden kommen lassen. 60 Jahre nicht. Und jetzt sollen wir einfach raus. Aber wohin soll ich denn gehen? Hier ist doch meine Heimat!

Wow! Sehr emotional – und damit viel besser! Ich drücke noch mal auf Pause.

»Und?« Janis klingt erwartungsvoll.

»Gar nicht mal so übel. Eben klang es noch sehr nach Telekolleg, aber das hier zieht mich richtig rein.«

»Dann hör mal weiter.«

Auch der Rest ist richtig gut: Auf den Punkt getextet, genug Informationen, aber nicht zu viele, und noch zwei richtig packende O-Töne von Manni und Katja, die erzählen, wie verzweifelt und letztlich aussichtslos sie den Kampf gegen die Investoren aufgenommen haben. Der Beitrag wirft noch die Frage auf, was die Lokalpolitik in dieser ganzen Geschichte zu unternehmen gedenkt, und fordert unsere Hörerinnen und Hörer auf, uns ihre Erfahrungen mit dem Thema zu berichten. Dann schließlich der letzte Satz:

Unser Versprechen: Wir bleiben dran! Denn wir sind Franzi und Janis, die Problemlöser!

»Echt, das Ding ist gut geworden«, lobe ich anerkennend. »Am Anfang dachte ich erst, du vergaloppierst dich, aber du hast 1a die Kurve gekriegt.«

»Danke, Franzi!« Jetzt strahlt Janis über das ganze Gesicht, und ich freue mich auch.

»Gerne. Ich habe aber auch wirklich nichts zu motzen. Die

O-Töne haben technisch eine gute Qualität, inhaltlich sowieso, du hast deinen Text sehr gut eingesprochen, es ist alles tipptopp. Da dengeln wir jetzt vorn noch unseren Jingle dran, die gekürzte Fassung, meine ich. Dann noch der Abbinder mit der Fanfare, und dann kannst du es genauso hochladen und den Haken bei FERTIGGESTELLT setzen.«

»Mach ich. Ich bin wirklich gespannt auf die Reaktionen nach der Sendung. Meinst du, es werden sich noch mehr Leute melden?«

Ich nicke.

»Bestimmt. Irgendeine Reaktion bekommen wir darauf auf jeden Fall, da bin ich mir ganz sicher.«

21

»So, zwei Gin Basil Smash für die Damen. Bitte sehr.«

Der Barkeeper stellt zwei Gläser mit wirklich sehr grün aussehendem Inhalt vor Katja und mir ab. Misstrauisch starre ich mein Getränk an.

»Und das schmeckt?«, will ich von ihm wissen. Immerhin war dies seine Empfehlung auf unsere Frage, womit wir denn am besten in den Abend starten könnten.

»Aber natürlich! Der Smash ist ein moderner Klassiker, Sie werden ihn lieben.«

»Wat de Buer nich kennt, dat freet he nich«, versucht sich Katja am Norddeutschen und kichert. »Ist doch toll, mal was Neues auszuprobieren. Sonst hätten wir auch bei uns bleiben und uns von Manni ein Bier servieren lassen können.«

Damit hat sie natürlich recht. Und ein schlichtes Bier von Manni hätte überhaupt nicht zu der Hochstimmung gepasst, mit der ich in dieses Wochenende starte. Deswegen habe ich Katja lieber in die erst vor drei Wochen an der Promenade eröffnete *Detroit Bar* eingeladen, auf die ich wirklich gespannt war, weil sie schon von außen so vielversprechend aussieht. Außerdem kann Katja im *Inseltreff* nie richtig ausspannen – und das soll sie heute Abend.

Katja hebt ihr Glas und prostet mir zu.

»Also, meine Liebe – auf den rasanten Start deiner neuen Sendung. Auf die Problemlöser!«

Ich hebe mein Glas ebenfalls.

»Danke, liebe Katja! Und danke auch für unseren zweiten Fall. Ich glaube, der kommt richtig gut an. Als ich vorhin den Sender verlassen habe, gab es schon fünf E-Mails und drei Anrufe dazu – obwohl der Beitrag erst kurz nach fünf gelaufen ist.«

»Ist das viel?« Katja klingt fast ein bisschen ängstlich.

»Als Hörerreaktion innerhalb von nur einer Stunde? Natürlich, das ist sehr viel!«

»Und was sagen die Leute so? Bestimmt gibt es welche, die finden, dass sie nicht mit Einzelschicksalen genervt werden wollen, oder?«

Ich muss lachen.

»Nein, die gibt es überhaupt nicht. Die bisher einhellige Meinung der Bäderland-Radio-Hörer ist, dass Immobilienspekulation die Pest ist. Und eine Schande, wenn sich Usedomer ihre eigene Insel nicht mehr leisten können. Viele haben Angst, dass hier bald Zustände wie auf Sylt herrschen, wo Einheimische aufs Festland ziehen müssen, weil sie auf der Insel keine bezahlbaren Wohnungen mehr finden.«

»Puh!« Katja atmet tief durch. »Da bin ich aber erleichtert!« Sie nimmt einen kräftigen Schluck aus ihrem Glas. »Oh, gar nicht mal schlecht.«

Ich nippe vorsichtig an meinem eigenen Drink. Stimmt. *Gar nicht mal schlecht* trifft es. Vermutlich wird es nicht mein neues Lieblingsgetränk, aber die saure Note mit einem Hauch Zucker schmeckt ganz gut.

»Janis hat auch schon einen Termin mit der Gemeindeverwaltung von Bansin gemacht. Wir planen ein Interview mit den politisch Verantwortlichen zu dem Thema. Denen werden wir jetzt mal richtig einheizen!«

Katja zuckt mit den Schultern und nimmt noch einen Schluck.

»Tja, könnt ihr natürlich machen. Fragt sich nur, was das ändert.«

»Oh, eine ganze Menge! Janis hat das schon kräftig recherchiert. Es gibt mittlerweile einige Orte in Deutschland, die genau festlegen, wie Wohnraum genutzt werden soll. Dort dürfen zum Beispiel keine Zweitwohnsitze oder Ferienwohnungen mehr entstehen.«

»Hm, mag sein. Schätze aber mal, für uns kommt so etwas zu spät. Bis es dazu eine neue Regelung gibt, ist der *Inseltreff* bestimmt schon Geschichte.«

Ich lange über den Tisch und klopfe Katja auf die Schulter.

»Na komm, vielleicht überlegt es sich euer Vermieter auch noch mal, wenn er sich mit dem Thema näher beschäftigt. Ich jedenfalls gebe die Hoffnung schon im eigenen Interesse nicht auf!«

Katja schaut nicht besonders überzeugt aus, ringt sich aber ein Lächeln ab.

»Wie läuft es denn in deinem anderen Fall? Den mit dem toten Fischer im Netz. Gibt es da schon eine heiße Spur?«

Jetzt bin ich es, die mit den Schultern zuckt.

»Ich weiß nicht. Wir haben mittlerweile herausgefunden, dass der Fischereiaufseher eifersüchtig auf Maik Peters war, weil der ihm die Frau ausgespannt hat. Deswegen hat er Peters auch so oft kontrolliert.«

Katja macht große Augen.

»Du meinst Friedeberg?«

»Ganz genau.«

»Oh, das wäre natürlich ein Grund. Gewissermaßen ein Verbrechen aus Leidenschaft, wobei ich dieses Wort nur schwer mit dem ollen Friedeberg in Verbindung bringen kann. Hat er denn ein Alibi?«

»Nein, hat er nicht. Er war am Dienstagabend allein zu Hause.«

»Klar«, sagt Katja und grinst, »er ist ja Single, wenn seine Frau mit Peters durchgebrannt ist. Hat der Kommissar ihn denn jetzt festgenommen?«

»Nee, so schnell geht das offensichtlich nicht. Aber vielleicht besorgt Lorenz sich einen Durchsuchungsbeschluss und schaut, ob er bei Friedeberg die Tatwaffe findet. Die Rechtsmedizin vermutet, dass es sich dabei um ein Rohr oder etwas Ähnliches handelt.«

»Das ist ja krass! Ich kann gar nicht glauben, dass solche Sachen hier auf unserer schönen Insel passieren!«

»Ja, und das ist längst noch nicht alles. Jemand hat Ole Peters, dem Bruder von Maik, K.-o.-Tropfen in eine Colaflasche gemischt. Da wiederum haben wir eine aus der Tierschutztruppe in Verdacht. Helena Wrede. Ist seitdem auch untergetaucht.«

Katja legt den Kopf schief.

»Welche Tierschutztruppe?«

»Die jungen Leute, die immer an der Seebrücke in Ahlbeck stehen und gegen Fischfang demonstrieren. *Fish are Friends* heißen die.«

»Stimmt, die kenne ich. Also wenn die tatsächlich versucht haben, auch den zweiten Peters umzubringen, dann haben sie doch wahrscheinlich auch was mit dem ersten Mord zu tun. Motiv: Tierliebe.«

»Kann natürlich sein. Die haben auch einen sehr undurchsichtigen Anführer. Nach dem hatte ich euch neulich mal gefragt – Thies Schollmeyer. Jedenfalls hat Schollmeyer sogar schon mal im Knast gesessen.«

»Oh, auch wegen Mordes? Und wieso ist er dann schon wieder draußen?«

»Nein, doch nicht wegen Mordes! Sie haben ihn wegen räuberischer Erpressung und Betrug eingebuchtet. Jetzt hat er seine Zeit zwar abgesessen, ist aber immer noch hoch verschuldet«, kläre ich Katja auf.

»Ach so. Das ist ja dagegen fast harmlos. Trotzdem – der Typ klingt deutlich verdächtiger als der biedere Klaus Friedeberg.

Klaus kenne ich zwar nicht wirklich gut, aber ein Gewaltverbrechen würde ich nicht unbedingt mit ihm in Verbindung bringen.«

»Geht mir genauso. Dafür ist er irgendwie zu...«, ich überlege, welches Wort in diesem Zusammenhang das passende ist, »ähm, genau: Er ist zu langweilig für einen Mord. Klingt komisch, aber ich kann es nicht besser erklären. Wie er immer rumläuft, in dieser Mischung aus Uniform und Pullover, die Brille an so einer Kordel – ich kann mir nicht recht vorstellen, dass so ein Typ auf einmal vor Eifersucht durchdreht und Peters ein Rohr über den Schädel zieht.«

Katja zieht die Nase kraus.

»Das ist allerdings kein Ausschlusskriterium. Es gibt mit Sicherheit viele Menschen, bei denen brodelt es unter der langweiligen Oberfläche.«

»Wieso – du hast doch auch gesagt, dass du es ihm nicht zutraust.«

»Ja, aber nicht, weil ich ihn langweilig finde, sondern weil er eigentlich ein ganz netter Kerl sein soll. Er war jahrelang ehrenamtlicher Trainer bei der DLRG und hat Jugendlichen das Bootfahren beigebracht.«

»Wie auch immer – halten wir mal fest, dass wir es ihm beide nicht zutrauen«, fasse ich unsere Einschätzung von Friedeberg zusammen.

»Was aber nicht unbedingt etwas heißen muss«, wirft Katja ein. Womit sie natürlich recht hat.

»Trotzdem: Ich tippe auf Schollmeyer«, beharre ich auf meiner Einschätzung der Lage. »Leider hat der ein Alibi, weswegen ihn Kay Lorenz für unschuldig hält. Aber Schollmeyer wäre nicht der Erste, der sich ein falsches Alibi geben lässt.«

»So, schon wieder viel Luft in den Gläsern, Ladys?«

Der Barkeeper ist an unserem Tisch aufgetaucht und will

offenbar den Umsatz steigern. Ich gucke auf meinen Gin Basil Smash, der sich tatsächlich schon auffällig geleert hat.

»Noch so einen, oder soll ich euch etwas anderes Schönes bringen? Einen Moscow Mule oder einen Singapore Sling? Übrigens von mir als Bansin Sling neu interpretiert.« Der Barkeeper schaut uns erwartungsfroh an. Ich fürchte allerdings, ich muss ihn enttäuschen.

»Ich hätte gern ein kleines Pils, am liebsten vom Fass«, gebe ich meine nächste Bestellung auf. Katja kichert.

»Also mir können Sie gern das Bansin-Dings bringen.«

*

Drei Stunden später stolpern wir sehr heiter aus unserer neuen Stammkneipe. Barkeeper Dennis hat mich doch noch zu drei oder vier Schirmchen-Drinks überredet – so genau weiß ich das gar nicht mehr. Und Katja hat sich ebenfalls mit der Barkarte sehr vertraut gemacht, ich würde sagen, sie ist sogar noch ein bisschen fröhlicher als ich, jedenfalls hat sie deutlich Schlagseite. Ich fühle mich, als würde ich über Wolken laufen. Allerdings liegen die Wolken ein bisschen verstreut, weswegen ich eine Art Schlangenlinie verfolgen muss.

»Hui, das war aber ein lustiger Abend«, gluckst Katja. »Gut, dass wir zu Fuß gekommen sind, ich könnte nicht mal mehr Fahrrad fahren.«

Wir haken uns gegenseitig unter und stolpern gackernd die Strandpromenade entlang. Zwei Männer kommen uns entgegen, wir rempeln uns an. Ob es daran liegt, dass wir nicht mehr ganz trittsicher sind, oder ob das auf die Herren gleichermaßen zutrifft, kann ich nicht sagen.

»Hoppla, Entschuldigung!«, murmle ich vorsichtshalber. Die beiden Typen sagen nichts, und ich kann auch nicht aus ihren Gesichtern ablesen, ob ich sie umgerannt habe oder es umgekehrt war, weil sie ihre Kapuzen so tief ins Gesicht gezogen haben und es schon dunkel ist.

Katja und ich biegen auf unserem Heimweg zum *Inseltreff* in eine Seitenstraße ab. Wir laufen eine ganze Weile, dann merke ich, dass hinter uns Schritte hallen. Ich werfe einen Blick über die Schulter – täusche ich mich, oder kommen die Männer von eben hinter uns her? Ich schaue noch einmal genauer hin. Nein, kein Zweifel, das sind die beiden Typen, und sie laufen in dieselbe Richtung wie wir. Ob sie sich beschweren wollen? Das allerdings finde ich nun doch übertrieben. Erstens war mein Rempler keine Absicht, zweitens habe ich mich prophylaktisch entschuldigt. Ich ziehe Katja ein bisschen schneller hinter mir her.

»Hey, was soll das?«, lacht sie.

»Lass uns mal schneller gehen, ich habe gerade so ein komisches Gefühl«, erkläre ich ihr. Sie lacht noch lauter.

»Das glaube ich! Das liegt bestimmt am Bansin Sling. Ich fühle mich auch ein bisschen komisch.«

Die Schritte hinter uns kommen immer näher, ich gehe noch schneller, beziehungsweise versuche es. Das ist allerdings nicht so leicht, denn Katja erweist sich als regelrechter Bremsklotz. Ich kriege sie nicht so schnell hinter mir hergezogen, wie es nötig wäre, um die Typen auf Abstand zu halten. Langsam wird mir mulmig – verfolgen die uns wirklich, oder ist das noch Zufall?

Ich nehme die nächste kleinere Straße links. Eigentlich müssten wir noch geradeaus, aber ich will wissen, ob ich paranoid bin. Die Männer biegen ebenfalls ab. Verdammt! Jetzt fällt mir erst auf, dass außer uns und den Männern niemand mehr unterwegs ist. Kein Wunder – die Hotels und Restaurants liegen alle an und hinter der Promenade, und von der sind wir nun schon zu weit weg. Neben uns befinden sich nur ein einsamer Parkplatz und zwei Häuser, die gerade saniert werden, also unbewohnt sind. Schlagartig fühle ich mich wieder sehr nüchtern. Ich lege noch einen Zahn zu, tatsächlich gewinnen wir ein bisschen Abstand zu unseren Verfolgern.

»Mann, Franzi, nun hör doch mal auf, so an mir zu zerren!«, beschwert sich Katja, die noch nicht gemerkt hat, dass wir verfolgt werden.

»Tut mir leid, aber ich glaube, wir kriegen hier gleich Ärger, wenn wir uns nicht beeilen«, zische ich ihr zu.

»Hä? Von wem denn? Etwa von Manni, weil wir so spät dran sind?«, lacht sie. »Da musst du dir keine Sorgen machen, den hab ich im Griff!« Sie macht eine Vollbremsung und dreht sich um. »Hey, Manni!«, grölt sie dann, »reg dich nicht auf, wir wollten nur ein bisschen Spaß haben! Muss ja auch mal sein, jawoll!«

»Schhhhh! Sei leise und lauf weiter!«, fahre ich sie an und ziehe noch mal an ihrem Arm. »Das ist nicht Manni, das sind die beiden Typen von eben. Hier stimmt was nicht!«

Die beiden Männer tauchen jetzt am hinteren Rand des Parkplatzes auf. Ich merke, dass ich eine Gänsehaut bekomme.

»Nicht Manni?«, lallt Katja, die die Männer jetzt auch gesehen hat. »Nee, stimmt. Ui, seltsam, was wollen die denn?« Sie winkt den Männern zu. »Hallo, was wollt ihr denn?«

»Verdammt nochmal, Katja, komm endlich mit!«, fahre ich meine Freundin an und ziehe weiter an ihr. Sie stolpert los – und stürzt über ihre eigenen Füße.

»Aua, das tat aber weh!«, kommentiert sie ihre Landung auf dem Asphalt und bleibt liegen. Ich bücke mich und reiche ihr die Hand, um sie wieder hochzuziehen. In diesem Moment haben uns die Männer eingeholt und bleiben vor uns stehen. Jetzt kann ich sehen, dass ich ihre Gesichter nicht nur wegen der Dunkelheit und der Kapuzen nicht erkennen konnte – die Männer haben sich Sturmhauben über das Gesicht gezogen. Kein gutes Zeichen!

Ich richte mich auf und drehe mich zu ihnen.

»Was wollen Sie?«, frage ich mit möglichst fester Stimme.

Leider bekomme ich keine Antwort, stattdessen packt mich der Kleinere von beiden am Oberarm, zerrt mich zu sich und nimmt mich in eine Art Klammergriff. Sein Oberarm liegt genau auf meinem Hals, so dass er mich fast damit würgt.

»Hey, was soll das?«, schreie ich und versuche, mich loszureißen. Leider ist sein Griff so fest wie ein Schraubstock, so dass ich mich nicht befreien kann. Langsam scheint auch Katja trotz ihres Alkoholpegels zu dämmern, dass wir in ernsthafter Gefahr sind. Sie rappelt sich vom Boden auf und wankt auf uns zu.

»Lassen Sie sofort meine Freundin los!«, schreit sie meinen Angreifer an. Eine mutige Ansage, aber leider nicht besonders überlegt. Denn jetzt holt der Größere von den beiden aus und verpasst Katja einen kräftigen Schlag vor die Brust. Sie schreit laut auf und fällt wieder zu Boden. Ich merke, wie Panik in mir aufsteigt. Ich muss endlich irgendetwas machen, damit er mich loslässt – kurz entschlossen beiße ich meinen Angreifer kräftig in den Arm. Durch seine Jacke ist dieser zwar geschützt, aber der Mann ist immerhin so überrascht von meiner Aktion, dass er seinen Griff lockert und ich mich losreißen kann. Dann mache ich einen Schritt zurück und verpasse dem Typen mit Schwung einen Tritt in die Weichteile. Er jault auf und fällt auf die Knie.

»Verfluchte Schlampe!«, heult er, während ich mit meiner Handtasche aushole und sie dem anderen Typen, so fest ich nur kann, ins Gesicht schlage. Er wankt zurück und stöhnt. Besonders weh tat das wahrscheinlich nicht, aber es verschafft uns ein bisschen Zeit. Ich zerre Katja hoch.

»Komm schon!«, schreie ich, und wir rennen los, so schnell wir eben können. Natürlich werden die uns bald wieder haben, das ist mir klar, also überlege ich fieberhaft, wie wir uns retten könnten. Ich entscheide mich für einen Zickzackkurs zwischen den baufälligen Häusern hindurch.

Schon höre ich unsere Verfolger wieder hinter uns herlaufen.

Verdammt, warum sind die so schnell? Ich schaue mich um, ob ich irgendwo ein Schlupfloch entdecke, in dem wir uns verstecken könnten, aber die Türen und Fenster der beiden Häuser sind leider mit Sperrholzplatten vernagelt. Lediglich ein größerer Stapel mit langen Brettern ist vielleicht hoch genug, dass wir uns dahinterkauern könnten. Ich greife nach Katjas Hand, ziehe sie hinter den Stapel und hocke mich hin.

»Was wollen die denn von uns?«, schluchzt Katja. »Unser Geld? Ist das ein Überfall?«

Ich sage nichts, sondern lege ihr den Zeigefinger auf die Lippen.

Durch eine Lücke in den Brettern kann ich sehen, dass die Typen nur noch ungefähr zehn Meter von uns entfernt angelaufen kommen. Der eine tippt dem anderen auf die Schulter und gibt ihm ein Zeichen, sich auch bei den Häusern umzusehen. Es ist höchstens noch eine Frage von drei, vier Minuten, bis sie uns haben. Vorsichtig krame ich mein Handy aus der Handtasche und stelle es schnell auf lautlos. Ich überlege, ob ich flüsternd die 110 anrufen kann. Aber der eine der beiden Schläger steht nun direkt auf der anderen Seite des Stapels, er wird mich vielleicht hören. Also tippe ich eine Nachricht:

> Überfall! Baustelle hinter Bergstraße in Bansin.
> Bitte helfen Sie mir! Franzi

Schnell drücke ich auf Senden und bete inständig, dass Kay Lorenz um diese Uhrzeit noch auf sein Handy guckt.

Gott sei Dank – keine zehn Sekunden später erscheinen zwei blaue Häkchen hinter der Nachricht. Er hat sie gelesen! Und zieht daraus hoffentlich die richtigen Schlüsse.

Die Schritte auf der anderen Seite kommen näher, Katja und ich drücken uns noch dichter an die Holzbretter. Ich wage kaum noch zu atmen. Katja hingegen schluchzt immer wieder auf, und am liebsten würde ich sie anschreien, sich endlich zusammenzureißen, aber das ist natürlich völliger Unsinn. Also bleibt mir nichts anderes übrig, als ein Stoßgebet nach dem anderen gen Himmel zu schicken.

Wieder schluchzt Katja, ich greife nach ihrer Hand und drücke sie fest, in der Hoffnung, dass sie das beruhigt. Tut es leider nicht, stattdessen wirft sie sich mit einem Mal gegen mich, so dass ich noch mehr gegen den Stapel gedrückt werde, der daraufhin gefährlich zu schwanken beginnt. Oh, nein! Bleib gefälligst stehen!

Ich versuche vergeblich, die Bretter auf meiner Höhe festzuhalten. Aber ein ganzer Stapel lässt sich nicht mit einem einzigen Brett stabilisieren. Ich spüre ein kurzes Erzittern der Bretter neben mir, dann stürzt der gesamte Stapel mit einem lauten Rumpeln um und gibt den Blick auf uns frei. Die Köpfe der Männer, die immer noch auf der anderen Seite stehen, fahren zu uns herum. Okay, jetzt sind wir geliefert.

22

Auch wenn die Lage für uns nicht gut aussieht – kampflos aufgeben werde ich nicht. Ich schnappe mir eines der langen Bretter, die nun vor mir auf dem Boden liegen. Es ist einigermaßen schwer, aber darauf kann ich jetzt keine Rücksicht nehmen. Als der größere der beiden Männer auf mich zustürmt, hole ich aus und schlage mit der Latte kräftig zu. Am liebsten hätte ich ihn natürlich am Kopf erwischt, aber weil ich nicht die optimale Schlagdistanz habe, treffe ich ihn eher am Oberarm. Er zuckt zusammen, anhalten tut er trotzdem nicht. Sofort steht er vor mir, packt mich mit beiden Händen am Hals und schüttelt mich. Ich merke, wie mir das Blut in den Kopf schießt. Ich bekomme Ohrenrauschen und nur noch sehr schlecht Luft. Das hält mich aber nicht davon ab, um mich zu treten, und tatsächlich erwische ich den Kerl am Schienbein. Er stöhnt auf und lockert seinen Griff für einen Moment, was ich dazu nutze, mich herauszuwinden.

Ich springe zur Seite und schnappe mir wieder die Latte, die auf dem Boden neben uns liegt. Leider übersehe ich dabei, dass jetzt auch sein Kumpan auf mich zukommt. Als ich wieder gerade stehe, trifft mich sein rechter Haken direkt an der Schläfe, mir wird kurz schwarz vor Augen, und ich gehe zu Boden. Dann höre ich einen spitzen Schrei und sehe aus den Augenwinkeln, dass sich irgendetwas auf den Typen stürzt. Es ist offenbar Katja, die aus ihrer Schockstarre erwacht ist und dem Kerl nun wie eine Wildkatze im Nacken sitzt. Er versucht, sie abzuschütteln, was ihm nach wenigen Sekunden auch gelingt.

Kaum liegt Katja auf dem Boden, verpasst ihr der Mann mehrere gezielte Tritte. Ich robbe zu ihr, um den brutalen Angriff zu stoppen, und kassiere dabei ebenfalls einen Fußtritt. Langsam schwinden mir die Kräfte, und lähmende Verzweiflung breitet sich in meinem ganzen Körper auf. Der größere der beiden Männer hat sich nun auch mit einem Holzbrett bewaffnet und läuft auf Katja und mich zu. Ich schließe die Augen, denn ich will nicht sehen, was nun unweigerlich kommen wird.

In diesem Moment ertönt von der Straße her eine Sirene. Ja, ich bilde mir das nicht ein – es ist eindeutig die Sirene eines Polizeiwagens. Ich öffne die Augen wieder und kann schon das Flackern eines Blaulichts auf der gegenüberliegenden Häuserwand sehen. Ich möchte aufspringen, laut jubeln oder zumindest so etwas wie *Hier sind wir!* rufen, aber ich habe keinerlei Kraft mehr in mir, also bleibe ich einfach liegen.

»Die Polizei!«, flüstert Katja mir zu. »Sie ist da! Das ist ein Wunder!«

Die Männer zögern kurz, dann wirft der Große die Latte weg und rennt davon. Der Kleine macht einen Schritt auf mich zu, bückt sich und rammt mir seine Faust in die Seite. Es tut ziemlich weh, aber macht mir keine Angst mehr. Kurz darauf sind beide in der Dunkelheit verschwunden. Von der anderen Seite sehe ich nun Taschenlampen aufleuchten und höre Stimmen. Jemand kommt auf uns zugelaufen.

»Hallo, hier sind wir!«, rufe ich mit krächzender Stimme. Ein Lichtkegel erfasst uns, dann taucht Kerstin Riebesehl auf, dahinter ihr Kollege Dennis Pawlak.

»Meine Güte!«, ruft Riebesehl. »Frau Mai, was ist passiert?«

»Wir sind überfallen worden«, krächze ich weiter. »Zwei Männer, ganz in Schwarz, sie sind nach da drüben abgehauen.« Ich setze mich auf und zeige in die Richtung, in die die beiden Typen gelaufen sind. Pawlak nickt.

»Alles klar! Ich schaue, ob ich sie noch erwische.«

Er rennt los, Kerstin Riebesehl kniet sich neben mich und leuchtet mir ins Gesicht. Ich muss die Augen zusammenkneifen, so blendet mich das Licht ihrer Taschenlampe.

»Sie haben echt etwas abbekommen«, sagt die junge Polizistin mitfühlend. »Hier!« Sie tupft mit einem Taschentuch an meine Schläfe, und erst jetzt merke ich, dass dort etwas Warmes herunterläuft.

»Ich war noch nie so glücklich, eine Polizistin zu sehen!«, murmle ich und versuche, möglichst dankbar zu lächeln. Sie lächelt zurück.

»Das ist das Verdienst von Kay Lorenz. Er hat vor zehn Minuten angerufen und einen Notruf abgesetzt. Wir sind natürlich sofort losgefahren.«

»Sind sie weg?«, kommt es kläglich wimmernd von Katja, die mittlerweile zu uns herübergerobbt ist. Kerstin Riebesehl legt einen Arm auf ihre Schulter.

»Ja, aber mein Kollege versucht, sie noch zu erwischen.«

Katja beginnt leise zu weinen. Riebesehls Handy klingelt.

»Ja? Hallo, Kay. Ja, wir haben sie gefunden ... Mittelprächtig, würde ich sagen. Weiß ich noch nicht, Moment ...« Sie leuchtet zu uns herüber. »Soll ich einen Krankenwagen rufen?«

Ich schüttle den Kopf.

»Danke, für mich nicht, glaube ich.«

Am ernsten Gesichtsausdruck von Kerstin Riebesehl sehe ich, dass sie offenbar anderer Meinung ist.

»Ihre Freundin hier sieht ziemlich angeschlagen aus.« Sie kniet sich direkt neben Katja und betrachtet sie eingehend.

»Wie geht es Ihnen jetzt? Haben Sie Schmerzen?«

Katja antwortet nicht, stattdessen hören wir nur ein leises Wimmern.

»Klarer Fall«, stellt Riebesehl knapp fest. Sie steht auf und spricht wieder in ihr Handy. »Ich rufe jetzt einen Krankenwagen, Kay. Halte dich auf dem Laufenden. Tschüs!«

Dennis Pawlak kommt zurückgelaufen.

»Hab sie nicht mehr erwischt, tut mir leid. Die sind wie vom Erdboden verschluckt!«

Ich nicke und versuche aufzustehen. Das gelingt mir zwar, fühlt sich aber ganz schön wackelig an.

»Alles okay?« Auch Dennis Pawlak guckt, soweit ich das unter diesen Lichtverhältnissen beurteilen kann, sehr besorgt.

»Ja, danke. Ich habe mich zwar schon mal besser gefühlt, aber ich denke, außer einer großen Beule am Kopf habe ich nichts abbekommen.«

»Sie zittern!«, stellt Pawlak fest.

Tatsächlich – jetzt merke ich es auch. Ich zittere wie Espenlaub.

»Mir ist ein bisschen kalt.«

»Kommen Sie, nehmen Sie meine Jacke.«

Das freundliche Angebot kommt von: Kay Lorenz! Woher ist der denn auf einmal aufgetaucht? Ich schaue vermutlich genauso überrascht, wie ich mich gerade fühle, denn jetzt lächelt er und setzt zu einer Erklärung an.

»Ich bin natürlich auch gleich losgefahren, als ich Ihre Nachricht bekommen habe. Also, nachdem ich die Kollegen alarmiert hatte. Mein Wagen ist ja wieder flott, und mein Blaulicht für die Sonderfahrt funktioniert auch ganz hervorragend. Keine zwanzig Minuten habe ich gebraucht.«

»Mannomann«, seufze ich, »ich bin echt froh, Sie zu sehen! Sie haben uns gerettet, schätze ich.«

»Vielen Dank!« Kay Lorenz lächelt immer noch, während er mir seine Jacke um die Schultern legt. »Ist aber mein Job. Also, Sie zu retten, wenn es drauf ankommt, meine ich.« Dann seufzt er tief. »Allerdings haben wir die Täter leider nicht fassen können. Richtig, Pawlak?«

»Leider ja, Herr Hauptkommissar«, bestätigt Dennis Pawlak und klingt dabei ernsthaft betrübt.

Wieder flackert ein Blaulicht auf, allerdings diesmal ohne Sirene. Es ist der Krankenwagen, der direkt auf die Baustelle fährt. Als er angehalten hat, steigen zwei Sanitäter in knallorangen Jacken aus.

»Hier drüben!«, ruft Kerstin Riebesehl und dirigiert sie zu Katja, die immer noch gekrümmt auf dem Boden liegt. Der ältere der beiden Sanitäter kniet sich neben sie und spricht leise mit ihr, dann dreht er sie auf den Rücken und leuchtet ihr mit einer kleinen Taschenlampe ins Gesicht. Danach tastet er ihren Bauch ab, Katja stöhnt laut auf.

»Clemens, bring mir mal den Koffer«, sagt er dann, was der so Angesprochene sofort macht. Die nächsten fünf Minuten sind die beiden damit beschäftigt, Katja gründlicher zu untersuchen und mit einem Schmerzmittel zu versorgen. Jedenfalls glaube ich das, denn der Ältere gibt Katja eine Spritze, und sie hört kurz darauf auf zu wimmern. Dann holen sie eine Trage mit aufklappbaren Rollgestell aus dem Wagen und legen Katja darauf.

Ich gehe hinüber und streiche Katja über die Wange.

»Es wird alles wieder gut, Süße!«

Sie guckt mich mit müden Augen an und nickt mir zu.

»Sagst du Manni Bescheid?«

»Natürlich! Er kommt bestimmt gleich, und morgen bist du schon wieder munter.«

Die Sanitäter rollen das Tragegestell zum Wagen. Auf meiner Höhe halten sie noch mal an.

»Oh, Sie haben aber auch etwas abgekommen. Warten Sie bitte hier«, sagt der jüngere Sanitäter.

Er verschwindet und kommt kurz darauf mit einem Sprühfläschchen, einem Tupfer und einem Pflaster wieder. Er streicht mir die Haare aus der Stirn und gibt einen Sprühstoß auf meine Schläfe. Es brennt kurz, ich zucke zusammen.

»Tut es weh?«, erkundigt er sich mitfühlend. Ich schüttle den Kopf.

»Nein, nicht wirklich.«

»Gut!« Er klebt mir vorsichtig ein Pflaster auf. »Wir fahren Ihre Freundin jetzt nach Wolgast«, erklärt er mir. Dann geht er wieder zu seinem Kollegen, und gemeinsam verladen sie Katja, steigen selbst wieder ein und fahren los. Ich bleibe stehen und schaue dem Wagen hinterher. Es ist völlig unwirklich – wie konnte das nur passieren? Es sollte doch einfach ein lustiger Freitagabend werden!

»Wie geht es Ihnen?«, fragt mich Kay Lorenz und holt mich damit wieder ins Hier und Jetzt.

»Ganz gut, danke!«

»Ich würde Ihnen dann gern ein paar Fragen stellen.«

Ich nicke.

»Natürlich. Fragen Sie.«

*

Eine gute Stunde später liege ich zu Hause auf meinem Bett und bin zwar völlig fertig, kann aber nicht einschlafen. Ich bin total überdreht, außerdem habe ich Kopfschmerzen. Leider habe ich kein Aspirin oder Ibuprofen in meiner Wohnung, und Manni ist nicht da, der verbringt die Nacht bei Katja im Krankenhaus. So ein Mist! Ich überlege. Habe ich nicht neulich von Sonja einen Blister Kopfschmerztabletten bekommen? Was habe ich mit dem gemacht? Vielleicht einfach in meine Jackentasche gesteckt? Das wäre ja großartig!

Ich rapple mich vom Bett auf und wanke in den Flur, wo ich vorhin meine Jacke an die Garderobe gehängt habe. Ein Griff in die linke Tasche – nichts. Einer in die rechte – da ist tatsächlich etwas drin. Ich ziehe es heraus. Es ist allerdings kein Blister, sondern ein zerknüllter Zettel. Ich falte ihn auseinander und streiche ihn glatt. Schmuckloses weißes DIN-A4-Papier, aber der in schlichtem Schwarz gedruckte Text lässt mich sofort wieder zittern.

Löse lieber deine eigenen Probleme. Ich weiß, wo du wohnst.

Wie kommt dieser Zettel in meine Jackentasche? Von wem ist der? Ich denke nach, was mir mit Kopfschmerzen wirklich nicht leichtfällt. Aber dann weiß ich es: Der Stoß in die Rippen war gar kein Stoß in die Rippen. Sondern ein Griff in meine Jackentasche! Der Zettel stammt von den beiden Typen, da bin ich mir ganz sicher. Die wollten uns nicht überfallen und ausrauben. Nein – der Überfall war in Wirklichkeit eine Botschaft an mich. Wer auch immer hinter dem Angriff steckt, ihm passt meine neue Sendung nicht. Aus meinem leichten Zittern wird jetzt ein heftiges. Denn ich bin gerade ganz allein zu Hause. Wo mich diese Schläger jederzeit *besuchen* könnten.

Ich muss sehr trocken schlucken. Dann hole ich mir mein Handy und schaue auf das Display. Schon zwanzig nach eins. Ich zögere kurz und wähle schließlich mit zitternden Fingern eine Nummer, an die ich heute schon mal eine Nachricht geschickt habe. Zu meiner großen Erleichterung geht Kay Lorenz sofort ran.

»Frau Mai?« Lorenz klingt überrascht.

»Entschuldigen Sie die späte Störung«, stammle ich unsicher. »Aber… ich habe eben einen Drohbrief bekommen.«

Offenbar unterdrückt Kay Lorenz nur mühsam ein Gähnen, bevor er weiterspricht.

»Einen Drohbrief? Was steht da drin?«

»Löse lieber deine eigenen Probleme. Ich weiß, wo du wohnst.«

»Sind Sie momentan allein zu Hause?«

»Ja, leider. Der Mann von Katja ist zu ihr ins Krankenhaus gefahren.«

Jetzt folgt wirklich ein Gähnen.

»Okay. Ich komme vorbei.«

»Brauchen Sie noch mal meine Adresse?«, will ich wissen. Lorenz lacht.

»Ich habe Sie vor ungefähr einer Stunde zu Hause abgesetzt, ich bin nicht dement. Bis gleich.«

Er legt auf, und ich hoffe sehr, dass bis gleich auch wirklich *bis gleich* bedeutet. Unschlüssig stehe ich im Flur herum, dann gehe ich in die Küche und ziehe die Besteckschublade auf. Ein paar lange, scharfe Küchenmesser habe ich schon. Ist es übertrieben, mir eins davon zurechtzulegen? Alternativ hätte ich noch einen Golfschläger, den ich mir mal für eine Reportage über den Golfclub Balmer See zugelegt habe. Ich beschließe, dass Vorsicht die Mutter der Porzellankiste ist, und nehme sowohl das Messer aus der Schublade als auch den Schläger aus meinem Garderobenschrank. So bewaffnet, setze ich mich auf die Couch in meinem Wohnzimmer und warte.

Lange muss ich das nicht tun, schon eine Viertelstunde später klingelt es an meiner Tür. Ich drücke den Knopf der Gegensprechanlage und sage misstrauisch »Hallo?«. Es knistert, dann höre ich eindeutig die Stimme von Kay Lorenz.

»Hallo, Sie hatten Personenschutz bestellt?«

Ich drücke den Türöffner und mache meine Haustür einen Spalt weit auf. Schritte klingen im Treppenhaus. Ich schließe die Tür wieder und lege die Kette davor. Sicher ist sicher.

Nun klingelt es direkt an der Haustür.

»Hallo, ich bin oben. Machen Sie auf?«

Ich öffne, so weit es die Kette zulässt, und linse durch den Türspalt. Tatsächlich. Kay Lorenz. Er hebt die Hand und grüßt freundlich.

»Lassen Sie mich rein?« Ich nicke, schließe die Tür kurz, um die Kette zu lösen, und mache dann auf. Kay Lorenz steht vor mir, blickt auf Messer und Golfschläger und schüttelt den Kopf.

»Frau Mai, sollen das etwa Waffen sein?«

»Klar. Noch mal lasse ich mich von solchen Typen nicht überraschen.«

Er pfeift. Ob anerkennend oder lediglich überrascht, weiß ich nicht. Ist mir aber auch egal. Ich bitte ihn ins Wohnzimmer, er setzt sich in den Sessel gegenüber der Couch.

»So, nun zeigen Sie mir bitte mal den Drohbrief.«

Ich hole den Brief, der mittlerweile in der Küche auf der Arbeitsplatte liegt. Vorsichtshalber habe ich mir jetzt einen Küchenhandschuh übergestreift. Ich bin schließlich lernfähig.

Kay Lorenz muss lachen, als er mich so sieht.

»Da wird sich die KTU aber freuen!«, sagt er und nimmt den Brief mit den Fingern in einer Plastiktüte entgegen. Dann liest er kurz.

»*Löse lieber deine eigenen Probleme.* Sieht ganz so aus, als ob es den Tätern um Ihre neue Sendung geht. Die scheint denen nicht besonders gut zu gefallen.« Er grinst. »Wobei dann eine Beschwerde an den Rundfunkrat eher angebracht wäre.«

»Haha, sehr lustig«, knurre ich.

»'tschuldigung. Ich wollte Sie nur ein bisschen aufmuntern. War unangebracht, tut mir leid!«

»Schon gut. Aber ich denke, Sie haben recht. Es hat bestimmt etwas mit der Sendung zu tun. Irgendjemandem sind wir damit mächtig auf die Füße getreten.«

»Ist der Fall Peters bisher das einzige Thema, das Sie behandelt haben?«

Ich schüttle den Kopf.

»Nein, heute hatten wir einen neuen Fall.«

»Nämlich?«

»Es ging es um Immobilienspekulation. Darum, dass sich die Usedomer ihre eigene Insel bald nicht mehr leisten können, wenn die Preise hier durch Investoren immer weiter in die Höhe getrieben werden. Katjas Inseltreff war eines unserer Beispiele. Das Haus soll verkauft und abgerissen werden, damit dort eine neue Hotelanlage entstehen kann.«

»Oh, wenn es den Tätern darum ging, hätten die Sie heute Abend praktischerweise beide erwischt. Aber das kann auch Zufall gewesen sein. Es ist auch denkbar, dass hier jemand nicht glücklich mit Ihren Ermittlungen im Mordfall Peters ist.«

Ich bringe ein schiefes Lächeln zustande.

»Einen, auf den das zutrifft, kenne ich persönlich.«

»Ja, aber der würde Ihnen deswegen nicht im Dunkeln auflauern. Stattdessen wird der die nächsten Stunden auf Ihrem Sofa verbringen, um Sie zu beschützen.«

Da hat er natürlich recht, und ich merke, dass ich einen Anflug von schlechtem Gewissen bekomme.

»Alles gut?«, fragt Kay.

»Doch, doch, ich habe nur kurz nachgedacht, ob ich vielleicht hysterisch bin.«

Energisches Kopfschütteln beim Kommissar.

»Nein, überhaupt nicht. Ich nehme diese Drohung sehr ernst. Sonst wäre ich nicht gekommen. Und deswegen werde ich für den Rest der Nacht einfach hierbleiben. Morgen überlegen wir, wie es die nächsten Tage weitergeht, und dann haben wir die Täter ja hoffentlich auch bald dingfest gemacht.«

»Vielen Dank. Also, wenn ich noch irgendwas für Sie tun kann?«

»Eine Decke wäre nett. Ich haue mich hier aufs Ohr.« Er zieht seine Schuhe aus, stellt sie neben das Sofa und legt sich hin. Dann blickt er zu mir auf. »Keine Sorge, wenn jemand einbrechen sollte, bin ich sofort hellwach. Versprochen!«

23

Nach sehr unruhigem Schlaf werde ich von dem Klacken des Haustürschlosses wach. Sofort sitze ich senkrecht im Bett, und Panik steigt in mir hoch – bis mir dann wieder einfällt, dass ich einen Beschützer hier habe. Oder habe ich das nur geträumt? Ich werfe einen Blick auf den Wecker auf meinem Nachtisch. 8:15 Uhr – schon so spät? Noch im Liegen greife ich mir meinen Bademantel, der über dem Stuhl neben meinem Bett hängt, und ziehe ihn mir an, während ich aufstehe. Ich möchte schließlich ungern, dass Kay Lorenz mich in meinem rosafarbenen Häschen-Pyjama zu Gesicht bekommt.

Dass diese Sorge unbegründet ist, stelle ich fest, als ich vom Schlafzimmer ins Wohnzimmer gehe. Von Lorenz keine Spur, nur ein Zettel liegt noch auf dem Sofa.

Hoffentlich haben Sie gut geschlafen. Bin jetzt unterwegs Richtung Ponyhof. Melde mich später. Grüße, K.L.

Okay. Erstens: Er war wirklich da, keine Einbildung meinerseits. Zweitens: Er ist schon wieder weg. Wahrscheinlich war das Klacken sein Abgang. Auch gut. Jetzt, bei Tageslicht, kommt mir die ganze Situation auch nicht mehr ganz so gefährlich vor wie gestern Nacht. Aber ich mache mir Sorgen um Katja. Hoffentlich geht es ihr besser. Ich hole mein Handy vom Nachtisch und rufe sie an. Sofort springt die Mailbox an. Als Nächstes probiere ich es bei Manni. Dort klingelt es zwar, aber er geht auch nicht ran.

Ich gucke aus dem Fenster, von dem aus ich seinen Parkplatz vor dem Haus sehen kann – sein Wagen ist immer noch weg. Klar, er wird vermutlich erst mal bei ihr in Wolgast bleiben. Samstags macht der Inseltreff erst um 17 Uhr auf, es gibt also auch keinen Grund, früher nach Hause zu kommen.

Ich beschließe, mir erst mal einen Kaffee zu kochen und dann Janis anzurufen. Es ist zwar Samstag, aber ein Vollblutjournalist kennt kein Wochenende, wenn es um einen brisanten Fall geht! Allerdings werde ich bis neun Uhr mit meinem Anruf warten, ich bin schließlich kein Unmensch.

Punkt neun lasse ich es bei Janis dann aber so lange klingeln, bis die Mailbox rangeht. Ich warte kurz, dann wähle ich erneut. Dieses Spielchen wiederhole ich dreimal, dann habe ich ihn endlich an der Strippe.

»Was'n los?«, gähnt er ins Telefon.

»Wir müssen uns sofort treffen!«, belle ich meine Antwort mehr, als ich sie spreche.

»Uah, echt, Franzi! Es ist Samstag und noch nicht mal zehn Uhr!«

»Na und? Katja und ich sind gestern Nacht überfallen worden – und Katja liegt noch im Krankenhaus. Ich bin mir sicher, dass es wegen unserer Sendung war – ich habe einen Drohbrief erhalten.«

»Oh, mein Gott! Das ist ja schrecklich!« Janis klingt wirklich geschockt. »Wie geht es Katja?«

»Gestern Abend sehr schlecht – heute hoffentlich besser. Manni ist bei ihr geblieben, ich erreiche ihn nur leider gerade nicht.«

»Und was für ein Drohbrief war das? Wann hast du den überhaupt bekommen? Das ist echt eine furchtbare Geschichte!«

»Ist es, eindeutig. Und ich erzähle sie dir in voller Länge, wenn wir uns gleich zum Frühstück treffen. Wollen wir in einer halben

Stunde im *Tropenhaus Café* sagen? Danach könnten wir vielleicht auch zu Katja fahren, falls sie schon Besuch bekommen kann.«

»Weiß nicht. Frühstückscafé? Auf meinem Konto sieht es sehr mau aus. Raimund zahlt uns Volis echt beschissen.«

Ich seufze.

»Botschaft angekommen. Ich lade dich ein. Also, in einer halben Stunde?«

»Stunde. Ich muss mich noch anziehen, und wenn gleich kein Bus fährt, muss ich nach Bansin radeln.«

»Wie schrecklich! Da brauchst du bestimmt 'ne halbe Stunde, das sind ja immerhin neun Kilometer.«

»Lach du nur. Aber vergiss deine EC-Karte nicht. Ich habe GROSSEN Hunger!«

*

Das *Tropenhaus Café* ist Teil eines sehr originellen Konzepts – es ist das einzige Hotel in ganz Deutschland, das über einen eigenen Tropenzoo verfügt. Das weiß ich deshalb so genau, weil ich dort vor zwei Jahren einmal eine Reportage über ein neues Chamäleon gemacht habe. Das allerdings regte sich über den Anblick meines Aufnahmegeräts so sehr auf, dass es zur Enttäuschung der großen und kleinen Zoobesucher die nächsten sechs Wochen nicht mehr unter den Blättern seines Kletterbaums hervorkam und dort fast verhungert wäre.

Als ich ankomme, sitzt Janis schon in einem der apfelgrünen Stühle im hübschen Café-Bereich, der mit viel Holz und Liebe gestaltet worden ist. Aus irgendeinem Grunde studiert er die Karte, was völlig überflüssig ist, weil es hier zum Frühstück ein tolles Buffet gibt.

»Was suchst du denn da?«, will ich also zur Begrüßung wissen.

»Ich gucke, was hier so an veganen Sachen angeboten wird. Also, ob die auch Soja- oder Hafermilch haben.«

Habe ich mich da gerade verhört? Currywurst-Jünger Janis sucht nach Hafermilch?

»Ist das nur Recherche, oder willst du dein Müsli tatsächlich nicht mit Kuhmilch?«, kichere ich.

»Was ist denn so lustig daran, wenn ich mir mal mehr Gedanken über meine Ernährung mache?«

»Gar nichts. Ich wundere mich nur über deinen plötzlichen Sinneswandel.« Ich ziehe mir auch einen grünen Stuhl unter dem Tisch hervor und setze mich zu Janis. »Ich meine, dein Motto ist doch bisher eindeutig *Fleisch ist mein Gemüse.*«

Janis zuckt mit den Schultern.

»Ich habe mich eben die letzten Tage sehr viel mit dem Thema beschäftigt. Max hat mir das ganze Material gezeigt, das die *Friends* am Stand und im Büro haben. Da geht es ja nicht nur um die Fische. Wusstest du zum Beispiel, dass man drei Kilo Getreide als Futter für Nutztiere braucht, um ein Kilo Fleisch zu erzeugen?«

»Äh, nein. Wusste ich nicht. Ist sehr interessant, aber heute nicht unser Thema.«

Ich winke der Bedienung, bestelle für uns zweimal das Frühstückbuffet und ordere für mich einen Milchkaffee. Mit Vollmilch. Janis schüttelt den Kopf, nimmt dann aber auch einen Milchkaffee.

»Also, Chefin, nun erzähl mal – was ist gestern passiert?«

Noch bevor unser Kaffee kommt, habe ich Janis alle Ereignisse der gestrigen Nacht inklusive Drohbrief zusammengefasst. Fast alle Ereignisse. Zu dem Personenschutz durch Kay Lorenz komme ich erst, nachdem Janis den ersten Schluck aus seiner dampfenden Tasse genommen hat. Er verschluckt sich prompt und fängt an zu husten.

»Der Typ ist sofort gekommen, als du ihn angerufen hast? Und hat dann auf deinem Sofa geschlafen? Also, da kannst du mir jetzt viel erzählen, aber …«

»Janis!«, unterbreche ich ihn unwirsch, »ich hatte echt Panik! Und ich war ganz allein im Haus. Was hätte ich gemacht, wenn die Typen mich da noch mal überfallen hätten?«

Janis hebt die Hände.

»Ist ja gut, tut mir leid. Es klang im ersten Moment eben etwas komisch.«

»Mag sein. Aber das war es nicht. Wo hätte der nachts um eins noch Personenschutz für mich herkriegen sollen?«

Janis nickt.

»Stimmt. Und jetzt?«

»Also, wir haben über zwei Fälle berichtet. Den Mord und die Miethaie. Es muss etwas mit einem davon zu tun haben. Wir müssen herausfinden, mit welchem. Dann finden wir mit Sicherheit auch die Spur, die uns zu den Schlägern führt, die Katja und mich überfallen haben.«

»Hast du einen der Männer vielleicht erkannt?«

Ich schüttle den Kopf.

»Nee, leider nicht. Der eine war ziemlich groß, der andere deutlich kleiner. Aber beide hatten schwarze Klamotten an, Hoodies und Sturmhauben. Die sind auf Nummer sicher gegangen. Auch gesprochen haben die kein Wort. Nur einmal, als ich dem einen in die Eier getreten habe, da hat er ›Schlampe‹ geschrien.«

»Autsch!« Janis verzieht das Gesicht. »Und? Stimme erkannt?«

»Weiß nicht. Vielleicht habe ich die wirklich schon mal gehört, aber falls ja, fällt mir nicht mehr ein, bei wem.«

»Also wenn du mich fragst – der Überfall hängt garantiert mit dem Mord zusammen. Kann mir nicht vorstellen, dass jemand einen Schlägertrupp losschickt, nur weil der *Inseltreff* vom Verkauf bedroht wird.«

»Weiß nicht. Immerhin geht es da um eine Menge Geld«, halte ich dagegen.

»Nee, nee«, verkündet Janis im Brustton der Überzeugung.

»Da steckt der Netzmörder dahinter. Den müssen wir kriegen. Und wenn die Polizei so lahm ist, müssen wir eben selbst den Mord aufklären. Also, was fehlt uns zum Durchbruch?«

Ich rühre in meinem Kaffee herum und denke nach.

»Zwei Sachen brauchen wir: erstens Zeugen. Und zweitens Helena.«

»Zeugen? Wofür?«

»Für die Tatzeit. Wir brauchen Menschen, die abends in Zeglin unterwegs waren und einen unserer Verdächtigen gesehen haben.«

»Dann sollten wir uns Fotos besorgen«, schlägt Janis vor. »Von den Menschen, die unserer Meinung nach sowieso verdächtig sind.«

»Schollmeyer und Friedeberg? Aber wie kommen wir an Fotos von denen?«

»Hallo, Franzi – schon mal was vom Internet gehört?« Janis grinst sein breitestes Grinsen.

»Ja, aber ich glaube, das wird sich nicht durchsetzen.«

»Okay, aber solange es das noch gibt, werde ich bestimmt ein paar schöne Fotos von unseren beiden Verdächtigen aus dem Netz fischen können. Auf der Homepage von *Green Nature Fundraising* ist doch ein Foto von Schollmeyer, und irgendwo werden wir auch eines von Friedeberg finden.«

Ich überlege.

»DLRG!«, rufe ich dann laut.

»Hä?« Janis schaut mit verständnislos an.

»Friedeberg arbeitet ehrenamtlich bei der Deutschen Lebensrettungsgesellschaft. Er gibt Kurse für Jugendliche, die können bei ihm den Bootsführerschein machen, glaube ich. Da gibt es bestimmt ein nettes Foto von ihm auf der Homepage.«

»Momentchen, das haben wir gleich«, sagt Janis und tippt auf seinem Handy herum. Schließlich nickt er zufrieden. »Oh, ja, es gibt sogar ein sehr nettes Foto von ihm. Guck mal.« Er hält mir das Display entgegen, und ich schaue einem lächelnden, zufrieden dreinblickenden Friedeberg ins Gesicht.

»Prima! Die beiden Fotos drucken wir aus, und dann machen wir uns in Zeglin auf die Suche. Irgendjemand muss doch etwas gesehen haben. Vielleicht haben wir ja Glück: Der Mord ist am Dienstagabend passiert, viele Feriengäste kommen doch für eine Woche, könnten also heute noch da sein.«

Janis nimmt noch einen Schluck Kaffee.

»Bleibt uns zweitens: Helena. Was genau wollen wir von ihr?«

»Mein Gefühl sagt mir, dass sie viel mehr über diese ganze Geschichte weiß, als wir denken. Es gibt einfach zu viele Verbindungen von ihr zu Peters und Schollmeyer. Und dass sie ausgerechnet jetzt wie vom Erdboden verschluckt ist, halte ich auch für verdächtig. Wir müssen sie also finden und befragen. Ich bin mir sicher, dann sehen wir um einiges klarer.«

Janis hebt ratlos die Hände.

»Aber wie finden wir sie? Im Radio können wir schlecht einen Suchaufruf starten, wenn wir nicht deinen Schlägertrupp auf sie aufmerksam machen wollen.«

Ich nicke.

»Ja, das ist wirklich zu gefährlich. Wir könnten auch in Zinnowitz nach ihr fragen, in dieser Drogerie. Allerdings ist selbst die Polizei damit anscheinend nicht besonders weit gekommen. Jedenfalls hat Lorenz nichts darüber gesagt.« Was natürlich überhaupt nichts heißt, füge ich in Gedanken hinzu. Dass er Schollmeyer getroffen hat, hat er mir auch erst später erzählt. Aber vielleicht lag das wirklich nur an seiner Sorge, dass ich mich verquatschen könnte.

»Bist du mit dem Auto hier?«, will Janis wissen.

»Klar. Du kennst doch mein Motto: Keine drei Meter zu Fuß!«

»Dann habe ich folgenden Vorschlag: frühstücken, in der Redaktion die Fotos ausdrucken, in Zinnowitz nach Helena fragen, in Zeglin die Fotos rumzeigen und dann zum Schluss Katja in Wolgast besuchen. Gut?«

»Sehr gut! Du musst eine exzellente Ausbilderin haben!«

*

»Wer sind Sie noch mal?«

Die ältere, stark geschminkte Dame hinter dem Verkaufstresen der *Ostsee-Beauty-Boutique* schaut uns ziemlich misstrauisch an. Hier haben wir gerade nach Helena Wrede gefragt, nachdem uns der Verkäufer im Supermarkt eine Straße weiter auf unsere Frage nach einer Drogerie mit »Beauty« im Namen hierhergeschickt hat.

»Ich bin Franzi Mai vom Bäderland-Radio. Frau Wrede hat bei unserem großen Frühlings-Gewinnspiel mitgemacht und gewonnen«, schwindle ich, ohne mit der Wimper zu zucken. »Ich bin gewissermaßen die Glücksfee!«

Der Blick ist immer noch nicht überbordend freundlich, aber zumindest weicht das Misstrauen aus ihm.

»Tut mir leid, Frau Wrede ist im Urlaub. Sie müssen doch ihre Adresse haben, warum versuchen Sie es nicht bei ihr zu Hause? Ich glaube nicht, dass sie weggefahren ist.«

Ich nicke.

»Ja, klar, die Adresse haben wir. Aber da waren wir schon. Sie hatte uns gesagt, wo sie arbeitet, deswegen sind wir hier.«

»Tja, sie kommt erst in zwei Wochen wieder.« Die Frau legt die Stirn in Falten und denkt offenbar nach. »Oder vielleicht ist sie auch mit ihren Fischfreunden unterwegs? Helena arbeitet in ihrer Freizeit ehrenamtlich für so einen Tierschutzverein. Verbringt wirklich sehr viel Zeit da, das Mädchen. Also vielleicht haben Sie da Glück. Meistens stehen die in Ahlbeck an der Seebrücke.«

»Danke für den Hinweis! Dann fahren wir mal nach Ahlbeck«, flöte ich und will schon mit Janis den Rückzug antreten, da fällt der Verkäuferin doch noch etwas ein.

»Warten Sie mal. *Franzi Mai,* sagten Sie?«

Ich drehe mich wieder zu ihr um.

»Ja, wieso?«

Die Verkäuferin kommt einen Schritt auf mich zu und mustert mich.

»Ich habe gestern Ihre Sendung gehört. Die mit den Immobilienspekulanten.« Wenn mich nicht alles täuscht, lächelt die Verkäuferin nun. »Das ist ein wichtiges Thema. Bleiben Sie dran an diesen Kapitalistenschweinen, Frau Mai, da haben wir alle was von!«

24

»Wow, *Kapitalistenschweine*! Das hat sie wirklich gesagt!« Janis kann sich kaum beruhigen, als wir von Zinnowitz weiter nach Zeglin fahren. »Im ersten Moment dachte ich, hey, vielleicht ist die Olle selbst Immobilienspekulantin und brät dir gleich eins mit dem Lockenstab über, so böse, wie die die ganze Zeit geguckt hat. Und dann das!« Er lacht laut und trommelt mit den Händen gegen das Beifahrerfenster. »Schon unglaublich, wer so alles Bäderland-Radio hört!«

»Nun krieg dich mal wieder ein«, fauche ich. »So unfassbar ist das auch wieder nicht, dass wir mal auf eine Hörerin treffen. Du tust ja gerade so, als würden wir unter Ausschluss der Öffentlichkeit senden.«

»Nein, natürlich nicht. Ich fand nur die ganze Situation so schräg – diese tierisch stark geschminkte Else, ein veganer Schönheitssalon, alles etepetete und dann das Wort *Kapitalistenschweine*. Wie auch immer. Weitergebracht hat es uns ja leider nicht. Hoffentlich sind wir in Zeglin erfolgreicher.«

»Wir werden es gleich erfahren.«

Eine Weile fahren wir schweigend vor uns hin, dann räuspert sich Janis.

»Deine Story eben fand ich aber gar nicht schlecht.«

»Welche Story?«

»Na, die mit dem Gewinnspiel. Ich glaube, die Frau hätte uns sonst nichts gesagt.«

Ich werfe ihm einen Blick zu.

»Mag sein. Die passende Story auf Lager zu haben kann jedenfalls nie schaden. Schon gar nicht als investigative Journalistin.«

»Genau. Und deswegen habe ich mir auch was überlegt. Also, damit die Leute eher mit uns reden, meine ich.«

»Oh, lassen Sie hören, Herr Neubauer!«

»Wir machen eine Reportage. Eine Reportage mit dem spannenden Titel *Tote Hose am Hafen?* Wie findest du das?«

»Tote Hose am Hafen? Bräuchte ich jetzt vielleicht zwei Stichworte mehr, um mir darunter etwas vorstellen zu können.«

»Ganz einfach: Wir sammeln O-Töne in Zeglin. Du weißt schon, Touristen, Spaziergänger und so. Und denen sagen wir, dass wir eine Umfrage machen, wie sie den Hafen so finden. Ob der attraktiv ist, oder ob da zu wenig los ist, ihrer Meinung nach.«

»Ah, ja. Wieso?«

»Dann können wir sie ganz einfach fragen, ob sie öfters mal am Hafen sind. Und wenn sie das bejahen, fragen wir sie, ob sie am Dienstagabend auch da waren. Verstehst du? So finden wir vielleicht unsere Zeugen. Und wer uns schon was erzählt hat, der guckt sich vielleicht auch ein Foto an. Ab da spielen wir dann mit offenen Karten und sagen, dass wir die Problemlöser sind. Was sagst du?«

»Könnte klappen!«

*

In Zeglin parken wir am Ende des Hafenbeckens, schräg gegenüber der *Flunder*. Dann schlendern wir zum Hafenbüro. Die Sonne scheint, und es ist sogar richtig warm. Ein Eiswagen parkt in zweiter Reihe vor dem Schuppen mit dem Büro, eine kleine Schlange aus Familien mit Kindern, Rentnern und jungen Paaren hat sich gebildet. Okay, die werden vermutlich nicht alle spätabends am Hafen in Zeglin gewesen sein, aber wie bei jeder guten Umfrage gibt es hier nur eine Methode: Schrotflinte! Breit streuen und hoffen, dass eine Kugel trifft.

»So, die Leute stehen hier rum und warten auf ihr Eis, optimale Bedingungen für uns«, sage ich und klopfe Janis auf die Schulter. Der fackelt nicht lang und zückt sein Smartphone, um es als Aufnahmegerät einzusetzen. Wir gehen zu dem jungen Pärchen, das ganz am Ende der mittlerweile recht langen Schlange steht.

»Hallo, darf ich euch kurz stören?«, fragt Janis. Das Mädchen nickt.

»Klar, worum geht es denn?«

»Ich bin Janis Neubauer vom Bäderland-Radio, und das ist meine Kollegin Franzi Mai.«

»Bäderland-Radio?«, wiederholt der Junge und guckt verständnislos.

»Das ist der Lokalsender von Usedom«, erkläre ich ihm. »Wir versorgen die ganze Insel mit News und Musik und berichten über alles, was die Menschen hier bewegt.«

»Genau. Und deswegen ist unser Thema heute: *Tote Hose am Hafen?*«

Das junge Paar guckt nach dieser Anmoderation noch verwirrter. Ich beschließe, dass ich noch ein bisschen nachlegen muss.

»Also es geht um Folgendes: Wir suchen Leute, die auch abends schon mal hier in der Gegend waren und uns berichten können, ob hier überhaupt etwas los ist, oder eben *Tote Hose*. Wir von Bäderland-Radio haben nämlich den Eindruck, dass man den Gästen mal ein bisschen mehr bieten müsste als einen Eiswagen, der alle zwei Tage hier hält.«

Das Mädchen nickt.

»Ja, hier ist echt nicht so viel los. Wir sind seit letzter Woche da. Alex wollte auch mal angeln gehen, und Freunde haben uns Zeglin empfohlen. Hier kann man wohl eigentlich tolle Bootsausflüge machen. Aber irgendwie gab es letzte Woche einen Unfall oder so, und jetzt findet gar nichts mehr statt.«

Janis nickt beflissen.

»Davon haben wir natürlich auch schon gehört – aber wie sieht es denn abends in Zeglin aus?«

Beide zucken bedauernd mit den Schultern.

»Keine Ahnung«, sagt der junge Mann. »Wir sind dann in unserer Ferienwohnung und kochen. Ob in Zeglin abends die Luzie abgeht, können wir also nicht beurteilen. Ich würde es aber stark bezweifeln.«

Okay. Wäre ja auch zu schön gewesen, wenn die ersten Leute, die wir fragen, gleich erzählen, dass sie Schollmeyer mit einem Schlagstock bewaffnet und Peters im Würgegriff gesehen haben. Von mir aus auch Friedeberg. Ich bedanke mich also freundlich, dann gehen wir zu der nächsten Wartenden, einer Mutter mit einem Kind an der Hand und einem Kinderwagen mit schlafendem Baby vor sich.

»Ob das was bringt?«, zweifelt Janis meine Taktik an. »Die war doch garantiert nicht abends am Hafen unterwegs.«

»Schrotflinte!«, flüstere ich ihm zu und starte dann die Befragung, allerdings mit dem von Janis vorhergesagten Ergebnis. Auch die nächsten Eishungrigen, die wir fragen, haben nichts gesehen, von dem sie berichten könnten. Die Hypothese *Tote Hose am Hafen* ist also durchaus zutreffend.

Janis seufzt.

»Vielleicht sollten wir aufgeben. Möglicherweise war meine Idee doch nicht so genial, wie ich dachte, und das bringt nichts.«

Ich schüttle den Kopf.

»Nein, deine Idee ist gut. Und bevor ich hier nicht mindestens hundertmal gehört habe, dass niemand etwas gesehen hat, gebe ich nicht auf.«

Ich gehe zum letzten Paar in der Schlange, einem Mann etwa

Ende sechzig und einer Frau, die noch mal zwanzig Jahre mehr auf dem Buckel haben dürfte. Janis sagt wieder sein Sprüchlein auf, die beiden lauschen interessiert.

»Also meine Mutter und ich sind hier seit zwei Wochen im Urlaub. Wir gehen abends immer noch mal eine Runde mit Uwe spazieren, und es ist wirklich nicht besonders viel los. *Tote Hose* trifft es schon«, bestätigt der Mann.

»Uwe?«, frage ich nach, weil ich gar keinen zweiten Herrn sehen kann.

»Uwe Urmel«, erklärt die ältere Dame, »unser kleiner Schatz hier. Wir nehmen ihn überall mit hin, auch in den Urlaub in unsere Ferienwohnung.« Sie zeigt auf etwas vor ihren Füßen, ich folge ihrer Geste und entdecke einen sehr kleinen, strubbeligen Hund.

»Oh, wie niedlich!«, rufe ich pflichtschuldigst, und die stolze Hundebesitzerin strahlt.

»Wenn Sie da so spazieren gehen«, legt Janis nach, »dann haben Sie hier die letzten Abende wirklich niemanden gesehen?«

Mutter und Sohn gucken sich nachdenklich an.

»Herbert, sag doch mal – ist dir etwas aufgefallen?«

Kopfschütteln bei Herbert.

»Eigentlich ist es am Hafen nach neun oder zehn immer sehr ruhig. Vielleicht kommen noch mal ein paar Leute aus der *Flunder*, aber das ist ja eher ein Biergarten. Wenn es dunkel und kälter wird, dann …« Er stutzt, dann hellt sich sein Gesichtsausdruck auf. »Aber Moment mal – vor ein paar Tagen war doch tatsächlich etwas mehr los. Auch kein Menschenauflauf zwar, aber ein, zwei Menschen sind uns begegnet. Oder, Mutti?«

»Stimmt. Aber wann mag das gewesen sein?«

»Montag oder Dienstag, würde ich sagen. Was lief noch mal im Fernsehen? Du weißt schon, an dem Abend, als Uwe die beiden Männer so angeknurrt hat.«

»*In aller Freundschaft.*«

»Ah!«, ruft Janis. »Die *Sachsenklinik*! Dann war es der Dienstag.«

Völlig perplex schaue ich ihn an.

»Guckst du das etwa?«

»Äh, ja, wieso? Sehe ich total gern, Entspannung pur.«

Ich enthalte mich eines Kommentars, schließlich will ich unsere Interviewpartner nicht kränken, aber Janis dürfte der einzige U-50-Zuschauer dieser Serie sein. Stattdessen wende ich mich wieder an das Mutter-Sohn-Gespann.

»Und da sind Sie sich ganz sicher? Mit dem Abend?«

Die Mutter nickt.

»Ganz sicher. Direkt danach sind wir nämlich mit Uwe los, normalerweise gehen wir mit ihm früher, aber ich wollte noch in Ruhe *In aller Freundschaft* gucken.« Sie strahlt Janis an. »Mir geht es damit nämlich genau so wie Ihnen, junger Mann! Ich kann mich ganz herrlich bei dieser Sendung entspannen.«

»Die Sendung läuft von 21 Uhr bis 21:45 Uhr«, fachsimpelt Janis. »Also sind Sie um kurz vor zehn hier unterwegs gewesen?«

Die beiden nicken synchron, Herbert antwortet.

»Ja, unsere Ferienwohnung liegt am Ortsrand von Peenemünde, man läuft so ungefähr zehn Minuten hierher. Als wir hier am Zegliner Anleger vorbeispazierten, kamen uns zwei Männer entgegen. Die hatten irgendwie Streit, die Stimmung war aggressiv. Das hat unser Uwe gleich gemerkt und Angst bekommen. Nur deswegen hat er auch geknurrt, er ist sonst ein ganz Lieber!«

Ich merke, wie ich eine Gänsehaut bekomme und sich die feinen Härchen an meinen Unterarmen aufstellen. Sollten wir hier tatsächlich zwei Zeugen aufgetan haben? Schnell krame ich den Ausdruck der Fotos von Schollmeyer und Friedeberg aus meiner Jackentasche und halte sie den beiden Hundefreunden vor die Nase.

»Sagen Sie, die Männer, die Sie gesehen haben am Dienstagabend – war vielleicht einer von den beiden dabei?«

Herbert nimmt die Ausdrucke in die Hand und betrachtet sie eingehend, dann reicht er sie seiner Mutter, die eine Lesebrille aus ihrer Handtasche gekramt hat.

»Hm, der Jüngere von den beiden?«, raunt sie ihrem Sohn zu. »Was meinst du – könnte schon sein, oder?«

»Es war schon einigermaßen dunkel, aber: Ja, das könnte er gewesen sein. Den anderen Mann habe ich noch nie gesehen.« Er gibt mir die Fotos zurück und tippt auf das von Schollmeyer. »Der hier, der ist uns möglicherweise begegnet. Er kam uns mit einem anderen Mann entgegen, etwa im gleichen Alter, so um die vierzig. Glaube ich. Vielleicht war der zweite Mann auch jünger, das kann ich nicht mit Gewissheit sagen. Er hatte eine Kapuze übergezogen, ich habe ihn nicht gut gesehen.«

»Und was meinen Sie, wenn Sie sagen, dass die beiden Männer Streit hatten?«, erkundigt sich Janis. Herbert hebt die Hände.

»Na ja, was heißt schon Streit – sie standen sich erst so direkt gegenüber, Gesicht an Gesicht, und ihrem Tonfall habe ich entnommen, dass sie eine Auseinandersetzung hatten. Einzelne Wörter habe ich nicht verstanden. Sie haben sich auch nicht direkt angeschrien, aber die ganze Sache wirkte eben aggressiv und unangenehm. Fand unser Uwe Urmelchen ja auch.«

»Danke, Sie haben uns sehr geholfen«, rufe ich etwas begeisterter, als man das bei einer einfachen Radioumfrage erwarten würde. Herbert und seine Mutter gucken jedenfalls erstaunt.

»Und was haben die beiden mit dem Thema *Tote Hose am Hafen* zu tun?«, fragt Herbert nach. »Ich meine, sind das Animateure, oder wie man diese Leute nennt? Alleinunterhalter oder so?«

Janis grinst, ich schüttle den Kopf.

»Äh, nein, wir haben hier gewissermaßen zwei Umfragen miteinander verknüpft. Zum einen wollten wir eben wissen, ob Sie finden, dass den Gästen hier abends genug geboten wird. Tja, und zum anderen«, ich hole einmal Luft, um meinen nächsten Worten mehr Bedeutung zu verleiden, »berichten wir von Bäderland-Radio über ein Verbrechen, das hier am letzten Dienstag stattgefunden hat. Und es könnte durchaus sein, dass Sie bei Ihrem Spaziergang dem Täter begegnet sind.«

Herbert und seine Mutter schnappen nach Luft und reißen die Augen weit auf.

»Ein Verbrechen? Hier in Zeglin?«

»Haben Sie noch nicht davon gehört?«

»Nein. Aber im Urlaub verzichten wir auch immer ganz bewusst auf Nachrichten. Da wollen wir einfach nur unsere Ruhe haben.«

»Und die verstärkte Polizeipräsenz in den letzten Tagen ist Ihnen hier auch noch nicht aufgefallen?«, hakt Janis ungläubig nach.

»Überhaupt nicht. Wir schlafen lang, gehen mit Uwe Urmel am Strand und im Wald spazieren und lesen viel«, erklärt Herberts Mutter. »Das ist sehr erholsam. Und wir sind sehr gern nur für uns.«

Ich nicke.

»Klingt nach einem tollen Urlaubskonzept. Tatsächlich ist hier aber am Dienstagabend ein Mord passiert, und die Polizei wäre bestimmt dankbar, wenn Sie sich als Zeugen melden. Wir arbeiten mit Hauptkommissar Lorenz zusammen. Wären Sie einverstanden, wenn ich ihm Ihre Kontaktdaten gebe?«

»Aber selbstverständlich«, erwidert Herbert zackig.

Kurz darauf weiß ich, dass es sich bei dem Mutter-Sohn-Gespann um Ilse und Herbert Scholz aus Colbitz handelt, die seit mindestens dreißig Jahren der Insel Usedom die Treue halten, bisher aber immer in Ahlbeck Urlaub gemacht haben. Das ist ihnen aber mittlerweile zu teuer, und so sind sie auf Peenemünde ausgewichen. Die beiden älteren Herrschaften sind nun sehr aufgeregt, und ich muss ihnen versprechen, dass ich ihnen sofort Bescheid sage, wenn ich ihre Telefonnummer an Kay Lorenz weitergegeben habe.

»Ich bin mir gar nicht sicher, dass ich das an diesem Wochenende noch schaffe«, sage ich, »Herr Lorenz ist mit seiner Tochter auf einem Ponyhof, und ich weiß nicht, ob er sein Diensthandy da nicht auch mal ausschaltet.«

»Frau Mai, tun Sie, was getan werden muss!«, sagt Ilse Scholz und klingt dabei ein bisschen dramatisch. »Wir sind noch zehn Tage auf der Insel. Wenn wir nach Anklam ins Kommissariat fahren sollen, bitten wir um kurze Nachricht.«

Mit diesen gesetzestreuen Worten verabschieden sich die beiden und spazieren mit Uwe weiter, ich bleibe stehen und kann mein Glück immer noch nicht fassen. Auch Janis strahlt über das ganze Gesicht.

»Wahnsinn! Es hat funktioniert! Ich hatte einen Plan, und er hat tatsächlich funktioniert.«

Ich nicke.

»Ja, da hat sich der Herr Volontär tatsächlich ein bis fünf Sternchen verdient«, lobe ich ihn.

»Und jetzt ab nach Wolgast?«

»Nicht so schnell, mein Lieber. Ich finde, wir sollten die Tatsache, dass wir hier in Zeglin sind, während Kay Lorenz abgeschnitten von der Zivilisation auf einem Ponyhof hockt, noch mal für eigene Ermittlungen nutzen. Hat doch gerade hervorragend geklappt.«

»Was für eigene Ermittlungen?«

»Janis, wir stehen hier ungefähr dreihundert Meter von der *Flunder* entfernt. Ich möchte gern mal mit Ole Peters reden – falls er schon aus dem Krankenhaus entlassen wurde. Mich interessiert brennend, ob er einen Verdacht hat, wer ihm die K.-o.-Tropfen in die Cola gemischt hat.«

*

In der *Flunder* werden wir von Alessio Ölschläger empfangen.

»Nicht doch!«, stöhnt er betont gequält. »Sie schon wieder? Was haben wir Ihnen eigentlich getan, dass Sie uns so verfolgen?«

»Was denn, was denn?«, kontere ich, »freuen Sie sich etwa nicht, dass ich hier mit einem neuen Gast auftauche? Mein Kollege Janis Neubauer müsste doch eigentlich genau Ihre Zielgruppe sein: jung, hip und schon eigenes Geld in der Tasche, das er gern hier ausgibt.«

Alessio beäugt Janis misstrauisch.

»Eigenes Geld? Ist das nicht der Typ, der angeblich Ihr Praktikant ist? Der Praktikant der Praktikantin?« Er lacht abfällig. »Und überhaupt: Wenn der hip ist, wieso hängt er dann mit Ihnen rum?«

»Jetzt mal nicht frech werden. Im Übrigen bin ich auch gar nicht wegen Ihnen hier, sondern, weil ich mit Ihrem Chef sprechen will. Ist der mittlerweile wieder aus dem Krankenhaus entlassen?«

»Wer will das wissen?«, kommt es auf einmal schräg von der Seite. Ich drehe mich überrascht um und sehe Ole Peters, der sich offenbar schon wieder bester Gesundheit erfreut.

»Hallo, Herr Peters«, begrüße ich ihn freundlich. »Ich bin Franzi Mai von Bäderland-Radio, und das ist mein Kollege ...«

Weiter komme ich nicht, Peters unterbricht mich unwirsch.

»Ach, Sie sind diese Trulla, die mit dem Tod meines Bruders Quote machen will! Schämen Sie sich gar nicht?« Er kommt näher auf mich zu und sieht ziemlich wütend aus.

»Nein, so ist es doch gar nicht«, rechtfertige ich mich, »uns geht es darum, den Mörder Ihres Bruders möglichst schnell zu finden. Wir unterstützen die Polizei bei ihren Ermittlungen.«

»Tun Sie das?«, Peters lacht höhnisch. »Mein Mitarbeiter Alessio hat mir schon von Ihnen erzählt. Dass Sie sich als Praktikantin bei der Polizei eingeschlichen haben, um dort herumzuschnüffeln. Weiß der Kommissar eigentlich, dass Sie in Wirklichkeit beim Radio arbeiten?«

Ich bin über diesen Vorwurf so perplex, dass ich lachen muss. »Natürlich weiß Herr Lorenz das! Es war seine Idee, mich als Praktikantin zu bezeichnen, nicht meine. Ihr Bruder selbst war es, der mich angerufen hat. Weil er nämlich auf der Suche nach Hilfe war. Deswegen hat er sich an mich gewandt – er wollte, dass wir uns in meiner Sendung *Die Problemlöser* um seinen Fall kümmern.«

Meine Erklärung war leider offenbar nicht das, was Ole Peters hören wollte. Er läuft regelrecht rot an im Gesicht und baut sich nun direkt vor mir auf.

»Das ist eine infame Lüge! Niemals hat Maik Sie angerufen. Sie wollen mit meinem toten Bruder Geld verdienen und schrecken vor nichts zurück! Verlassen Sie sofort mein Grundstück. SOFORT!«

Erschreckt zucke ich zusammen und überlege, was ich darauf erwidern kann. Bevor mir jedoch das Passende einfällt, zupft mich Janis sanft am Ärmel.

»Komm, lass uns fahren, Franzi. Mit dem kann man offenbar nicht normal sprechen.«

»Hören Sie besser auf Ihren Kollegen, Frau Mai«, knurrt mich Peters nun mit heiserer Stimme an, »gehen Sie, bevor ich mich vergesse!«

25

Auf dem Rückweg zum Auto schimpfe ich laut vor mich hin.

»Was hab ich dem denn getan?«, will ich von Janis wissen, ohne ernsthaft eine Antwort zu erwarten, denn es steht ja fest, dass ich völlig unschuldig bin.

»Ich glaube, trauernde Menschen sagen manchmal Dinge, die sie vielleicht gar nicht so meinen«, versucht sich Janis an einer Erklärung. »Ole Peters hat gerade seinen Bruder verloren, und auf ihn selbst ist ein Giftanschlag verübt worden. Wahrscheinlich ist der völlig durch den Wind. Nimm es dir nicht so zu Herzen.«

Der hat gut reden – immerhin ist er gerade nicht als Lügner bezeichnet worden! Aber wahrscheinlich hat er recht, und Ole Peters ist einfach noch total von der Rolle. Es muss schrecklich sein, den eigenen Bruder so zu verlieren.

»Ja, stimmt schon. Trotzdem hätte ich natürlich gern mit ihm gesprochen. Wir müssen unbedingt herausfinden, wie das mit den K.-o.-Tropfen passiert ist.«

»Vielleicht hat ihn Kay Lorenz schon dazu vernommen. Das hättest du ihn eigentlich heute Nacht gleich mal fragen können, wenn er doch schon bei dir zu Hause war.«

Ich stoße einen Laut aus, der hoffentlich nach deutlichem Missfallen klingt.

»Hallo, geht's noch? Da hatten mich gerade zwei Schläger durch halb Bansin gejagt, und ich hatte Angst, dass die mir noch zu Hause auflauern. Ich hatte in dem Moment wirklich andere Sorgen.«

Janis hebt entschuldigend die Hände.

»Ist ja gut! Was bist du denn heute so empfindlich? Das war doch nicht böse gemeint.«

»'tschuldigung«, murmle ich, »ich wollte dich nicht anfahren.«

»Schon gut. Mir ist übrigens noch eine brillante Idee in Sachen Helena gekommen. Wenn die funktioniert und wir Helena finden, dann kann sie uns ja mal ihre Version ihres Besuchs in der *Flunder* erzählen. Vielleicht sehen wir dann auch in Sachen K.-O.-Tropfen und Cola etwas klarer.«

»Oh, das ist gut!«, lobe ich Janis und habe sofort bessere Laune. »Dann schieß mal los – was ist deine Idee?«

»Erzähl ich dir auf dem Weg nach Wolgast, Franzi.«

Ich seufze. Was soll denn jetzt diese Geheimniskrämerei? Aber wenn Janis das für seine persönliche Dramaturgie braucht, soll es mir recht sein. Hauptsache, die Idee ist wirklich gut.

»Hallo, Frau Mai!«

Ein alter Mann kommt uns entgegen und grüßt mich freundlich. Wer ist das? Da er mich kennt, kenne ich ihn höchstwahrscheinlich auch – ich schaue also noch mal genauer hin. Es ist Henk Ahrens! Ich bleibe stehen und nicke ihm zu.

»Oh, hallo, Herr Ahrens! Ich war ganz in Gedanken. Entschuldigen Sie, dass ich Sie nicht gleich erkannt habe. Wie geht es Ihnen denn jetzt?« Auch Janis ist stehen geblieben und murmelt ein freundliches »Hallo«. Ahrens zuckt mit den Schultern.

»Muss ja.« Dann macht er eine Pause und schüttelt den Kopf. »Nee, mir geht es in Wirklichkeit gar nicht gut. Ich kann es immer noch nicht glauben. Maik ist nicht mehr.« Er lässt die Schultern hängen und sieht sehr elend aus. »Von einem Tag auf den anderen ist mein Leben nicht mehr das gleiche. Der Junge tot, die Fischerei am Ende.« Er holt tief Luft. »Tja, so is dat nu«, sagt er dann und lächelt mir tapfer zu.

»Die Fischerei am Ende?«, frage ich verwundert nach. »Will Ole Peters die denn aufgeben?«

»Jau. Lohnt sich für ihn nicht. Secht he.«

Janis guckt ratlos.

»Sagt er«, übersetze ich.

»Und wahrscheinlich hat er damit auch recht«, erzählt Henk mit ruhiger Stimme weiter. »Die Fangquoten sind mittlerweile eigentlich ein Fangverbot.«

»Aber Maik hatte mir erzählt, dass die Sache mit dem Angeltourismus und dem Campingplatz eigentlich gut läuft«, wende ich ein. Henk Ahrens seufzt.

»Jau, min Deern, dat stimmt. Bis auf den ständigen Ärger mit Friedeberg lief das gut mit den Touristen. Aber Ole will das nicht mehr machen, und dann gibt es für mich da keinen Platz mehr. Hat er mir gerade gesagt.«

Janis räuspert sich.

»Also, entschuldigen Sie, wenn ich so direkt frage – aber sind Sie nicht schon in Rente? Ich dachte, Sie machen das Angeln eher so als Hobby.«

Ein feines Lächeln schleicht sich auf Ahrens' Gesicht.

»Min Jung, ich bin Fischer, nich Angler. Und dat wäre ein strapaziöses Hobby. Nee, ich mach das, weil die Rente nicht reicht. Zum Leben zu wenig, zum Sterben zu viel. War froh, dass mich Maik noch behalten hat.«

»Oh, das tut mir leid!«, entschuldigt sich Janis.

»Kannst du ja nicht wissen, nech? Ich muss mir jetzt was Neues suchen.« Ahrens zuckt mit den Schultern. »Leicht wird das nicht, aber wat mut, dat mut.«

Ich überlege kurz.

»Mögen Sie mir Ihre Telefonnummer geben? Ich treffe im Job wirklich auf viele Leute, wer weiß, vielleicht höre ich mal von der passenden Stelle für Sie.«

Jetzt wird aus dem feinen Lächeln ein ganz strahlendes.

»Oh, du bist ja echt 'ne ganz feine Deern!« Henk Ahrens kramt in seiner Jackentasche, holt ein zerknülltes Stück Papier und einen Stift hervor, streicht das Papier glatt und schreibt dann seine Nummer darauf. »Hier«, sagt er und drückt mir den Zettel in die Hand. Ich stecke ihn ein, wir verabschieden uns, und Janis und ich gehen zum Panda.

»Schon traurig«, sagt Janis, als wir vom Parkplatz herunterfahren. »Da hat der alte Mann so viele Jahre für die Familie gearbeitet, und Ole schmeißt ihn sofort raus.«

»Ja, sehr traurig«, gebe ich ihm recht. »Also, sympathischer macht mir das Ole Peters nicht.«

Janis lacht.

»Genau. Wo er dir doch eben noch so sympathisch war. Zusammen mit Alessio, seinem Mitarbeiter des Monats.«

»Scheint ja fast so, als sei Peters froh, den Campingplatz dichtmachen und die Angelfahrten einstellen zu können. Komisch, oder?«

Keine Antwort. Ich werfe Janis einen Blick über die Schulter zu. Ist der etwa nicht meiner Meinung?

»Weiß nicht. Vielleicht ist er einfach nicht so sentimental wie sein Bruder Maik. Dass es den Fischern hier nicht gut geht, kann man doch überall lesen. Und bevor man dann selbst pleitegeht, muss man sich vielleicht auch mal von Mitarbeitern trennen.«

So, so. Der Herr Neubauer ist offenbar ein Wirtschaftsliberaler. Damit ist er bei mir natürlich genau an der richtigen Adresse.

»Na, da bin ich dann ja mal gespannt, ob du noch so denkst, wenn dir die Megahit-FM-Geschäftsführung deine Kündigung überreicht«, sage ich spitz.

*

Im Krankenhaus in Wolgast angekommen, haben wir unsere kleine Grundsatzdiskussion über Arbeitnehmerrechte und Kapitalismus friedlich beendet. Janis hat mir in allen Punkten recht gegeben. Ob es meine brillante Argumentationskette war, die ihn überzeugt hat, oder der Hinweis, dass die Busse zwischen Zeglin und Wolgast am Samstag nur alle zwei Stunden kommen, weiß ich nicht. Ist mir aber auch egal. Jedenfalls bin ich gut gelaunt, als wir bei Katja ins Zimmer schneien.

»Oh, mit euch hatte ich gar nicht gerechnet«, sagt sie und klingt dabei matt und niedergeschlagen.

»Ich wollte mich telefonisch ankündigen, aber dein Akku ist anscheinend leer. Manni geht auch nicht ran«, erkläre ich.

»Ja, der hat in der ganzen Aufregung kein Ladegerät mitgenommen. Ehrlicherweise nicht mal 'ne saubere Unterhose. Deswegen ist er gerade zum Duschen nach Hause gefahren.« Sie lächelt und sieht dabei immer noch müde aus, aber immerhin schon besser gelaunt. Ich setze mich auf ihren Bettrand und nehme ihre Hand.

»Mensch, Katja, wie geht es dir denn?«

»Ehrlicherweise nur mittelmäßig. Aber über deinen Besuch freue ich mich sehr!«

»Ehrensache! Außerdem muss ich mich echt noch mal bei dir versichern, dass ich das nicht alles nur geträumt habe. Das war ja vielleicht ein Ding, oder?«

Sie nickt.

»Als ich es vorhin der Polizeibeamtin noch mal genau erzählt habe, konnte ich es zwischendurch selbst nicht glauben. Ich meine – wir sind in Bansin, nicht in Chicago!«

»Glaubst du, du würdest die Typen wiedererkennen?«, will Janis wissen. Katja schüttelt den Kopf.

»Nee, die waren ja vermummt. Keine Chance. Ich glaube auch nicht, dass ich die vorher schon mal gesehen habe. Oder, Franzi?«

Ich zögere.

»Ich weiß nicht, ich überlege die ganze Zeit, ob ich die Stimme von dem Kleineren schon mal irgendwo gehört habe. Die haben bestimmt absichtlich kein Wort miteinander gewechselt…«

»… aber als du ihn mitten ins Leben getroffen hast, konnte er wohl doch nicht anders«, kichert Katja, nur um sofort laut aufzustöhnen. Erschrocken springe ich von ihrem Bett auf.

»Was ist los, Katja?«

»Nichts, nichts«, beruhigt sie mich, »ich darf nur nicht lachen. Der Kerl hat mir eine Rippe gebrochen, und wenn sich mein Brustkorb bewegt, tut es sauweh.«

»Oh, Mann, hoffentlich kriegen sie die Schweine!«, ruft Janis. »Franzi, überleg doch noch mal wegen der Stimme.«

»Mach ich doch schon. Aber ich war auch so panisch gestern Abend, ich kriege es irgendwie nicht zusammen. Außer, dass es mit unserer Sendung zu tun haben muss.«

Katja macht große Augen.

»Warum?«

»Also, das ist so«, setze ich an und dann erzähle ich ihr von dem Drohbrief und dass Kay Lorenz deswegen die Nacht auf meinem Sofa verbracht hat. Dass wir heute schon in Zeglin nach Zeugen gesucht, vielleicht tatsächlich welche gefunden haben, die glauben, dort zum Tatzeitpunkt Schollmeyer gesehen zu haben.

»Wow!« Katja ist sichtlich beeindruckt. »Was sagt denn Kay Lorenz dazu?«

Ich zucke mit den Schultern.

»Keine Ahnung. Den wollte ich noch anrufen.« Gesagt, getan – aber wie ich schon erwartet hatte, geht Lorenz nicht ran. Nicht nur das, er scheint sein Handy ausgeschaltet oder keinen Empfang zu haben, denn ich lande sofort auf seiner Mailbox.

»So was Doofes, den erwische ich wahrscheinlich erst wieder

am Montag«, seufze ich. »Übers Wochenende ist er mit seiner Tochter auf dem Ponyhof, und der liegt vermutlich in Pampa 5 ohne Empfang.«

»Ponyhof? Welcher denn?«, erkundigt sich Katja.

»Keine Ahnung. Da bin ich nun wirklich keine Fachfrau. Pferde interessieren mich nicht die Bohne.«

»Wenn wir wüssten, welcher es ist, könnten wir hinfahren«, schlägt Janis vor. »Wichtig genug ist es ja. Ich glaube kaum, dass der Kommissar sauer ist, wenn wir ihn da besuchen. Bei den Neuigkeiten, die wir im Gepäck hätten!«

»Tatsächlich gibt es aber auf Usedom bestimmt mindestens zwanzig Reiterhöfe«, grummle ich. »Bis wir die alle abgeklappert haben, ist wieder Montag, und wir können Lorenz einfach in seinem Büro besuchen.«

»Meinst du wirklich, dass das so viele Reiterhöfe sind?«, fragt Katja. »Weißt du nicht irgendein Detail? Vielleicht könnten wir den Hof ja ergoogeln.«

Ich überlege. Hat mir nicht Greta etwas über den Hof erzählt? Ihre Reitlehrerin – wie hieß die doch gleich? Sabine? Susanne? Dann ein plötzlicher Geistesblitz!

»Sandra«, rufe ich. »Die Reitlehrerin auf dem Ponyhof heißt Sandra. Und das Pflegepony von Greta heißt Naomi. Tschakka! Vielleicht verrät uns Google mit diesen Infos, wo der Hof liegt.«

»Wer ist denn Greta?«, will Katja wissen.

»Die Tochter von Kay Lorenz. Ich habe die beiden mal von Gretas Schule zur Oma nach Hause gefahren, da hat sie es mir erzählt.«

Katja lächelt mich versonnen an.

»Kay Lorenz hat gestern auf deinem Sofa genächtigt, und seine Tochter kennst du auch schon? Oh, là, là!«

»Nix *oh, là, là*!«, schimpfe ich. »Das war alles rein dienstlich. Einmal habe ich ihn von einer Tatortbesichtigung zur Schule seiner Tochter gefahren, weil sein Auto nicht ansprang. Und das andere Mal war eindeutig Personenschutz.«

»Ja, ja, schon klar!«, grinst Janis.

Ich verdrehe die Augen. Wieso sehen meine Freunde und Kollegen eigentlich in jedem Mann, der meinen Weg kreuzt, gleich ein potenzielles Date? Kann man denn hier nicht mal in Ruhe Single sein?

Ohne weiter auf das Thema einzugehen, tippe ich auf meinem Handy die Begriffe »Pony, Sandra, Naomi, Reiterhof, Usedom« ein und gehe auf Suchen. Es dauert 0,63 Sekunden, dann zeigt mir Google 9 610 000 Ergebnisse an. Ich scrolle einmal rauf und runter, dann sehe ich es. Treffer, versenkt!

»Hier, das muss es sein«, sage ich und klicke das zweite Ergebnis an. »Ponyhof Dorfschule bei Reetzow. Der hat alles, was wir brauchen. Hier gibt es ein Schulpony namens Naomi, die Reitlehrerin heißt Sandra Grimme, und dieses Wochenende findet ein Erlebniswochenende für kleine Reiterinnen und Reiter statt. Bingo!«

»Komm, ruf an und frage, ob ein gewisser Kay Lorenz mit seiner Tochter Greta gerade zu Gast ist«, schlägt Janis vor.

»Ja, mache ich.« Dann zögere ich kurz und überlege, ob diese Aktion nicht doch zu übergriffig ist. Immerhin ist Wochenende. Nein, versichere ich mir dann aber selbst. Ich bin überfallen worden von jemandem, der Angst hat, dass ich ihm mit meiner Sendung an den Karren fahre. Und wenn Schollmeyer bezüglich seines Alibis gelogen und doch etwas mit dem Tod von Peters zu tun hat, dann ist er vielleicht dieser Jemand. Und dann wird er vermutlich weiter versuchen, mich einzuschüchtern. Also los jetzt, Franziska Mai! Ich drücke die Nummer, die unter Kontakt angezeigt wird.

Eine junge Frauenstimme meldet sich.

»Ponyhof Dorfschule, Sandra Grimme. Wie kann ich helfen?«

»Ja, hallo, Franzi Mai hier. Sagen Sie, ich suche Kay und Greta Lorenz. Die müssten bei Ihnen zu Gast sein, und ich muss Herrn Lorenz sehr dringend sprechen, erreiche ihn aber leider gerade nicht auf seinem Handy. Könnten Sie ihn bitten, mich zurückzurufen?«

Alter Schwede, hoffentlich hab ich mir sowohl den Namen des Ponys als auch der Reitlehrerin richtig gemerkt, und die gute Frau Grimme weiß, wovon ich rede. Sonst war das jetzt ein ziemlich peinlicher Anruf meinerseits.

»Kay und Greta?« So wie sie die Namen ausspricht, scheint sie glücklicherweise zu wissen, um wen es geht. »Na klar, ich kann denen gleich Bescheid sagen, wenn sie von der Weide wiederkommen. Unser Hof liegt leider im Funkloch, aber er kann hier vom Festnetz telefonieren. Ihre Nummer wird mir angezeigt.«

Ich bedanke mich und lege auf.

»Hurra, das Pony heißt tatsächlich Naomi! Es war der richtige Ponyhof.«

»Und jetzt?«, will Janis wissen.

»Kay Lorenz wird verständigt und ruft dann zurück.«

»Dann hoffen wir mal, dass er sich bald meldet«, sagt Katja. »Was wollt ihr als Nächstes unternehmen?«

»Wir suchen immer noch nach dieser Helena«, erkläre ich, »um sie zu fragen, was genau sie am Donnerstag in Zeglin gemacht hat. Schließlich ist Ole Peters mit einer Cola vergiftet worden, und Helena hat sich angeblich kurz zuvor eine Cola in der *Flunder* bestellt.«

»Ole Peters ist vergiftet worden?« Katja starrt mich mit offenem Mund an.

»Stimmt, das hatte ich dir noch gar nicht erzählt. Aber wir reden hier auch nicht von Arsen oder Zyankali. Er hat K.-o.-Tropfen bekommen und ist ohnmächtig geworden. Fragt sich nur, warum. Und hier kommt eben Helena ins Spiel.«

»Wer ist denn Helena?«

»Eine Mitarbeiterin von Schollmeyer.«

Katja kräuselt ihre Nase.

»Weißt du was? Sagt mir einfach hinterher, wie es ausgegangen ist. Da steige ich jetzt nicht mehr durch.«

Ich muss lachen.

»Okay, so machen wir das. Aber Janis, wie war denn jetzt deine Idee, um Helena unauffällig zu finden?«

»Ganz einfach. Über Facebook«, verkündet mein Voli im Brustton der Überzeugung. Ich hingegen wundere mich. Für Facebook scheint mir Helena eigentlich zu jung zu sein, die Plattform ist doch mittlerweile eher ein Tummelplatz älterer Semester. Selbst meine Eltern haben mittlerweile beide einen Account.

»Kannst du noch ein paar Worte mehr zu deiner Idee sagen?«, fordere ich Janis also auf. »Noch klingelt es nicht bei mir.«

»Ganz einfach. Ich bin Berliner, Helena stammt aus Berlin. Wenn sie abgetaucht ist, ist sie vielleicht momentan da zu finden, mit Sicherheit hat sie aber noch Freunde dort. Ich poste also eine Suchanzeige. Und zwar als *Wer-hilft-mir-meinen-Schwarm-zu-finden*-Aufruf. Das ist total unauffällig. Und wird sehr gern geteilt. Nichts lieben die Menschen doch mehr als romantische Geschichten.«

»*Wer-hilft-mir-meinen-Schwarm-zu-finden*-Aufruf?«, wiederhole ich, weil ich immer noch nicht kapiert habe, was genau Janis eigentlich vorhat. Er lächelt milde.

»Guck mal, Franzi, es ist so: Es gibt auf Facebook mindestens drei bis zehn große Berlin-Gruppen. In zweien davon bin ich schon Mitglied. Ich schreibe einen kleinen Beitrag mit in etwa folgendem Text: *Hallo, wo bist du, mein Herz? Habe dich in Ahlbeck an der Seebrücke getroffen und mich sofort in dich verknallt …*«

»Und du denkst, das funktioniert?« Ich bin weiter skeptisch.

»Auf alle Fälle ist es einen Versuch wert. Und du kannst dir sicher sein, dass niemand so eine Suchanzeige mit dem Mord an Peters in Verbindung bringt. Helena ist also safe.«

»Dann mal los!«

Janis nickt und beginnt, auf seinem Handy einen entsprechenden Post zu verfassen. Minutenlang tippt er darauf herum, dann nickt er schließlich zufrieden.

»So, fertig! Steht jetzt auf meinem Profil, und im NETT-Werk Berlin habe ich es als Beitrag eingereicht.«

»Zeig mal.«

Er gibt mir sein Handy, ich lese mir den Text durch, der direkt unter seinem Profilbild steht.

Hallo, wo bist du, mein Herz? Habe dich in Ahlbeck an der Seebrücke getroffen und mich sofort in dich verknallt. Du hast mir verraten, dass du Helena heißt, aber ich war zu schüchtern, dich nach deiner Telefonnummer zu fragen. Du bist Berlinerin, ca. 1,70 m groß, ungefähr Anfang 20, hast kurze schwarze Haare und das bezauberndste Lächeln der Welt. Bitte melde dich bei mir – ich muss dich unbedingt wiedersehen. Wer Helena kennt und mir hilft, sie zu finden, wird von mir zur besten Currywurst Berlins bei *Konnopke's Imbiss* im Prenzlberg eingeladen!

»Na, was sagst du?«, Janis schaut mich erwartungsvoll an.

»Ich sage: WOW! Da würde ich mich auch bei dir melden, wenn ich gar nicht Helena wäre. Ich bin sehr gespannt auf die Reaktionen!«

»Ich auch«, sagt Katja und gähnt herzhaft. Offensichtlich ist sie immer noch ziemlich erschöpft, was nicht verwunderlich ist.

»Ich glaube, wir lassen dich mal wieder in Ruhe und tuckern nach Hause«, schlage ich vor, und Katja nickt.

»Aber sagt mir unbedingt Bescheid, wie die ganze Sache weitergegangen ist. Schon allein damit ich mir keine Sorgen machen muss, dass bald wieder ein Schlägertrupp auf mich wartet!«

»Klar, machen wir«, versichere ich ihr. »Blöd, dass sich Lorenz noch nicht gemeldet hat.«

»Willst du es noch mal bei ihm versuchen?«, fragt Janis. Ich nicke und wähle die letzte Nummer, die mir mein Handy anzeigt.

»Die Reitlehrerin geht nicht ran. Ich versuch's bei Lorenz selbst, vielleicht haben wir Glück, und er hat inzwischen wieder Empfang.«

Nope. Offenbar immer noch im Funkloch. So ein Mist!

»Wenn wir dem heute noch erzählen wollen, dass Schollmeyers Alibi vielleicht erstunken und erlogen ist, bleibt uns wohl nur, selbst auf dem Ponyhof vorbeizuschauen«, seufzt Janis, und ich fürchte, er hat recht. Auf zum Ponyhof!

26

Eine knappe Stunde später rollen wir mit dem Panda auf den unbefestigten Parkplatz neben einem hübschen Rotklinkerhaus, das rechts und links von einem weißen Zaun eingefasst ist. An der Hauswand ist eine Holztafel befestigt, auf dieser steht in eingebrannten Buchstaben *Ponyhof Dorfschule*. Hier sind wir schon mal richtig. Ich drücke den Klingelknopf, ein Hund bellt, die Tür wird geöffnet, und ein junger Mann schaut durch den Türspalt.

»Ja, bitte?«

»Hallo, Mai mein Name. Ich hatte mit Frau Grimme gesprochen. Ist sie vielleicht da?«

Der junge Mann fährt sich mit der Hand durch die Haare und überlegt kurz.

»Die müsste in der Reithalle sein und Unterricht geben. Gehen Sie einfach außen an der Hausweide vorbei, die Halle ist genau hinter dem Haus.«

Wir bedanken uns für den Tipp und traben los, dicht gefolgt von dem Hund, der für meinen Geschmack ziemlich groß ist und ziemlich grimmig guckt. Ob der mir wohl gleich in die Waden beißt? Ich muss gestehen, dass mir große Tiere immer ein bisschen unheimlich sind. Genauso ist es übrigens auch mit Pferden – die Faszination, die diese auf die meisten Mädchen ausüben, konnte ich schon als Kind nie nachvollziehen.

Am hinteren Ende der Wiese steht tatsächlich ein großes Gebäude. Durch die offene Hallentür können wir schon von weitem die Stimme der Reitlehrerin hören.

»Und leichttraben! Dabei auf den richtigen Fuß achten!«

Richtiger Fuß? Kann man auch einen falschen haben?

»Ella, du bist falsch. Einmal umsitzen!«

Aha, man kann offenbar. Sehr rätselhaft, dieser Sport. Janis und ich gehen zu dem offenen Hallentor und schauen vorsichtig hinein. Sechs Ponys in verschiedenen Größen laufen hintereinander her, auf ihren Rücken kleine und große Mädchen mit Reitkappen und wippenden Pferdeschwänzen. Und da entdecke ich auch schon Greta Lorenz, die hoch konzentriert zwischen den Ohren ihres Ponys durchschaut und ihrer Reitlehrerin zuhört, die in der Mitte der Reitbahn steht.

»Hallo, Frau Mai!«

Ich fahre herum und entdecke Kay Lorenz, der zusammen mit drei anderen Frauen in der einen Ecke der Reithalle an der Wand lehnt und den Reitunterricht beobachtet.

»Es tut mir leid, dass ich störe, aber ich muss Sie dringend sprechen«, entschuldige ich unser Aufkreuzen.

»Ja, Sandra hat mir vorhin schon gesagt, dass Sie um einen Rückruf baten, aber ich wollte mir vorher noch Gretas Reitstunde ansehen. Hat es noch zehn Minuten Zeit?«

»Natürlich, kein Problem. Wir warten solange.«

Nun hat mich auch Greta wiedererkannt, sie nimmt die Zügel in eine Hand und winkt mir mit der anderen zu.

»Hallo, Franzi!«

»Hallo, Greta, du bist ja eine richtige Kunstreiterin«, rufe ich ehrfurchtsvoll. Dann stelle ich mich zu Kay Lorenz in die Ecke, Janis tut es mir gleich. Die drei anderen Frauen, vom Look her typische Pferdemuttis in runtergerockten Jeans und festen, schmutzigen Schuhen, beäugen mich misstrauisch. Es ist mehr als offensichtlich, dass sie Kay Lorenz lieber weiter ohne Störung von außen in Beschlag nehmen würden. Janis scheint da nicht der passende Ersatz zu sein, die Damen würdigen ihn keines Blickes.

Die nächsten zehn Minuten stehe ich schweigend neben Lorenz und schaue mir an, wie die Mädchen auf den Ponys diverse Schleifen reiten, mal im Schritt, mal im Trab und dann sogar im Galopp. Sandra Grimme korrigiert freundlich, aber laut, was ihr an der Reiterei ihrer Schülerinnen noch nicht gefällt. Ich verstehe dabei kein Wort, außer dass man die Pferde offensichtlich zwischendurch immer mal loben soll. Und so kommt auch jetzt wieder ein entsprechendes Kommando.

»Durchparieren zum Schritt, Zügel aus der Hand kauen lassen, die Pferde loben«, befiehlt Sandra, die Ponys werden langsamer, die Mädchen lassen die Zügel länger und klopfen mit der flachen Hand auf die Hälse ihrer Sportsfreunde. Ist das jetzt vorbei? Großartig! Ich zupfe Kay Lorenz am Ärmel.

»Hätten Sie jetzt einen Moment Zeit?«, flüstere ich und werde daraufhin von den Blicken der Ponymuttis regelrecht getötet. Mir doch egal, Ladys – den Hauptkommissar nehme ich jetzt mal mit!

»Klar, wollen wir vielleicht in die Reiterstube gehen?« Ich nicke, und er navigiert Janis und mich aus der Halle hinaus und in einen kleinen Raum am Kopf der Halle wieder hinein. Von hier aus kann man durch eine ziemlich dreckige Scheibe direkt in die Halle sehen, wir setzen uns an einen der drei Tische.

»Also«, sagt Lorenz und klingt dabei sehr interessiert und Gott sei Dank kein bisschen genervt, »was gibt es denn so Wichtiges, dass Sie Ihre Pferdephobie überwinden und mich sogar am Wochenende noch verfolgen?«

Ich hole Luft – dann komme ich mit unserer Sensation direkt heraus.

»Herr Neubauer und ich haben zwei Zeugen gefunden, die Thies Schollmeyer am Abend zur Tatzeit in Zeglin gesehen haben wollen.«

Bääääm! Das hat gesessen! Kay Lorenz fällt regelrecht die Kinnlade herunter.

»Sie haben WAS?«, fragt er nach, weil er es offenbar gar nicht glauben kann.

»Wir haben bei einer Umfrage in Zeglin zwei Feriengäste gefunden, die sich daran erinnern, dass sie Thies Schollmeyer am Dienstagabend um Viertel vor zehn am Hafen in Zeglin gesehen haben. Und zwar zusammen mit einem anderen Mann in einen Streit verwickelt«, schildere ich die Sensation noch mal etwas detaillierter.

»Und die sind sich sogar bei der Uhrzeit sicher?«

Janis nickt.

»Ja. Weil sie die beiden nämlich getroffen haben, als sie nach der Fernsehsendung *In aller Freundschaft* mit ihrem Hund spazieren waren. Die Sendung läuft immer dienstags von 21 bis 21:45 Uhr.«

»*In aller Freundschaft*?«, fragt Lorenz nach. »Kann ich daraus schließen, dass die Zeugen schon älter sind?«

Ich muss kichern, Janis guckt böse.

»Ja, es handelt sich um ein Mutter-Sohn-Gespann aus Sachsen-Anhalt, und ich würde sagen, die beiden sind circa achtzig und sechzig Jahre alt«, erkläre ich.

»Das ist ja der Hammer. Wenn die beiden ihn wirklich erkannt haben, dann war es das mit seinem Alibi. Und dann bekomme ich auch einen Durchsuchungsbeschluss!« Kay Lorenz trommelt mit den Fingern auf der Tischplatte herum. »Wie erreiche ich die Leute?«

Ich krame den Zettel aus meiner Jackentasche hervor und reiche ihn über den Tisch.

»Hier, Ilse und Herbert Scholz. Sind noch zehn Tage auf der Insel und entschlossen, ihrer staatsbürgerlichen Pflicht Genüge zu tun.«

Lorenz pfeift anerkennend.

»Nicht schlecht, Frau Mai, wirklich nicht schlecht.«

»Um der Wahrheit die Ehre zu geben, war die Umfrage die Idee von Herrn Neubauer hier«, gebe ich den Lorbeerkranz an Janis weiter. Das Trommeln der Lorenz'schen Finger auf der Tischplatte wird unterdessen lauter. Er scheint vor einer schwierigen Entscheidung zu stehen. Ich kann mir auch ungefähr vorstellen, welche das ist: Superpapi sein, väterliches Versprechen halten und bis morgen auf dem Ponyhof bleiben. Oder Superermittler bleiben und sofort nach Anklam düsen, um Schollmeyer zur Strecke zu bringen.

Die Tür zum Reiterstübchen öffnet sich, und Greta kommt hereinspaziert, ihrem Lächeln nach zu urteilen, blendend gelaunt.

»Boah, Franzi, dass du uns hier besuchen kommst, finde ich richtig gut!« Dann dreht sie sich zu Janis. »Bist du Franzis Freund?«, fragt sie ihn direkt. Der lacht.

»Nee, bin ich nicht. Ich bin ihr Volontär.«

Greta macht große Augen.

»Was bist du?«

»Ihr Volontär. Das ist so was wie ein Schüler. Franzi bringt mir bei, wie Journalismus funktioniert.«

»Also nicht ihr richtiger Freund?«, hakt Greta vorsichtshalber nach.

»Nein, keine Sorge. Ich bin zwar irgendwie auch ein Freund von ihr, aber nicht ihr *richtiger* Freund.«

»Gut«, stellt Greta fest und nickt zufrieden. Ihrem Vater ist das offenbar sehr peinlich, denn unter seiner gebräunten Haut wird er ziemlich rot.

»Äh, ja, dann wäre das geklärt«, stammelt er. »Ich muss was mit dir besprechen, Greta. Frau Mai, also die Franzi, die ist nämlich mit einer wichtigen Information zu mir gekommen. Da geht es um einen Mord, und Franzi hat eine ganz wichtige Sache entdeckt, die ich jetzt dringend überprüfen müsste. Wäre es in

Ordnung, wenn ich jetzt für ein paar Stunden wegfahren würde? Zum Abendessen bin ich wieder da.«

»Aber du wolltest das ganze Wochenende mit mir hierbleiben. Die ganze Zeit! Du hast es versprochen!«, wendet Greta ein und klingt betrübt. Kay Lorenz atmet tief durch, man kann sehen, dass ihm die Situation nicht leichtfällt. Ich beschließe, mich in dieses Vater-Tochter-Gespräch einzumischen. Immerhin bin ich diejenige, die hier die traute Zweisamkeit auf dem Gewissen hat. Ich stehe also auf und gehe auf Greta zu.

»Sei bitte nicht böse auf deinen Vater. Wenn, dann sei böse auf mich, weil ich hier so reingeschneit bin. Aber weißt du, ich brauche jetzt wirklich dringend die Hilfe deines Vaters. Ich bin nämlich gestern Nacht überfallen worden.«

»Was?« Greta schaut mich erschrocken an. Ich rede weiter.

»Ja, wirklich. Und ich glaube, dass der Überfall was mit dem Fall zu tun hat, in dem dein Vater gerade ermittelt. Jetzt hoffe ich, dass ich in Sicherheit bin, wenn dein Vater den Verbrecher schnell schnappt.«

Greta seufzt. Dann guckt sie ihren Vater an.

»Na gut. Wenn das so ist, dann will ich, dass du Franzi hilfst. Damit ihr nicht noch mehr passiert.«

»Geht klar«, verspricht ihr Vater.

»Aber von dir will ich auch was!«, wendet sich die Kleine dann wieder an mich.

»Nämlich?«

»Du musst heute Abend mit Papa und mir essen. Das ist dann ja auch viel sicherer für dich. Weil – dann traut sich bestimmt niemand, dich zu überfallen, wenn ein echter Polizist dich beschützt.«

Ich nicke.

»Ja, da hast du natürlich recht. Wenn dein Vater damit einverstanden ist, dann komme ich heute Abend gern.«

Kay Lorenz verdreht die Augen.

»Gegen so viel weibliche Überzeugungskunst komme ich wohl kaum an.«

»Hey, und was ist mit mir?«, spielt Janis den Empörten. Greta schüttelt rigoros den Kopf.

»Nee, dich brauchen wir nicht. Mein Papa reicht als Beschützer.«

Janis seufzt ein sehr tiefes Seufzen.

»Dann ist ja gut, dass ich jetzt sowieso gern Feierabend machen würde. Franzi, fährst du mich noch bei meinem Fahrrad vorbei?«

*

Ilse Scholz ist so aufgeregt, als sie bei der Kripo in Anklam ankommt, dass ihr beim Aufhängen ihres Mantels an der Garderobe die Handtasche herunterfällt. Deren gesamter Inhalt verteilt sich auf dem Fußboden – Taschentücher, Halsbonbons, eine Bürste und eine kleine Plastiktüte bilden ein buntes Sammelsurium.

»Oh, nein, jetzt nicht auch das noch!«, ruft Frau Scholz und bückt sich, um die Sachen wieder einzusammeln. Uwe Urmel, der kleine Hund, wittert seine Chance und stürzt sich sofort auf das Plastiktütchen.

»Uwe, aus!«, schimpft sein Frauchen und reißt ihm die Tüte aus dem Maul. Sie richtet sich wieder auf und steckt die Tüte in die Handtasche.

»Das sind seine Leckerchen«, sagt sie dann entschuldigend und wirft ihrem Hund noch einmal einen bösen Blick zu.

»Nu mach hinne, Mutti«, knurrt Herbert Scholz, dem der Auftritt seiner Mutter sichtlich unangenehm ist. »Der Herr Hauptkommissar hat schließlich nicht den ganzen Tag Zeit!«

Kay Lorenz, der mit mir zusammen am Empfang auf die Scholzens gewartet hat, macht eine beschwichtigende Geste mit der Hand und lächelt.

»Nein, keine Eile, ich bin ja dankbar, dass Sie gleich bereit waren, zu mir ins Büro zu kommen.«

»Aber das ist doch selbstverständlich!«, ruft Ilse Scholz, die sich mittlerweile wieder gefangen hat. Lorenz schüttelt den Kopf.

»Nein, glauben Sie mir, das ist es nicht. Also freue ich mich sehr, wenn wir jetzt in mein Büro gehen, Sie mir noch einmal genau erzählen, was Sie heute Mittag schon Frau Mai erzählt haben, und ich Ihnen dann ein paar Fotos zeigen kann. Bitte nach Ihnen!«

Im Büro angekommen, nehmen Mutter und Sohn gegenüber von Kay Lorenz Platz und erzählen noch einmal von dem Dienstagabend in Zeglin. Lorenz hört aufmerksam zu. Dann dreht er den Monitor seines Computers zu ihnen und zeigt ihnen ein großes Bild von Thies Schollmeyer. Es ist nicht so gewinnend wie das Foto von der *Green Nature*-Homepage, Schollmeyer sieht blass und schlecht rasiert darauf aus. Ob das Bild gemacht wurde, als er wegen Betrug und Erpressung im Knast saß? Er hält sich zwar kein Schild mit einer Nummer vor die Brust, so wie man es aus amerikanischen Gangsterfilmen kennt, aber vermutlich ist eine solche Ausstattung im deutschen Strafvollzug auch unüblich.

»Ja, das ist er!«, ruft Herbert Scholz. »Eindeutig! Auf dem Foto, das uns Frau Mai gezeigt hat, war ich mir nicht hundertprozentig sicher. Da sah der Herr so, sagen wir mal, *geleckt* aus. Aber hier, dieses Ungepflegte, Unsympathische – kein Zweifel. Diesen Mann haben wir am Dienstag gesehen. Nicht wahr, Mutti?«

Ilse Scholz rückt näher an den Bildschirm heran und betrachtet das Foto eingehend. Dann nickt sie.

»Ja, Herbert, du hast recht. Das ist der Mann.«

Kay Lorenz reibt sich die Hände.

»Gut, dann würde ich Ihnen jetzt gern ein anderes Bild zeigen.« Er dreht den Monitor wieder zu sich, tippt auf seiner Tastatur herum und dreht den Monitor schließlich zu Ilse und Herbert zurück. Er zeigt ein Bild von Maik Peters.

»Und was ist mit diesem Herrn? Könnte das der Mann sein, mit dem er sich gestritten hat?«

Ilse Scholz kramt in ihrer Handtasche und holt eine Brille hervor, Herbert Scholz hingegen kneift die Augen zusammen und neigt den Oberkörper nach vorn.

»Schwer zu sagen«, murmelt er, »es ist so, wie wir es schon Frau Mai gesagt haben – der zweite Mann hatte eine Kapuze auf und war deshalb nur schwer zu erkennen.«

Seine Mutter legt den Kopf schief und kneift die Lippen aufeinander.

»Aber er könnte es schon sein, der zweite Mann«, sagt sie dann. »Diese geschwungenen, vollen Lippen, das könnte er schon sein. Bei dem zweiten Mann habe ich mir nämlich gedacht: *Was für ein schöner Mund – wie gemacht zum Küssen*!«

Ihr Sohn schaut sie erstaunt an.

»Mutti! Das ist doch wohl nicht dein Ernst!«

Ilse Scholz zuckt mit den Schultern und lächelt versonnen.

»Warum denn nicht? Ich bin alt, nicht blind.«

Kay Lorenz gibt ein seltsames Geräusch von sich, ganz so, als habe er etwas in die Luftröhre bekommen. Ich werfe ihm einen Blick zu, braucht er Hilfe? Nein, er erstickt nicht, er versucht offenbar nur, einen Lachanfall zu bekämpfen.

Als er ihn überwunden hat, nimmt er die Aussagen der Scholzens zu Protokoll. Dann bedankt er sich noch einmal sehr freundlich und begleitet die beiden älteren Herrschaften aus seinem Zimmer zum Fahrstuhl.

Wieder im Büro, fängt er an, laut nachzudenken.

»Gut, das Alibi von Thies Schollmeyer erscheint nun zumindest mehr als zweifelhaft. Einen Durchsuchungsbeschluss müsste ich jetzt problemlos bekommen. Oder soll ich mir noch mal diese Imke vorknöpfen?«

»Ist das eine Frage an mich?«, will ich wissen. Er schüttelt den Kopf.

»Nein, ich rede mit mir selbst. Aber ich denke, es ist schlauer, Schollmeyer mit einer Hausdurchsuchung zu überraschen. Wenn ich Imke Michaelis energisch befrage und aus ihr herausschüttle, dass sie gelogen hat, kann sich Schollmeyer denken, dass wir demnächst bei ihm auf der Matte stehen.« Er guckt mich an und grinst. »*Herausschütteln* natürlich nur im übertragenen Sinne gemeint – meine Vernehmungsmethoden sind über jeden Zweifel erhaben und bewegen sich immer auf dem Boden der freiheitlich-demokratischen Grundordnung, Frau Journalistin.«

»Natürlich, ich hatte nichts anderes erwartet, Herr Hauptkommissar.«

»Gut! Dann werde ich mich jetzt um einen Beschluss für morgen früh kümmern und dann drehen wir dem Herrn Schollmeyer mal das Anwesen auf links.« Er wirft einen Blick auf seine Armbanduhr. »Und wir sehen uns später auf dem Ponyhof? Sagen wir gegen sieben?«

»Sehr gerne.«

»Ich werde kochen. Gibt es irgendetwas, was Sie überhaupt nicht mögen? Wobei ich gleich dazusagen muss: Eingekauft habe ich nur für Spaghetti bolognese.«

»Mein absolutes Lieblingsgericht!«

27

Was zieht man an, wenn man von einer Achtjährigen zum Abendessen auf dem Ponyhof eingeladen wurde? Ich bin von der Zeugenbefragung der Scholzens noch mal nach Hause gefahren, habe geduscht und stehe jetzt vor meinem Garderobenspiegel. Unschlüssig drehe ich mich hin und her. Momentan habe ich einen hübschen, aber etwas schlabbrigen Schalkragenpullover aus Baumwolle und eine schlichte, mitteleng geschnittene Jeans an. Look also »sportlich-gepflegt, aber unspektakulär«. Das ist bestimmt das Richtige aus Sicht der kleinen Gastgeberin. Die Frage, die mich aber genauso interessiert, lautet: Wie wird es ihrem Vater gefallen?

Ich laufe noch mal zu meinem Kleiderschrank und werfe einen kritischen Blick hinein. Vielleicht doch eine Bluse? Die dunkelblaue, taillierte mit den hauchfeinen Nadelstreifen? Nee, da sehe ich ja aus wie auf dem Weg zum Bankgespräch. Oder ein Kleid? Mein dunkelbraunes, das selbst bei meiner eher »geraden« Figur Kurven an die richtigen Stellen zaubert und sanft bis zu den Knöcheln schwingt? Zu dem sehen allerdings Schuhe mit Absatz viel besser aus als Turnschuhe. Auf dem Ponyhof möglicherweise tendenziell overdressed, andererseits fühle ich mich darin wirklich sehr hübsch.

Zur Feier des Tages föhne ich mir die Haare noch über eine Rundbürste, so dass sie mit einer großen Welle auf meine Schultern fallen, tusche mir die Wimpern und reaktiviere meinen schon leicht eingetrockneten Lipgloss, den ich im hintersten

Winkel meines Badezimmerschranks gefunden habe. Ein strenger Blick in den Spiegel – jo, so kann's gehen. Gepflegt, aber nicht aufgedonnert…

Ein Glockenton aus Richtung meines Schreibtisches signalisiert einen Anruf per Skype. Wahrscheinlich meine Mutter. Sie ruft ganz gern mal sonntagabends an, und tatsächlich haben wir schon länger nicht mehr miteinander gequatscht. Gerade passt es mir allerdings gar nicht – es ist schließlich schon halb sieben, und ich will nicht zu spät zu meiner Einladung kommen. Leicht widerwillig gehe ich an meinen Rechner und klicke auf das Hörersymbol, um den Anruf anzunehmen.

»Hallo Mama«, sage ich und gebärde dazu einen Willkommensgruß. Das ist auf Skype eigentlich nicht nötig, weil meine Mutter sehr gut Lippen lesen kann, aber ich habe es mir zur Begrüßung irgendwann mal so angewöhnt.

»Hallo, mein Schatz!«, gebärdet sie, und ich kann schon an ihrem Blick sehen, was die nächste Frage sein wird. »Bist du verabredet?«, will sie wissen. Bingo! Meine Mutter ist einfach sehr neugierig.

»Ja«, sage ich, »ich habe eine Einladung zum Essen. Ich muss auch gleich los und habe nicht viel Zeit.« Erwartungsmanagement ist in diesen Situationen das A und O!

»Schade!«, meint meine Mutter, die jetzt vor Neugier fast umkommt. »Du siehst toll aus! Triffst du dich mit einem Mann?«

»Das geht dich eigentlich nichts an, aber ja, ich treffe mich mit einem Mann.«

Meine Mutter beginnt zu strahlen. Leider ist einer der größten Wünsche in ihrem Leben, dass ihre einzige Tochter endlich *den Richtigen* findet und sie hoffentlich bald zur Oma macht. Leider deshalb, weil sich mir kein Mann auf fünf Meter nähern darf, ohne dass meine Mutter ihn als potenziellen Schwiegersohn in Erwägung zieht. Das kann SEHR anstrengend werden!

»Ein Mann?«, hakt meine Mutter nach, »was denn für einer? Erzähl doch mal!«

Ich muss grinsen. Genau so kenne ich sie!

»Mama, ich habe leider überhaupt keine Zeit. Aber es ist auch nur eine dienstliche Verabredung. Und zwar zusammen mit seiner achtjährigen Tochter. Mach dir also keine Hoffnungen!«

Meine Mutter schüttelt den Kopf.

»Oh, doch! Wenn du dich so hübsch stylst, mache ich mir immer Hoffnungen!«, gebärdet sie energisch. »Ich will dich nicht aufhalten. Aber ich rufe wieder an, verlass dich drauf!« Sie lächelt.

»Klar, ich hatte nichts anderes erwartet. Grüß Papa von mir.«

Sie winkt mir zu, dann schließt sich ihr Skype-Fenster. Ich gucke auf die Bildschirm-Uhr. 18:40 Uhr – ich muss los.

*

»Oh, du siehst aber toll aus!«

Greta empfängt mich mit einem strahlenden Lächeln in der kleinen Ferienwohnung, die über dem Pferdestall neben der Reithalle untergebracht ist. Ich freue mich über das Kompliment und bin froh, dass sie mich nicht quer über den Hof hat hierherlaufen sehen. Sonst hätte sie bemerkt, dass ich nicht nur toll, sondern vor allem wie der humpelnde Quasimodo aussehe. Selbstverständlich bin ich auf meinen hohen Absätzen sofort auf dem unebenen Boden zwischen Parkplatz und Stallgebäude umgeknickt und spüre bereits, wie mein Knöchel anschwillt.

»Danke, Greta«, sage ich und ringe mir ebenfalls ein Lächeln ab, auch wenn ich momentan lieber in ein Stück Holz beißen würde, so schmerzt mein Fußgelenk.

»Papa ist noch in der Küche und macht das Essen, aber ich habe hier schon für uns gedeckt.« Sie macht eine einladende Handbewegung in das Wohnzimmer, in dem auf der einen Seite eine Couch und ein Fernseher stehen, auf der anderen Seite ein kleiner Tisch, hübsch eingedeckt mit drei Tellern, Besteck, Gläsern sowie einem kleinen Blumenstrauß.

»Wahnsinn, das ist ja wie im Restaurant«, rufe ich anerkennend. Greta lächelt verlegen.

»Ja, die Blumen habe ich extra noch auf der Wiese hinter Sandras Haus gepflückt. Gefallen sie dir?«

»Auf alle Fälle! Sehr aufmerksam von dir. Jetzt sage ich mal kurz deinem Vater hallo.«

Ich humple in die Richtung, aus der das Topfklappern und das Rauschen einer Dunstabzugshaube kommen. In einer kleinen Kochnische, die direkt an das Wohnzimmer grenzt, steht Kay Lorenz am Herd und rührt hektisch in einer Pfanne herum.

»Hallo, Herr Lorenz! Auch Ihnen noch mal vielen Dank für die Einladung. Kann ich irgendwie helfen?«

Er dreht sich zu mir. Erst jetzt sehe ich, dass er tatsächlich eine Küchenschürze trägt. Auf dieser prangt in Großbuchstaben ein Spruch, den ich ohne nachzudenken laut vorlese:

»Bier formte diesen schönen Körper.«

What? Kay Lorenz schaut verlegen.

»Äh, die Schürze ist nicht von mir. Die lag hier schon.«

Ich muss lachen.

»Dann ist ja gut. Ich habe nämlich kein Bier, sondern eine Flasche Rotwein mitgebracht. Und für die kleine Reiterin eine Tüte Gummibärchen.«

»Vielen Dank! Ich hoffe, hier gibt es irgendwo einen Korkenzieher. Vielleicht in einer der Schubladen da neben der Spüle?«

Tatsächlich liegt dort einer, ich entkorke also den Rotwein und suche zwei Weingläser aus dem Geschirrschrank. Kurz darauf sind auch Spaghetti und Sauce fertig, und wir sitzen vor unserem zugegebenermaßen vorzüglich duftenden Abendessen. Greta erzählt wie ein Wasserfall von ihrem Tag mit Naomi, den anderen Mädchen und den Reitkünsten von Sandra. Der nächste längere Aufenthalt ist schon fest geplant – am liebsten in den Herbstferien, denn dann könnte sie das Reitabzeichen machen. Erst mal das kleine – natürlich! Obwohl ich keinen blassen Schimmer habe, wovon sie spricht, nicke ich und beobachte Kay Lorenz dabei, wie er seiner Tochter zuhört. Dabei wirkt er so gelöst und glücklich, wie ich ihn noch nie gesehen habe. Klar, ich kenne ihn kaum und dann auch nur dienstlich, aber ich konnte mir bis eben gar nicht vorstellen, dass er überhaupt lockere Momente hat.

Mittlerweile mischt sich in das muntere Plappern von Greta immer häufiger ein herzhaftes Gähnen, und so streicht Kay Lorenz seiner Tochter irgendwann über die dunkelbraunen, welligen Haare und setzt einen strengen Blick auf.

»So, du Nachwuchssportlerin. Dir fallen ja schon die Augen beim Reden zu. Ich würde sagen: Ab ins Bett!«

Greta ist so müde, dass sie nur halbherzig widerspricht.

»Och, menno, ich wollte noch ein bisschen aufbleiben! Du gehst ja auch noch nicht schlafen.«

»Also erstens bin ich dreißig Jahre älter als du, mein Schatz. Und zweitens bleibe ich auch nicht mehr ewig wach. Du weißt doch, dass ich morgen ganz früh aufstehen muss. Wenn du dann wach wirst, bin ich schon wieder da.«

Das klingt aber wirklich nach SEHR früh aufstehen!

»Wann genau findet die Durchsuchung denn statt? Ich wollte eigentlich dazukommen, so als Pressevertreterin.«

Lorenz lacht.

»Da werde ich Sie natürlich nicht von abhalten können, aber wir starten um kurz vor sechs Uhr. Es ist Wochenende, Hauptkommissarin Lamott vom KDD leitet also die Durchsuchung, aber ich werde auch dabei sein.«

»Sonntagmorgen um sechs Uhr früh?«

»Richtig. Und seien Sie froh – da gab es eine Gesetzesänderung. Früher durften wir im Sommer schon ab vier Uhr morgens anfangen.«

Na großartig. Genau meine Zeit. Ich schüttle mich.

»Als ich das letzte Mal zu einem so frühen Termin erscheinen musste, bin ich als Erstes über eine Leiche gestolpert«, berichte ich freimütig. Greta reißt die Augen auf und schnappt nach Luft. Mist – anwesende Kinder! Ich sollte mich also mit Gruselstorys zurückhalten.

»'tschuldigung«, murmele ich schnell, »das war nur so ein Spruch. Ich bin natürlich überhaupt nicht über eine Leiche gestolpert. Es war auch gar nicht gefährlich oder so, und das wird es morgen früh ja auch nicht sein.«

Kay Lorenz nickt.

»Nein, wird es auch nicht. Wir starten einfach früh, weil wir dann das Überraschungsmoment auf unserer Seite haben, aber ich rechne sowieso nicht mit Widerstand oder gefährlichen Situationen.« Er streckt die Hand zu seiner Tochter aus und streicht über ihren Unterarm. »Wenn es gut läuft, findet Papa ganz schnell, was er sucht, und ist schon wieder da, wenn du noch gemütlich im Bett liegst. Mal sehen, vielleicht bringe ich auch einfach frische Brötchen mit.«

»Oder Croissants?«, platziert Greta eine Order.

»Von mir aus auch das«, verspricht ihr Vater. »Aber jetzt ab in die Federn!«

Greta steht auf, verabschiedet sich artig von mir und huscht aus dem Wohnzimmer.

»Noch ein Glas Wein?« Kay Lorenz nimmt die Weinflasche und hebt sie über mein Glas.

»Aber nur ein ganz kleines bisschen. Nicht, dass Sie mich hier schon im Flur wegen einer versuchten Trunkenheitsfahrt verhaften«, kichere ich. Er schüttelt den Kopf.

»Mache ich wirklich den Eindruck, als würde ich immer staubtrocken nach jedem Vergehen meiner Mitmenschen suchen?«

Ich zucke mit den Schultern.

»Also ein bisschen schon, würde ich sagen. Sie wirken nicht gerade wie der Typ, der gern mal fünfe gerade sein lässt.« Für diese Bemerkung ernte ich einen Blick zwischen Enttäuschung und Empörung.

»Ist ja auch richtig bei Alkohol am Steuer«, schiebe ich deshalb schnell hinterher.

»Ich finde mich eigentlich recht lässig«, sagt Lorenz und klingt dabei tendenziell bockig. Ich beiße mir auf die Unterlippe, damit mir nicht so etwas wie »Tja, Selbst- und Fremdwahrnehmung« rausrutscht. Stattdessen lächle ich möglichst unschuldig.

»Finden Sie nicht?«, hakt er nach.

»Äh, so gut kenne ich Sie ja gar nicht«, halte ich mich bedeckt.

»Mein Vater ist Kubaner, die sind doch eigentlich berühmt für ihre Lässigkeit.« Kay Lorenz grinst verschmitzt.

»Wenn ich ehrlich bin, kenne ich keinen einzigen Kubaner, noch war ich jemals auf Kuba«, entgegne ich. »Ich bin also die komplett falsche Person, um das zu beurteilen.«

»Wissen Sie, was das eigentlich Traurige ist?« Mit einem Mal ist sein Grinsen wie weggewischt. »Es geht mir genauso wie Ihnen. Ich habe meinen Vater nie kennengelernt, und auf Kuba war ich auch noch nie.«

»Oh, das tut mir leid«, stottere ich, weil ich nicht weiß, was ich dazu sonst sagen soll.

»Das muss es nicht. Wen man nicht kennt, kann man nicht vermissen«, sagt er leichthin. »Aber in meiner Kindheit war ich unter all den blonden, sommersprossigen Kindern in der Kita immer der Exot. Vielleicht habe ich deshalb manchmal den Drang, besonders penibel zu sein – so vermeintlich typisch deutsch, wer weiß. Müsste ich glatt mal mit meinem Therapeuten besprechen.« Endlich lächelt er wieder. »Spaß! Ich habe gar keinen Therapeuten. Und Sie müssen auch nicht meine Küchenpsychologin werden.«

»Puh!«, sage ich, »da bin ich aber froh! In so was bin ich auch gar nicht gut. Aber spannend finde ich die Geschichte mit Ihrem Vater schon. Hatten Sie nicht das Bedürfnis, ihn mal kennenzulernen?«

Kay Lorenz nimmt noch einen Schluck Wein und überlegt.

»Doch, als Kind habe ich mir oft vorgestellt, wie es wäre, wenn er auf einmal da wäre und ich auch einen richtigen Vater hätte. Aber meine Mutter hat über alles, was mit meinem Vater zu tun hatte, eisern geschwiegen. Auch über ihn selbst. Ich glaube, er hat ihr Herz gebrochen. Deswegen habe ich sie nie nach ihm gefragt. Ich hatte immer das Gefühl, dass ich sie sonst sehr traurig machen würde. Meine Tante hat mir an meinem vierzehnten Geburtstag ein altes Foto von ihm gegeben. Heimlich. Meine Mutter weiß es bis heute nicht.« Er seufzt. »Und Sie? Was sind Ihre dunklen Geheimnisse?«

Ich zucke mit den Schultern.

»Weiß nicht. Ich komme aus dem Rheinland, bin also tatsächlich unter lauter Frohnaturen aufgewachsen. Und da trage ich das Herz natürlich meistens auf der Zunge, was die Sache mit Geheimnissen ziemlich schwer macht. Ich bin da eher Marke *offenes Buch.*«

Kay Lorenz grinst.

»Oh, mein Gott! Da muss Vorpommern ja ein regelrechter Kulturschock für Sie gewesen sein.«

»Aber so was von!«, bestätige ich. »Mittlerweile habe ich mich an das Dröge gewohnt, aber die ersten Jahre war es schlimm! Und diese Wortkargheit – einfach fürchterlich. Meine Eltern können beide nicht sprechen, aber selbst in Gebärdensprache erzählen die am Tag ungefähr dreimal so viel wie der durchschnittliche Usedomer.«

Kay Lorenz lacht lauthals auf.

»Das glaube ich sofort! Selbst die spröden Hamburger reden mehr als die Menschen hier.«

»Wie lange waren Sie denn in Hamburg?«, erkundige ich mich neugierig.

»Fast zehn Jahre. Meine Ex-Frau hat in Hamburg studiert, und ich fand es spannend, mal in einer Großstadt zu arbeiten.«

Er macht eine Pause, und obwohl ich sehr gern nachfragen würde, warum genau er jetzt wieder zurückgekommen ist, lasse ich es. Wenn es so war, wie Markus erzählt hat, wird es vielleicht nicht gerade sein Lieblingsthema sein.

Eine Weile schweigen wir beide, und dann fällt mir zum Glück doch noch ein unverfängliches Thema ein, das gar nichts mit dem Privatleben von Kay Lorenz zu tun hat.

»Sagen Sie mal, haben Sie Ole Peters am Freitag eigentlich noch im Krankenhaus gesprochen?«

Kay Lorenz guckt erstaunt.

»Wie kommen Sie denn jetzt auf den?«

»Ich wollte Sie schon die ganze Zeit danach fragen, habe es aber immer wieder vergessen.«

»Nein, ich habe ihn nicht mehr angetroffen. Als ich im Krankenhaus ankam, war er schon entlassen worden. Ich spreche ihn Montag.«

»Ach so. Ich bin mir ziemlich sicher, dass Schollmeyer hinter dem Giftanschlag steckt. Vielleicht eine Warnung oder so? Jedenfalls wird er es gewesen sein, der Helena mit den K.-o.-Tropfen losgeschickt hat, meinen Sie nicht auch? Das würde doch genau ins Bild passen.«

»Kann schon sein. Jetzt wo er kein Alibi mehr hat, halte ich alles für möglich. Ich bin sehr gespannt, wie die Durchsuchung morgen läuft.«

Bei der Erwähnung des Wortes *morgen* merke ich auf einmal,

dass ich unglaublich müde bin. Ich unterdrücke ein Gähnen und schiebe das noch volle Weinglas ein Stück von mir weg.

»Ich glaube, ich fahre jetzt mal nach Hause, sonst schlafe ich hier auf der Stelle ein, und Sie sind mich morgen früh immer noch nicht los.«

»Dabei fällt mir ein – hätte ich mich noch um Personenschutz für Sie kümmern müssen? Daran habe ich hier vor lauter Ponyhof gar nicht mehr gedacht. Tut mir leid!« Kay Lorenz guckt schuldbewusst.

»Vielen Dank, aber das ist gar nicht nötig«, beruhige ich ihn. »Katja geht es schon viel besser, also übernachtet Manni ab heute wieder zu Hause. An dem kommt so schnell keiner vorbei.« Ich gähne demonstrativ. »Also gute Nacht und noch mal vielen Dank für das leckere Essen«, verabschiede ich mich dann von Lorenz. »Oh, und eine Bitte noch – schicken Sie mir die Adresse von Schollmeyer? Ich verrate auch nicht, von wem ich sie habe. Knuti könnte sie mir auch besorgen, aber den will ich um diese Uhrzeit nicht mehr stören.«

Kay Lorenz zieht die Stirn in Falten.

»Junge, Junge, dass ich noch mal zum Freund der Presse werden würde, wer hätte das gedacht.«

»Kommen Sie schon – ohne mich hätte Schollmeyer immer noch ein wasserfestes Alibi, und es gäbe gar keine Durchsuchung. Es ist also keine besonders einseitige Freundschaft.«

»Auch wieder wahr. Ich suche sie raus und schicke sie Ihnen, okay?«

»Vielen Dank!«

Er hilft mir in meinen Mantel, ich gehe sehr beschwingt zur Tür. Oder versuche es zumindest.

»Haben Sie sich verletzt?«, fragt er. »Wenn Sie Naomi wären, würde ich sagen, Sie sind lahm.«

»Nein, alles gut. Eine alte Kriegsverletzung vom Kampf mit

meinen Stöckelschuhen.« Wir müssen beide lachen, dann reicht er mir die Hand.

»Gute Nacht. Und wahrscheinlich bis morgen.«

Als ich wieder heil in meinem Panda sitze, gibt mein Handy einen Signalton von sich. Ich krame es aus meiner Handtasche hervor und werfe einen Blick drauf. Es ist eine Nachricht von Kay Lorenz. Die Adresse von Thies Schollmeyer. Und ein PS:

Vielen Dank für den schönen Abend. Ich habe ihn genossen.
Gruß, K. L.

28

In finsterster Nacht schrecke ich aus dem Tiefschlaf hoch. Ich brauche einen kurzen Moment, um mich zu orientieren, dann stelle ich fest: Tiefschlaf ja, finsterste Nacht leider nein. Draußen ist es schon ziemlich hell. Ich werfe einen Blick auf meinen Wecker. Verdammt. 5:42 Uhr. Warum hat das verfluchte Ding nicht geklingelt? Nie im Leben schaffe ich es bis kurz vor sechs Uhr zu Schollmeyer, dabei wollte ich unbedingt dabei sein, wenn der völlig überrumpelt und im Pyjama von der energischen Frau Lamott zur Seite geschoben wird und zehn Polizeibeamte durch seine Wohnung traben. Das wird nun nichts mehr werden. Ich überlege kurz, ob ich mich einfach wieder umdrehe und eine Runde weiterschlafe. *Franziska Mai, das kommt überhaupt nicht in Frage!,* schimpfe ich dann aber mit mir selbst.

Ich rolle mich aus dem Bett. Als ich aufstehen will, durchfährt ein stechender Schmerz mein linkes Bein. Ich schaue an mir herunter – mein Knöchel sieht aus, als sei ich ein ausgewachsener Elefant. Jetzt komme ich also nicht nur viel zu spät, sondern bin auch noch gehbehindert. Aber egal, da muss ich jetzt durch. Leise fluchend ziehe ich mir die Jeans und den Schalkragenpulli an, die noch auf dem Stuhl vor meinem Garderobenspiegel liegen. Jede Berührung des Stoffes an meinem Knöchel tut höllisch weh. Strümpfe lasse ich weg, über den linken Fuß würde ich sie ohnehin nicht bekommen. Da passt selbst mein Turnschuh nur knapp, obwohl ich ihn ganz locker zubinde. Ich putze in Rekordgeschwindigkeit die Zähne, binde meine Haare zu einem Pferdeschwanz zusammen und humple aus der Wohnung. Kaffee wird völlig überschätzt, den noch zu kochen habe ich definitiv keine Zeit mehr. Auf in die Schlacht!

*

Unter Missachtung jeglicher Vorschriften der StVO bin ich schon zwanzig Minuten später vor Schollmeyers Haustür. Zwei Polizeiwagen und ein Polizeibus parken vor seinem Haus, ich stelle mein Gefährt daneben und humple zum Eingang. Die Haustür steht sperrangelweit auf, aus dem Flur höre ich laute Stimmen, und gerade tragen zwei Beamte Pappkartons vom Bus ins Haus. Ich überlege kurz, ob ich klingeln soll, lasse es dann aber. Stattdessen werfe ich gleich einen Blick in den Flur. Dort stehen: Schollmeyer, tatsächlich in Schlafanzug und Bademantel, die Haare in alle Richtungen abstehend, Hauptkommissarin Lamott, die Arme vor der Brust verschränkt, und tatsächlich Kay Lorenz, frisch rasiert und dynamisch auf und ab wippend.

»Ich weiß wirklich nicht, wie Sie darauf kommen, Herr Kommissar. Welche Zeugen sollen das denn sein? Ich war den ganzen Abend mit Frau Michaelis zusammen, wir haben erst bei mir im Büro einen neuen Flyer entworfen und dann noch ein Bier bei ihr getrunken. Das hat sie Ihnen doch erzählt.«

»Herr Schollmeyer, die beiden Zeugen haben Sie einwandfrei identifiziert«, entgegnet Kay Lorenz kühl.

»Und deswegen dürfen Sie hier einfach so mein Haus stürmen? Das geht doch nicht, ich habe schließlich Rechte!«

Frau Lamott lächelt ein spitzes Lächeln.

»Keine Sorge, es geht alles mit rechten Dingen zu. Ich habe Ihnen doch eben den richterlichen Durchsuchungsbeschluss gezeigt. Darin ist alles sehr schön erklärt. Es besteht ein Anfangsverdacht, dass Sie eine Straftat gegen Leib und Leben zu Nachteil des Maik Peters begangen haben. Die Zeugen haben Sie zur Tatzeit mit dem späteren Opfer in der Nähe des vermuteten Tatorts gesehen.«

»Ich? Ein Mörder?«, schreit Schollmeyer. »Das ist doch völliger Wahnsinn!« Er fährt sich durch die Haare und verwuschelt sie noch mehr. Die Ähnlichkeit mit Boris Johnson wird immer unübersehbarer. Dann fährt er herum und entdeckt mich.

»Hey, Sie! Was wollen Sie denn hier? Sind Sie diese impertinente Reporterin?«

»Was will die denn hier?«, faucht Janine Lamott Kay Lorenz an. Der zuckt mit den Schultern.

»Keine Ahnung«, behauptet er dann, »ich habe sie nicht hergebeten.«

»Und woher weiß sie von der Durchsuchung?«

Erneutes Schulterzucken.

»Gute Journalisten haben doch überall ihre Quellen.« Wow, diese Lüge geht ihm aber sehr geschmeidig über die Lippen.

Janine Lamott wendet sich an Thies Schollmeyer.

»Sie hören es – wir wissen auch nicht, warum Frau … äh …«

»Mai«, ergänze ich freundlich.

»… warum Frau Mai hier ist. Frau Mai, dies ist ein Polizeieinsatz. Bitte gehen Sie, bevor ich Sie entfernen lassen muss!«

Hoppla, ganz schön zackig, die Frau Lamott. Ich will mich gerade aufplustern und mein übliches Pressefreiheitssprüchlein aufsagen, da kommt Hilfe von unerwarteter Seite.

»Nein«, sagt Schollmeyer mit klarer, fester Stimme. »Ich brauche Sie, Frau Mai. Ich werde hier gerade Opfer von staatlicher Willkür und ich will, dass Sie als Vertreterin der Presse dabeibleiben!«

Hauptkommissarin Lamott verdreht die Augen und flüstert leise, aber natürlich von den Lippen ablesbar: »So ein Scheiß!« Kay Lorenz grinst.

»Danke, Herr Schollmeyer«, sage ich und stelle mich neben

ihn. Zum einen mache ich damit hoffentlich deutlich, dass ich mich nicht so schnell verscheuchen lasse, zum anderen sehe ich neben einem Typen in Schlafanzug und Bademantel selbst gleich deutlich eleganter aus.

Die nächsten fünfzehn Minuten passiert allerdings nicht viel. Das Haus von Schollmeyer ist nicht besonders groß, mit sechs Beamten, die es durchsuchen, ist es schon ziemlich gut gefüllt. Wir folgen zwei Polizisten ins Wohnzimmer, und während die beiden systematisch das gesamte Regal ausräumen, nehmen wir auf dem Sofa Platz. In meinem Fußgelenk pocht es wie verrückt, am liebsten würde ich meinen Turnschuh ausziehen und den Fuß auf den Couchtisch legen. Oder Schollmeyer fragen, ob er Eis zum Kühlen hat. Der starrt finster vor sich hin und guckt nur ab und zu hoch, wenn es irgendwo im Haus rumpelt. Es entsteht eine unangenehme Stille, die ich nicht gut ertragen kann. Ich räuspere mich.

»Haben Sie schon Ihren Anwalt angerufen?«, will ich von Schollmeyer wissen. Kay Lorenz wirft mir einen entsetzten Blick zu. Ich halte seinem Blick stand. Mörder hin oder her – einen Rechtsbeistand hat jeder verdient. Schollmeyer jedoch lacht laut auf.

»Einen Anwalt? Wovon soll ich den denn bezahlen? Ich bin Tierschützer, nicht Millionär!« Dann sagt er nichts mehr und starrt weiter vor sich hin. Eine junge Polizistin kommt mit einem Karton ins Wohnzimmer und spricht Janine Lamott an.

»Wir haben jetzt den Rechner und ein Laptop eingepackt. Andere elektronische Geräte haben wir nicht gefunden.«

Lamott dreht sich zu Schollmeyer.

»Geben Sie uns die Passwörter freiwillig?«

Der beißt die Lippen aufeinander und schüttelt den Kopf.

»Na gut«, sagt Lamott und lächelt wieder dieses böse Lächeln, »müssen Sie nicht. Aber wir werden die Daten auch so runterbekommen, verlassen Sie sich drauf.«

»Viel Erfolg«, bemerkt Schollmeyer knapp und schweigt dann weiter.

Nach einer weiteren Viertelstunde kommt ein älterer Beamter zu uns.

»Draußen ist ein Gartenhaus. Ist allerdings abgeschlossen.«

»Geben Sie uns den Schlüssel?«, fragt Lamott. Wieder schüttelt Schollmeyer nur den Kopf. »Sie wissen, dass wir jetzt die Tür aufbrechen werden?«, hakt sie noch mal nach. Schollmeyer seufzt und steht auf.

»Na gut. Ihrer Gewaltherrschaft kann ich ja doch nichts entgegensetzen!«, sagt er pathetisch und geht in den Flur. Wir folgen ihm bis zu einem Schlüsselbrett, an dem ungefähr zehn verschiedene Schlüssel hängen. Er überlegt kurz, dann greift er nach einem kleinen, der an einem grünen Band baumelt. So ausgerüstet, geht er aus dem Haus hinaus und über den Rasen zu besagtem Gartenhaus. Wir laufen hinterher und bleiben hinter ihm stehen, als er sich an dem Vorhängeschloss zu schaffen macht. Es dauert eine ganze Weile, bis er es aufgeschlossen hat. Dann dreht er sich zu uns um.

»So, offen. Obwohl ich wirklich nicht weiß, was Sie da suchen. Da sind Gartengeräte drin, Rasenmäher und so'n Zeug. Ich war hier selbst seit Monaten nicht mehr drin.«

Er tritt zur Seite, die Tür schwingt auf und gibt den Blick auf den tatsächlich unspektakulären Inhalt frei. An den Wänden Billyregale, vollgestopft mit alten Farbdosen, einer Rolle Maschendraht, einigen Gläsern gefüllt mit Schrauben oder Nägeln, neben den Regalen besagter Rasenmäher, ein verstaubter Fahrradanhänger und diverse andere Dinge, die das Herz jedes Ebay-Kleinanzeigen-Kunden höher schlagen lassen würden. Der ältere Polizeibeamte, der eben nach dem Schuppen gefragt hat, schiebt Schollmeyer ungerührt zur Seite und macht sich an die Arbeit.

Ich merke, dass mein Bein im Stehen noch stärker weh tut als im Sitzen, und überlege, ob ich nicht einfach ins Wohnzimmer zurückgehen soll. Ein Blick auf Schollmeyer, und ich verwerfe die Idee – es sieht so aus, als wäre ihm meine Anwesenheit gerade sehr wichtig, und schließlich ist er derjenige, der gerade dafür gesorgt hat, dass ich hier eine Existenzberechtigung habe. Wenn ich die verliere, schmeißt mich Hauptkommissarin Lamott bestimmt sofort raus. Ich beiße also die Zähne zusammen und bleibe neben dem Schuppen stehen.

Im Fernsehen sind solche Hausdurchsuchungen übrigens deutlich spannender. Hier gucken wir nun ernsthaft seit mittlerweile fast einer Stunde zu, wie Menschen in weißen Papieroveralls und Handschuhen jeden einzelnen Gegenstand in Regalen oder Schränken hochnehmen, kurz anschauen und meistens wieder zurückstellen. Nur sehr selten landet etwas davon in einem der Kartons. Ich muss gähnen. Kay Lorenz mustert mich verstohlen von der Seite. Er sieht so aus, als würde er sich zwar gern mit mir unterhalten, aber sich das vor den Augen von Wachhund Lamott nicht trauen.

»Kommen Sie mal bitte!«, ruft es jetzt aus dem Inneren des Schuppens. Ich humple sofort in Richtung der Stimme.

»Doch nicht Sie!«, faucht mich Janine Lamott sofort an.

»Frau Mai kann gehen, wohin sie will«, bölkt Schollmeyer. »Das ist hier schließlich mein Haus!«

»Danke, Herr Schollmeyer«, sage ich und fühle mich ein bisschen schlecht. Wenn der wüsste, dass er diese Hausdurchsuchung nur mir zu verdanken hat… Nun kommt Kay Lorenz auf mich zu und spricht mich an.

»Natürlich können Sie hierbleiben. Aber ich möchte Sie bitten, uns nicht bei unserer Durchsuchung zu behindern. Wenn dem Kollegen jetzt etwas aufgefallen ist, schaue ich mir das erst mal an, bevor wir hier alle durch den Schuppen trampeln.«

Ich nicke.

»Natürlich.« Ich gehe ein Stück zur Seite und mache den Weg frei. Lorenz und Lamott gehen an mir vorbei, und es dauert keine zwei Sekunden, bis ich aus dem Inneren des Schuppens ein lautes »Na endlich« höre. Schollmeyer reißt die Augen auf.

»Was meinen die denn damit?«, will er von mir wissen.

»Schätze mal, die haben was gefunden.«

In diesem Moment kommt Kay Lorenz heraus. Er hat mittlerweile Gummihandschuhe an und trägt eine durchsichtige Plastiktüte. Ich muss zweimal hinschauen, um zu erkennen, was sich in der Tüte befindet, aber dann erkenne ich es. Es ist eine große Taschenlampe.

Als er an uns vorbeikommt, bleibt Lorenz kurz stehen.

»Ja, wir haben tatsächlich etwas gefunden. Die Tatwaffe, würde ich sagen. Eine Stabtaschenlampe mit Anhaftungen am Griff, die mir sehr nach Blut aussehen. Die geht jetzt ins Labor, dann wissen wir bald mehr.«

Ich würde am liebsten einen Luftsprung machen – ich wusste, dass wir hier an der richtigen Adresse sind! Schollmeyer hingegen ist fassungslos. Oder tut zumindest so.

»Das kann nicht sein! Die gehört mir nicht. Wie kommt die da überhaupt rein?«

»Kay, komm zurück«, ruft Janine Lamott aus dem Schuppen. »Hier sind noch mehr interessante Fundstücke!«

Lorenz macht auf dem Absatz kehrt, und diesmal lasse ich es mir nicht nehmen, einfach hinter ihm herzulaufen. Dicht gedrängt stehen der Polizeibeamte, Lamott, Lorenz und ich schließlich vor einem Regal am hinteren Ende des Schuppens vor einer Kiste mit Kaminholz.

»Gucken Sie mal hier«, sagt der Beamte und schiebt die Scheite zur Seite. Jetzt kann ich es auch sehen: Unter den Scheiten liegt, fest mit einer Schnur zusammengebunden, ein ziemlich großer

Stapel aus 200-Euro-Scheinen. Direkt daneben steht ein Schuhkarton. Kay Lorenz bückt sich, legt die Tüte mit der Taschenlampe zur Seite und nimmt den Schuhkarton aus der Kiste. Dann hebt er vorsichtig den Deckel ab, und alle vier starren wir gebannt auf den Inhalt. Ich glaube, ich bin die Erste, die erkennt, was sich darin verbirgt. Es ist eine zusammengerollte *Bild der Frau*, daneben eine Schere und eine Flasche Uhu und ein zusammengefalteter Zettel.

»Können Sie die Zeitschrift bitte mal herausnehmen und aufblättern?«, frage ich Kay Lorenz. Schließlich habe ich selbst keine Handschuhe an und will hier nicht von Janine Lamott wegen grob fahrlässiger Spurenverunreinigung standrechtlich erschossen werden. Kay Lorenz nickt und fischt die Zeitschrift mit einer Hand heraus, während er mit der anderen den Karton weiter festhält. Dann gibt er die Zeitschrift seiner Kollegin, die anfängt, sie durchzublättern. Schon nach der zweiten Seite sehe ich, dass ich mit meinem Verdacht recht habe: Sie hat Löcher. Es fehlen tatsächlich einzelne Buchstaben, sie wurden fein säuberlich herausgeschnitten.

29

»Ah, so sieht jemand aus, der ein erfolgreiches Wochenende hatte! Einfach strahlend!« Janis steht von seinem Stuhl auf und applaudiert, als ich ins Büro komme. Ich deute eine Verbeugung an.

»Danke, mein Lieber. Mir geht es auch blendend. Ich könnte die ganze Welt umarmen!«

Und dazu habe ich schließlich auch allen Grund: Unser erster Problemlöser-Fall ist so gut wie geklärt, Schollmeyer sitzt in U-Haft und legt bestimmt bald ein Geständnis ab, und ich schätze mal, damit hat sich auch die Sache mit dem Schlägertrupp erledigt. Ich bin mir nämlich ziemlich sicher, dass Schollmeyer die engagiert hatte, um mich einzuschüchtern.

»Jetzt musst du mir aber unbedingt noch mal im Detail erzählen, wie die Hausdurchsuchung bei Schollmeyer abgelaufen ist. Ich bin wirklich neugierig.«

Das kann ich verstehen. Aber gestern war ich zu schlapp für einen ausführlichen Bericht an Janis, stattdessen habe ich ihm nur am Telefon drei Stichworte zugerufen und dann den restlichen Tag auf der Couch verbracht. Ich musste mich dringend mal erholen, die letzten Tage waren wirklich anstrengend. Auch für meinen Knöchel war das goldrichtig, dem geht es bedeutend besser. Langsam lasse ich mich in meinen Stuhl sinken und beginne mit meiner Geschichte.

»Also, es war so: Ich kam etwas zu spät, weil ich meinen Wecker nicht gehört hatte. Dadurch habe ich leider den vermutlich wunderbaren Moment verpasst, in dem Schollmeyer um kurz vor sechs aus dem Bett geklingelt wurde.«

»Ja, krass, auf'n Sonntag! Da rechnet ja keiner mit.«

»Genau. Als ich kam, hatte Schollmeyer demzufolge auch noch seinen Pyjama an. Und dann…«

Die Tür zu unserem Büro wird sehr energisch geöffnet, Sonja schaut herein.

»Ich störe euch nur ungern bei was auch immer ihr da gerade macht, aber die Redaktionskonferenz hat schon begonnen, und wir warten auf euch.«

Oh, tatsächlich – kurz nach halb zehn, wir sind spät dran. Ich winde mich also wieder aus meinem Stuhl und trabe mit Janis hinter Sonja her.

Im Besprechungsraum sind schon alle versammelt, Raimund tippt demonstrativ auf seine Uhr und schüttelt missbilligend den Kopf. Ist mir heute aber egal, schließlich habe ich die besten Nachrichten von allen hier zu verkünden! Janis und ich setzen uns auf unsere angestammten Plätze am hinteren Teil des langen Tisches, schräg gegenüber von Raimund und zwischen Markus auf der linken und Kathleen auf der rechten Seite.

Raimund beginnt die Konferenz mit einem kurzen Überblick über die allgemeine Nachrichtenlage und merkt an, wo wir schon ganz gut aussehen und wozu er gern noch mehr Beträge hätte. Dann geht es reihum, und jeder berichtet kurz, woran er gerade arbeitet. Die gesamte Redaktion macht Anregungen oder Vorschläge. Oder übt Kritik. Kommt natürlich auch vor.

Was die anderen heute sagen, bekomme ich gar nicht so genau mit, zu gespannt bin ich auf meinen eigenen Beitrag. Als Markus fertig ist und an mich übergibt, will ich sofort loslegen, doch Raimund unterbricht mich.

»Bevor du jetzt was sagst, liebe Franzi, muss ich auch mal was loswerden.«

Oh, oh, was kommt denn jetzt? Wobei, wenn er es mit *liebe Franzi* einleitet, wird es vielleicht gar nicht so schlimm.

»Ja, lieber Raimund«, sage ich also und setze ein zuckersüßes Lächeln auf.

»Ich muss dich jetzt tatsächlich mal loben. Als du mir die Idee mit den Problemlösern vorgestellt hast, habe ich das zugegebenermaßen für ausgemachten Schwachsinn gehalten. Aber ich wollte dir eine Chance geben zu beweisen, dass dieses Format bei unseren Hörerinnen und Hörern ankommen würde. Und ich muss sagen: Das ist dir gelungen. Schon die Story mit dem toten Fischer ist echt spannend, aber die Geschichte mit den Immobilienspekulanten bringt das Volk richtig in Wallung. Chapeau!«

Ich überlege kurz – wie meint er das? Das Volk ist in Wallung? Die letzten Tage habe ich mich so um den Fall Maik Peters gekümmert, dass ich das gar nicht so mitbekommen habe. Ich beschränke mich also auf ein bescheidenes »Echt?«.

Raimund nickt.

»Ja. Echt. Meterhohe Wellen hat das schon geschlagen. Wenn du mal gelegentlich einen Blick in eine Tageszeitung wirfst, bemerkst du es vielleicht auch.«

Täusche ich mich, oder höre ich da eine kleine Spitze? Raimund greift in seine Aktenmappe, zieht eine Zeitung heraus und schliddert sie mir über den Tisch zu. Ich werfe einen Blick auf den Titel. Es ist der *Usedom-Kurier* von heute, und der Aufmacher lautet »Immobilienspekulation – was macht die Politik?« Ah ja, schön weitergedreht, die Geschichte.

»Ich schlage jetzt mal Folgendes vor«, plustert sich mein Chef auf, »du schnappst dir deinen Volontär, und dann sammelt ihr mal quer über die Insel Überraschungs-O-Töne von Lokalpolitikern ein. Gleiche Frage wie die Printkollegen: Was unternimmt die Politik gegen Spekulanten?«

Janis meldet sich zaghaft zu Wort.

»Wieso denn Überraschung? Brauchen wir da keine Termine? Und bekommen wir die überhaupt so schnell?«

»Ts, ts, ts«, schnaubt Raimund. »Was hat dir Franzi denn bloß bisher beigebracht? Natürlich wollen wir die überraschen! Also, auf, auf! Am besten fangt ihr gleich an, die Rathäuser und Gemeindeverwaltungen abzuklappern, damit ihr für den 17-Uhr-Report etwas Hübsches habt.«

Spinnt der? Wieso plant der eigentlich *meine* Themen? Aus den Augenwinkeln sehe ich, dass jetzt Kathleen ihre Themen vorstellen will – aber nicht mit mir!

»Raimund, stopp! Ich habe meine anderen Themen noch gar nicht vorgestellt. Besser gesagt: meinen anderen Fall. Du erinnerst dich doch an den toten Fischer. Und da gibt es nun einen dringend Tatverdächtigen, der sogar schon in U-Haft sitzt. Da könnten wir endlich unsere große True-Crime-Auflösung draus machen, wie wir es mit der Kripo abgesprochen haben.«

Mein Chef klatscht fröhlich in die Hände.

»Na, umso besser! Dann hast du heute ja gleich zwei Knallerthemen am Start. Also schreibst du schnell schon mal 'ne kurze Meldung für Markus, und der nimmt sie in die Zwölf-Uhr-Nachrichten. Der Aufmacher um 15 Uhr wird die Immobiliengeschichte, da ist einfach richtig Musik drin, und es betrifft die Leute hier auf der Insel ganz direkt. Für kein anderes Thema haben wir zuletzt so viele Zuschriften bekommen wie für diese Story. Und um 17 Uhr planen wir dich mit einem Interview mit deinem Kommissar über diesen Mord in Zeglin ein. Ich sag mal: Ticktack, Franzi, die Zeit läuft! Fangt besser gleich an.« Er schaut zu meiner Kollegin rüber. »So, Kathleen, schieß los. Was hast du uns heute mitgebracht?«

*

Der Nachteil von Überraschungsangriffen ist, dass man als Journalist dabei auch mal richtig was auf die Omme kriegen kann. Oder noch schlimmer: einfach ins Leere läuft. Nicht alle Kommunalpolitiker und Verwaltungsmitarbeiter haben nämlich das unstillbare Verlangen, unvorbereitet und schlecht gebrieft dem Radio ein schnelles Interview zu einem halbwegs komplexen Thema zu geben.

In Ahlbeck und Heringsdorf wird uns in der Gemeindevertretung nur schnöde mitgeteilt, dass wir uns gefälligst einen Termin geben lassen sollen, wenn wir mit irgendeinem Verantwortlichen sprechen möchten. In Bansin finden wir heraus, dass sich die Kaiserbäder seit ihrer verwaltungsrechtlichen Fusion sowieso über alles abstimmen und man in der Kürze kein Interview geben könne, welches allen Gemeindeteilen gerecht würde. Wir sollen unsere Fragen deshalb bitte schriftlich einreichen, zu gegebener Zeit würden diese dann beantwortet werden. Schöner Mist, ich bin mir sicher, dass *zu gegebener Zeit* nicht gleichbedeutend mit *bis 15 Uhr* ist. Immerhin teilt uns die Gemeindesekretärin mitleidig mit, dass ihres Wissens in Zinnowitz gerade erst Vorschriften zum Schutz der Inselbewohner erlassen worden seien. Ein Interview will sie uns dazu aber auch nicht geben.

Nachdem sie uns wieder aus ihrem Büro herauskomplimentiert hat, ergoogle ich mir mit ihren mageren Stichworten die *Satzung der Gemeinde Ostseebad Zinnowitz zur Erhaltung der Zusammensetzung der Wohnbevölkerung der Gemeinde Ostseebad Zinnowitz.* Ah ja. Wenn ich da den Titel vertone, ist die Zeit für meinen Beitrag sowieso schon um. Falls Raimund dringend einen Erfolg an Megahit-FM melden will, sollte er sich schon mal einen Plan B zurechtlegen. Oder aber darauf vertrauen, dass mir wenigstens Kay Lorenz heute Nachmittag ein unglaublich spannendes Interview gibt. Scheiße, dabei war ich heute früh noch so gut gelaunt!

»Irgendwie läuft es gerade nicht so, Chefin«, fasst Janis unseren Vormittag sehr treffend zusammen. Wir sitzen mittlerweile mit je einem Fischbrötchen in der Hand auf einer Bank am Strandübergang Seestraße. Ich nicke, dann beiße ich in mein Aalbrötchen. Niederlagen sind mit vollem Magen einfach viel besser zu ertragen. Und während der Volksmund der hartnäckigen Meinung ist, dass ein voller Bauch nicht gern studiert, kann ich mit Fug und Recht sagen: Ein voller Bauch macht kreativ. Jedenfalls mich. Denn kaum habe ich mir das Aalbrötchen einverleibt, kommt mir auch schon eine Idee, wen wir uns noch vorknöpfen können: Novalis Projekt Management. Also die Verbrecher selbst. Sollen die doch mal erklären, warum Raubtierkapitalismus eigentlich so ein tolles Geschäftsmodell ist. Ich schlucke den letzten Bissen hinunter, stehe auf und klopfe mir die Brötchenkrümel von der Jeans.

»Na, jetzt mal nicht den Kopf hängen lassen, Janis. Ich habe nämlich einen spitzenmäßigen Alternativplan in petto.«

Janis guckt mich überrascht an.

»Echt?«

Was soll das denn heißen? Hat er mich, seine Ausbilderin, etwa schon jemals planlos erlebt?

»Natürlich«, gebe ich also zurück. »Ich rufe jetzt Katja an und frage sie nach der Adresse von diesen Heuschrecken namens Novalis.«

»Und dann?«

»Dann fahren wir da hin und hauen mal richtig auf den Putz. Du weißt schon – so ganz reportagig berichten, was wir vorfinden. Selbst wenn die uns dann gar nichts sagen, haben wir unseren Beitrag. Ungefähr so: *Wir stehen hier vor der Zentrale der Firma, die Mieterinnen und Mieter auf Usedom um den Schlaf bringt. Novalis Projekt Management. Eben haben wir die Manager um ein Interview gebeten, aber das wird uns verweigert…*«

»Joa, wenn du meinst.«

Begeisterung klingt anders. Ich rufe Katja an, lasse mir die Adresse der NPM geben, und kurz darauf fahren wir nach Koserow, wo die Heuschrecken laut Briefkopf ein Büro haben. Wir verfahren uns ein paarmal, bis wir schließlich am Rande eines großen Parkplatzes, zwischen Getränkemarkt und Discounter einen Baucontainer entdecken, an dem tatsächlich ein Schild mit der Aufschrift *NPM* angebracht ist. Das hatte ich mir jetzt irgendwie glamouröser vorgestellt. In dieser Blechbüchse werden die Millionendeals abgewickelt?

»Hast du dein Aufnahmegerät griffbereit?«, will ich von Janis wissen, nachdem ich den Panda auf dem Parkplatz des Discounters direkt gegenüber vom Container abgestellt habe.

»Sicher.« Janis nickt.

»Und jetzt genau wie bei *Spiegel TV*: Einfach rein ins Büro und draufhalten, wenn ich die Fragen stelle. Überraschungsangriff total, verstanden?«

»Ich bin ja nicht blöd, Franzi. Du hast jetzt gefühlte zehnmal erklärt, wie das hier gleich läuft, und ich würde sagen, beim dritten Mal hatte ich es begriffen. Du trittst die Tür ein, und ich lasse mein Aufnahmegerät die ganze Zeit angeschaltet.«

Oh, ganz schön aufmüpfig, der Herr Volontär! Aber für ein erzieherisches Gespräch bleibt jetzt keine Zeit, schließlich soll unser Beitrag schon um 15 Uhr gesendet werden, und noch stehen wir mit ziemlich leeren Händen da. Ich öffne die Fahrertür, um auszusteigen – nein, ich *will* die Fahrertür öffnen, da bewegen sich zwei Gestalten in Richtung Container. Ole Peters und Alessio Ölschläger. Was wollen die denn hier?

Beim Anblick der beiden und der Art und Weise, wie sie so nebeneinander herlaufen, durchfährt mich ein regelrechter Stromschlag – das sind die Typen, die Katja und mich überfallen haben! Eindeutig! Und jetzt wird mir auch wieder klar, woher ich die Stimme des einen Schlägers kannte. Das war Alessio.

»Was ist denn?«, fragt Janis, der sich natürlich wundert, warum ich nicht aussteige.

»Das sind die Schläger!«

»Die beiden Typen, die zum Container wollen?«

»Ja. Und nicht nur das. Das sind nicht nur die Schläger, bei den Typen handelt es sich außerdem um Ole Peters und Alessio Ölschläger. Ole ist der Bruder von Maik, und Alessio ist ein Mitarbeiter von ihm.«

»Was?«

»Ja, das habe ich mir auch gerade gedacht. Was will der Bruder von Maik bei den Heuschrecken? Und warum hat der mich überfallen? Was hat das alles zu bedeuten?«

Janis zuckt mit den Schultern.

»Tja, vielleicht erfahren wir es, nachdem du da die Tür eingetreten hast.«

Ich schüttle den Kopf.

»Nee, da können wir jetzt nicht rein. Dann wissen die ja, dass wir sie gesehen haben.«

»Na und? Ist doch egal.«

»Nein! Wenn das die Schläger sind, dann ...« Ja, was ist dann? In meinem Kopf wirbelt gerade alles durcheinander. Eigentlich dachte ich, der Anschlag auf mich und Katja wäre von Schollmeyer in Auftrag gegeben worden, weil er verhindern wollte, dass wir weiter in dem Mordfall herumstochern. Aber wenn nun Ole Peters der Schläger war – dann hat es mit dem Mord gar nichts zu tun. Aber womit dann? Mit den miesen Spekulationsgeschäften der NPM? Oder ist das alles reiner Zufall?

»Franzi?«

»Ja?«

»Du sagst ja gar nichts mehr.«

»Das liegt daran, dass ich ehrlicherweise gerade nicht weiß, was ich denken, sagen oder machen soll. Ich weiß nicht, was klug ist. Reinstürmen? Mein Gefühl sagt mir, dass es besser ist, wenn Peters und Ölschläger nicht wissen, dass wir sie gesehen haben. Andererseits: Wenn wir sie jetzt überraschen, packen sie vielleicht auch mal richtig aus.«

»Wäre 'ne Möglichkeit.«

Während wir beide schweigend überlegen, ob wir den Container stürmen, die Lage weiter beobachten oder es noch eine dritte Möglichkeit gibt, wie wir hier vorgehen könnten, wird uns die Entscheidung abgenommen. Denn nun verlassen Peters und Ölschläger den Container wieder, zusammen mit drei weiteren Typen, die ich noch nie zuvor gesehen habe. Sie laufen quer über den Parkplatz, steigen in einen schwarzen VW Bus und fahren davon.

»Los, hinterher! Wir müssen herausfinden, wo die hinwollen«, ruft Janis, und ich reagiere sofort. Wäre ja noch schöner, wenn uns diese fette Beute durch die Lappen geht! Ich lege also den Rückwärtsgang ein und gebe Gas, um schnell aus der Parklücke herauszukommen. Vielleicht ein bisschen zu schnell, denn ungefähr zwei Sekunden später gibt es ein sehr hässliches Geräusch. Ein Knirschen von Metall auf Metall. Genauer gesagt: von Panda auf Einkaufswagen.

»Sind Sie völlig irre?!«, schreit jemand. »Sie hätten mich fast umgebracht, Sie blindes Huhn! Ich war direkt hinter Ihnen!«

Ich öffne mein Seitenfenster und werfe einen vorsichtigen Blick Richtung Heck. Dort sehe ich einen umgestürzten Einkaufswagen, davor liegt ein Berg aus Einkäufen, und daneben steht eine sehr aufgebrachte, ungefähr 60-jährige Frau. Verdammt, die habe ich wirklich nicht gesehen. Die muss gerade in dem Augenblick, in dem ich losfahren wollte, mit ihren Einkäufen aus dem Supermarkt gekommen sein. Ich öffne meine Tür und steige aus.

»Entschuldigen Sie vielmals, ich habe Sie überhaupt nicht gesehen!«, werfe ich mich in den Staub. »Vermutlich war ich abgelenkt, es tut mir sehr leid!«

Die Dame atmet tief durch und schaut an sich hinunter. Vermutlich überprüft sie, ob sie noch im Besitz aller Gliedmaßen ist. Ich schaue auch noch einmal genauer hin: ja, zwei Arme, zwei Beine – Gott sei Dank! Langsam entspannen sich auch die Gesichtszüge meiner Unfallgegnerin.

»Na, ist ja offenbar noch mal alles gut gegangen«, stellt sie dann fest. Janis ist mittlerweile auch ausgestiegen.

»Kommen Sie«, sagt er, »ich räume schnell Ihren Einkaufswagen ein. Wenn wir etwas beschädigt haben, ersetzen wir es natürlich!«

Keine zwei Minuten später ist der Einkaufswagen wieder in den ursprünglichen Zustand versetzt, kaputtgegangen ist auch nichts, und die Frau ringt sich sogar ein Lächeln ab.

»Nun, war zum Glück nur halb so schlimm, aber in Zukunft gucken Sie doch bitte in den Rückspiegel, bevor Sie eine Parklücke verlassen.«

»Das werde ich, ich schwöre!«

Die Frau nickt mir halbwegs freundlich zu und rollt mit dem Einkaufswagen ihrer Wege. Janis und ich steigen wieder ins Auto ein. Ich schüttle den Kopf.

»Meine Güte, was ist das doch für ein echter Scheißtag!«, stöhne ich und lege den Kopf auf das Lenkrad. Janis klopft mir sanft auf die Schulter.

»Ach komm, Franzi, nimm es nicht so schwer. Das war jetzt einfach Pech!«

»Ja, mag sein, aber Ole Peters und Co. sind uns jetzt durch die Lappen gegangen, und genug Material für die 15-Uhr-Sendung haben wir auch noch nicht. Raimund wird mich grillen!«

Janis schaut mich mitleidig an.

»Ich rufe mal schnell Markus an und sage ihm, dass er uns

nicht für 15 Uhr einplanen soll.« Er zieht sein Handy aus der Hosentasche, aber bevor er mit Markus telefoniert, liest er sich erst einmal eine Nachricht durch, die er anscheinend gerade bekommen hat.

»Was ist los?«, will ich wissen. »Noch mehr schlechte Nachrichten?«

»Nein, ganz im Gegenteil. Ich kann mit einem Erfolgserlebnis glänzen, das dich bestimmt erfreuen wird.«

Ich setze mich kerzengerade hin.

»Ach ja? Sag an! Schnell!«

»Ich habe Helena ausfindig gemacht. Meine Idee mit Facebook war Gold wert. Eine Bekannte von mir hat meinen Suchaufruf gelesen und weiß, wo sich Helena aufhält. Sie ist tatsächlich in Berlin, und ich habe jetzt eine Nummer, unter der wir sie erreichen können.«

30

»Was meinen Sie denn mit: Sie können ihn jetzt nicht stören?« Langsam werde ich am Telefon richtig unfreundlich. Ich muss Kay Lorenz unbedingt von meiner Entdeckung berichten und außerdem brauche ich sowieso noch einen O-Ton von ihm, damit ich wenigstens um fünf Uhr etwas habe, was wir senden können. Aber er geht nicht an sein Handy und hat sein Festnetztelefon im Büro auf den Empfang umgestellt. Dort allerdings sitzt Nadja und wacht wie ein Zerberus über Hauptkommissar Lorenz. Mit anderen Worten – sie stellt mich einfach nicht zu ihm durch. »Hören Sie«, versuche ich es noch einmal, »ich würde Sie nicht nerven, wenn es nicht wirklich, wirklich wichtig wäre! Eine Frage auf Leben und Tod, sozusagen.«

»Oh, also wenn das so ist, dann rufen Sie doch besser die 110 an. Da wird Ihnen bestimmt schnell geholfen, Frau Mahn.«

»Mai«, korrigiere ich genervt. Ich bin mir sicher, sie weiß genau, wie ich heiße.

»Wie auch immer. Ich kann Ihnen jedenfalls nicht weiterhelfen, tut mir leid. Ich wünsche Ihnen noch einen schönen Tag.« Klick. Sie hat tatsächlich aufgelegt! Janis guckt zu mir herüber.

»Und? Was ist jetzt mit dem O-Ton?« Ich schüttle den Kopf.

»Nix. Der Drache am Empfang stellt mich einfach nicht durch. Und bei dir?«

»Same same. Unter der Handynummer, die mir meine Freundin Caro geschickt hat, geht niemand ran. Weder Helena noch sonst jemand.«

So ein Mist! Heute klappt aber auch nichts. Das Telefon auf meinem Schreibtisch klingelt. Sofort greife ich zum Hörer. Bitte, lieber Gott, lass es Kay Lorenz sein, der endlich gemerkt hat, wie verzweifelt ich versuche, ihn zu erreichen.

»Hey, Franzi, Markus hier.« So viel zu meiner Begabung für Stoßgebete.

»Was gibt's?«, bemühe ich mich nicht mal mehr um Freundlichkeit.

»Ich plane gerade die Sendung. Kannst du mir schon sagen, wie lang dein Beitrag wird? Du kannst sogar 2:30 haben, wenn du magst.«

»Momentan brauche ich nicht mal 0:30«, erkläre ich lapidar. »Ich habe immer noch keinen O-Ton von Lorenz, und wenn ich einfach nur eine Nachricht daraus mache und dem staunenden Volk verkünde, dass es endlich einen Tatverdächtigen im Fischermord gibt, dann bin ich nach zwanzig Sekunden damit fertig.«

»Oh«, sagt Markus. Dann sagt er nichts mehr.

»Hallo? Bist du noch dran?«

»Äh, ja, klar. Ich überlege nur, wie wir die Sendung noch halbwegs spannend kriegen. Die Sache mit den Immobilienhaien hat schon nicht geklappt, da habe ich jetzt ganz fest auf den Mord gebaut.« Er seufzt. »Raimund war so euphorisch heute Vormittag, dass er 'ne knackige Mail an die Megahit-FM-Jungs geschrieben hat, was für geile Journalisten wir sind.«

»Was?«

»Ja, sagt Sonja jedenfalls. Jetzt haben sie einen Sendemitschnitt angefordert. Brauchen sie für Gespräche mit ihren Werbekunden, um uns als optimales Sendeumfeld anzupreisen. Ist 'ne Riesenchance für uns alle, sagt Sonja.«

Oh, nein – und ich bin gerade dabei, es zu verkacken! Ich muss sehr trocken schlucken, bevor ich weitersprechen kann, in meinem Hals hat sich gerade ein gigantischer Kloß gebildet.

»Okay, Markus. Gib mir drei Stunden, dann bekommst du fulminante zweieinhalb Minuten über das Verbrechen, das die Region erschüttert hat, inklusive eines Knallerinterviews mit dem Chef-Ermittler.«

»Wow, das klingt super!«, freut sich Markus. Ich hingegen finde, das klingt reichlich unrealistisch, aber egal. Ich habe keine Chance, also werde ich sie nutzen.

Als ich aufgelegt habe, greife ich mir Jacke und Handtasche und springe auf.

»Janis, ich muss los. Tu Markus einen Gefallen und mach irgendwas Hübsches zu dem Immobilienthema. Vielleicht ein kleines Erklärstück? *Ihre Rechte als Mieter?* So was in der Art vielleicht? Oder eine Umfrage in der Fußgängerzone? Dir wird schon was einfallen.«

Janis starrt mich entgeistert an.

»Aber … aber … wo willst du hin?«

»Nach Anklam. Meinen Job retten. Und deinen gleich mit.«

*

»Sie können hier doch nicht einfach so reinplatzen!« Kay Lorenz schaut mich entgeistert an. Er ist vor die Tür des Vernehmungszimmers gekommen, nachdem ich dort einfach mal sehr energisch geklopft habe. Okay, so einfach war es nicht – ich musste mich erst am Empfang vorbeischmuggeln und mich dann mit einer Notlüge zu den Vernehmungsräumen durchfragen. Aber nun bin ich hier, und Kay Lorenz steht vor mir. Nur das zählt, finde ich.

»Freuen Sie sich denn gar nicht, mich zu sehen?«

»Was?«

»Kleiner Scherz. Ja, ich weiß, es passt nicht zu Ihrer Tagesplanung. Aber von der muss man eben manchmal abweichen. Ich habe heute etwas gesehen, das Sie unbedingt hören sollten, aber

Sie gehen ja leider nicht an Ihr Telefon. Und weil Sie selbst von sich sagen, dass Sie so ein lässiger Typ sind, dachte ich mir, dass Sie mit Sicherheit nicht sklavisch an Ihrer Planung hängen. Richtig?«

Kay Lorenz rollt mit den Augen, widerspricht mir aber nicht. Also rede ich weiter.

»Und außerdem müssen Sie mir helfen, meinen Job zu retten. Ich muss heute endlich mal etwas Neues im Fall Peters bringen, sonst nimmt mein Chef mir den Hausausweis ab. Dazu brauche ich unbedingt ein Statement von Ihnen. Und zwar sofort. Mein Aufnahmegerät habe ich griffbereit!«

»Ich bin mitten in einer Vernehmung, Frau Mai. Ich kann Ihnen doch jetzt kein Interview geben.«

»Gut, dann warte ich, bis Sie fertig sind. Wen befragen Sie überhaupt gerade?«

»Thies Schollmeyer. Bisher streitet er alles ab, aber ich werde ihn schon noch zum Reden bringen.«

»Ach, hervorragend! Dann komme ich ja gerade recht. Das interessiert mich natürlich brennend, was Herr Schollmeyer zu sagen hat.«

Lorenz verschränkt die Arme vor der Brust und schüttelt energisch den Kopf.

»Auf gar keinen Fall nehmen Sie an der Vernehmung teil.«

»Wir haben eine Abmachung«, erinnere ich Lorenz.

»Ja, und ich habe Sie auch wirklich überallhin mitgeschleppt. Aber eine Vernehmung ist nun mal eine Vernehmung. Ich kann Sie nicht einfach neben mich setzen, verstehen Sie?«

»Mitgeschleppt?«, fauche ich empört. »Sie haben mich doch nicht mitgeschleppt. Mindestens jede zweite gute Idee während der Ermittlungen kam von mir. Sie würden jetzt noch im Dunkeln tappen, wenn Janis und ich nicht die beiden Zeugen ausgegraben hätten!« Bei meinen letzten Worten werde ich ziemlich laut, die beiden Polizisten, die gerade den Gang entlangkommen, drehen erstaunt ihre Köpfe. Kay Lorenz hebt beschwichtigend die Hände.

»Ist ja gut, ist ja gut. Dann war *mitgeschleppt* eben das falsche Wort. Trotzdem, an ein paar Vorschriften muss selbst ein so lässiger Typ wie ich sich halten. Ich rechne jeden Moment mit der Staatsanwältin. Es tut mir leid – ich will nicht, dass sie den Eindruck gewinnt, ich würde meine Ermittlungen gemeinsam mit einer Radioreporterin führen.«

Zu gern würde ich ihn jetzt ein bisschen schütteln oder beschimpfen, damit er seine Meinung ändert, aber ich spüre, dass er das auch dann nicht tun würde, wenn ich ihm glühende Kohlen unter die Fußsohlen hielte. Unglücklich lasse ich den Kopf hängen. Kein Interview, keine Vernehmung und schon bald keinen Job mehr, so viel steht fest.

»Kommen Sie, Mai! Nun machen Sie nicht so ein Gesicht.« Lorenz lächelt mich aufmunternd an, was mich erstens überhaupt nicht tröstet und ich zweitens mehr als unsensibel finde. Der muss sich ja keine Sorgen um seine Arbeitsstelle machen, der ist Beamter auf Lebenszeit. Als meine Mundwinkel unten bleiben, seufzt er und deutet auf die Tür neben dem Vernehmungszimmer.

»Also bevor Sie mich jetzt die nächsten Wochen angucken, als hätte ich Ihnen Gewalt angetan, setzen Sie sich da rein. Da können Sie der Vernehmung als Zuschauerin folgen. Ist eigentlich der beste Platz hier, da können Sie sogar in der Nase bohren, ohne dass wir es sehen.«

»Na gut. Ich verzeihe Ihnen. Dann wäre die Frage mit der Vernehmung ja geklärt. Bleibt allerdings eine weitere: Wann kriege ich das Statement? Das ist für mich mindestens genauso wichtig, ich arbeite schließlich nicht bei der Zeitung, ich brauche *Töne*. Und zwar möglichst markante!«

»Wie dringend ist es denn?«

»Sehr dringend! Ich muss um 17 Uhr etwas Sendefähiges haben, und jetzt ist es schon Viertel nach zwei.«

Kay Lorenz legt die Stirn in Falten.

»Mach ich einen Denkfehler? Haben Sie nicht gerade darauf bestanden, bei der Vernehmung dabei zu sein? Wie soll das gehen, wenn Sie eigentlich in Heringsdorf um fünf was senden wollen. Oder beamen Sie sich nach der Vernehmung dahin?«

»So ähnlich. Bevor Sie wieder in die Vernehmung gehen, geben Sie mir hier und jetzt Ihren O-Ton. Ich schreibe den Beitrag dafür und schicke beides per Handy an Janis Neubauer. Der produziert das Ding und raus damit!«

»Puh, schöne neue Arbeitswelt. Mir soll es recht sein. Aber was wollten Sie mir eigentlich Dringendes erzählen? Dreißig Sekunden habe ich noch Zeit, abzüglich des Interviews fünf. Schießen Sie los!«

Stimmt – dass Ole und Alessio die Schläger sind, habe ich noch gar nicht erwähnt. Aber dafür brauche ich vermutlich mehr als fünf Sekunden. Ich schüttle den Kopf.

»Nein. First things first. Sie geben mir jetzt das kleine, aber hochdramatische Statement zu den neuen Entwicklungen im Fall Peters, dann gehen Sie zurück in die Vernehmung Schollmeyer, ich schicke die Datei in die Redaktion, und nach der Vernehmung berichte ich Ihnen von meinem Vormittag.« Ich hole mein Handy aus der Handtasche, das sich für das Aufzeichnen und Versenden von Tonaufnahmen ganz hervorragend eignet. »Also, bereit für Dramatik?«

Lorenz nickt.

»Allzeit bereit!«

*

Kay Lorenz hatte recht: Der Raum, in dem er mich einquartiert hat, ist tatsächlich überhaupt nicht schlecht. Ich habe auf einem der recht bequemen Stühle Platz genommen und verfolge nun durch die Scheibe, wie Lorenz Schollmeyer vernimmt. Hören kann ich es auch, auf meine Seite der Scheibe wird der Ton aus dem Nebenraum übertragen. Auch wenn das Gespräch noch als höflich bezeichnet werden kann, klingt Schollmeyer schon schwer genervt.

»Das habe ich Ihnen doch vorhin alles schon mal erzählt. Bevor Sie rausgegangen sind. So lange, dass Sie das alles schon vergessen haben könnten, waren Sie doch gar nicht weg. Wen auch immer also Ihre angeblichen Zeugen da in Zeglin gesehen haben wollen, ich war es nicht. So 'ne Verwechslung kann ja auch mal vorkommen, es war schließlich schon dunkel.«

»Herr Schollmeyer, bitte überlassen Sie mir doch die Gesprächsführung. Ich möchte, dass Sie mir noch mal den Dienstagabend schildern. Und zwar chronologisch. Von, sagen wir mal, 18 Uhr bis ungefähr Mitternacht.«

Schollmeyer flucht vor sich hin. Was genau er sagt, kann ich weder hören – dafür ist es dann doch zu leise – noch sehen, denn er hält den Kopf gesenkt. Aber es wird schon recht deftig sein. Dann lehnt er seinen Oberkörper vor und stiert Lorenz an.

»Also um kurz nach sechs ist Imke in mein Büro gekommen. Sie wissen schon – das Zimmer in meinem Haus, das die werten Kollegen so gründlich ausgeräumt haben. Wir haben uns dann noch mal die Entwürfe unserer Graphikerin für unsere neuen Flyer angeguckt. Da waren wir beide nicht so glücklich mit. Aber zum Glück habe ich vor einiger Zeit für ein Schweinegeld so 'n professionelles Softwarepaket gekauft und kann jetzt selbst PDFs ändern. Imke hat auch ein Händchen für so etwas. Also haben wir fast zwei Stunden daran herumgefrickelt, bis wir zufrieden waren.«

Er macht eine Pause und schaut sich im Raum um. Ob er ahnt, dass er noch weitere Zuhörer hat? Kay Lorenz lässt ihn nicht aus den Augen, er scheint jede Bewegung von Schollmeyer genau zu registrieren.

»Und wie ging es dann weiter?«

»Irgendwann haben wir riesigen Hunger bekommen. Ich hatte aber überhaupt nichts da. Also sind wir zu Imke nach Trassenheide gefahren. Die hatte noch eine Gemüselasagne im Kühlschrank.«

Kay fährt sich mit der Hand übers Kinn.

»Sie hatten also großen Hunger, und anstatt in der nächsten Kneipe etwas zu essen, sind Sie den ganzen weiten Weg von Voßberg nach Trassenheide gefahren? Eine Stunde Fahrtzeit trotz knurrendem Magen?«

»Genauso war es. Imke hätte die Lasagne sonst am nächsten Tag wegschmeißen müssen. Das wäre nicht besonders nachhaltig gewesen.«

»Aber mit Ihrem SUV fünfzig Kilometer für eine Lasagne über die Insel zu fahren, das kam Ihnen nachhaltiger vor?«

»Ich tanke Biodiesel.«

»Ah ja. Und dann?«

»Dann haben wir gegessen. Gemüselasagne mit Zucchini und Aubergine. Imke ist eine ganz hervorragende Köchin. Wein haben wir auch getrunken, ich natürlich nur ein Glas, ich musste ja noch fahren.«

Kay Lorenz nickt und grinst böse.

»Genau. Den ganzen weiten Weg von Trassenheide zurück nach Voßberg.«

»Sie sagen es.«

»Wann waren Sie wieder zu Hause?«

»Es wurde spät, wir haben noch viel über die nächsten Aktionen gesprochen. Ich bin gegen halb eins bei Imke losgefahren und war dann um halb zwei zu Hause.«

»Also fasse ich das mal zusammen: Von sechs Uhr bis ungefähr acht Uhr waren Sie mit Frau Michaelis in Voßberg, dann sind Sie nach Trassenheide gefahren, wo Sie gegen neun Uhr eintrafen. Dort haben Sie die nächsten dreieinhalb Stunden mit Frau Michaelis verbracht, haben zusammen gegessen und sich unterhalten, und um halb eins sind Sie dann nach Hause aufgebrochen, wo Sie um halb zwei ankamen.«

Schollmeyer nickt.

»Genauso war es.«

»Nein. Genauso war es nicht.« Kay Lorenz klingt ganz ruhig und sachlich, fast ein bisschen verschlafen, aber ich bin mir sicher, dass er in diesem Moment nur Anlauf zum großen Showdown nimmt. Schollmeyer scheint dies jedoch nicht zu bemerken, er sieht immer noch recht selbstsicher aus.

»Doch, es war genau so«, wiederholt er jetzt. »Ich war den ganzen Abend mit Imke zusammen. Wie sie es Ihnen auch schon gesagt hat. Mit dem Mord an Peters habe ich nichts zu tun, und deswegen ist es mir auch ein völliges Rätsel, wie diese Sachen in meinen Schuppen gekommen sind. Die hat mir jemand untergeschoben.«

Kay Lorenz schüttelt langsam den Kopf, dann presst er die Fingerkuppen seiner Hände zusammen und lehnt sich im Stuhl zurück.

»Frau Michaelis hat ihre Zeugenaussage heute Morgen dahingehend korrigiert, dass Sie sie zwar am Dienstagabend zwischen acht und neun nach Hause gefahren haben, ein gemeinsames Essen hingegen hat nicht stattgefunden. Sie haben sie lediglich in Trassenheide abgesetzt und sind dann wieder gefahren. Wohin Sie danach gefahren sind, darüber hat Frau Michaelis allerdings keinerlei Kenntnis.«

»Was?!« Schollmeyer springt von seinem Stuhl auf. »Das hat sie gesagt?« Er schnaubt wütend durch die Nase und beginnt, auf und ab zu laufen. »Was fällt der blöden Kuh ein? Das ist glatt gelogen! Die will mich doch einfach nur in die Pfanne hauen! Das Aas! Wenn ich die sehe, dann ...« Er macht eine Handbewegung, die irgendwie eine interessante Symbiose aus Erwürgen und Erstechen darzustellen scheint. Auch Kay Lorenz ist aufgestanden und geht zu Schollmeyer.

»Bitte nehmen Sie wieder Platz, Herr Schollmeyer. Es gibt im Übrigen auch keinen Grund, hier Drohungen und wüste Beschimpfungen auszustoßen. Die Aussage von Frau Michaelis passt genau zu dem, was auch die anderen Zeugen berichtet haben. Die haben Sie um Viertel vor zehn mit Peters am Hafen von Zeglin gesehen. Von Trassenheide nach Zeglin sind es mit dem Auto ungefähr zwanzig Minuten. Das konnten Sie also ganz locker schaffen.«

Schollmeyer starrt Lorenz böse an, setzt sich dann aber hin.

»Ich muss es einfach so sagen: Die Beweise gegen Sie sind erdrückend. Es kann kein Zweifel an Ihrer Täterschaft bestehen.«

Schollmeyer vergräbt das Gesicht in den Händen und atmet schwer, dann setzt er sich gerade hin und schaut Lorenz direkt an.

»Ich war es nicht. Ich. War. Es. Nicht!« Dann schreit er: »VERDAMMT! Ich war es nicht!«

Kay ignoriert diesen Gefühlsausbruch und macht einfach weiter.

»Kommen wir jetzt mal zu den Dingen, die wir in Ihrem Gartenhaus gefunden haben. Da ist natürlich zuallererst die Stabtaschenlampe. Ich habe heute früh das Ergebnis von der KTU bekommen. Die Blutanhaftungen stammen von Maik Peters, das Verletzungsmuster an seinem Schädel passt haargenau, es handelt sich also eindeutig um die Tatwaffe.«

»Ich war es nicht«, wiederholt Schollmeyer mit monotoner Stimme.

»Dann wäre da noch die Zeitschrift mit den ausgeschnittenen Buchstaben. Mit genau diesen fehlenden Buchstaben wurde ein Schreiben an die Reporterin gefertigt, die als Erste über den Mord berichtet hat. Ihr wurde etwas geschickt, was in direktem Zusammenhang mit dem Mord stand und was nur der Täter wissen konnte.«

Schollmeyer presst die Lippen aufeinander. Kay Lorenz fährt ungerührt fort, in dem er in dem Notizbuch blättert, das vor ihm auf dem Tisch liegt.

»Was haben wir noch? Ah ja, das Bündel mit den Geldscheinen. Insgesamt 10 000 Euro in 200-Euro-Scheinen. Da haben wir tatsächlich ein Haar in der Verschnürung der Kordel gefunden. Die Kollegen von der KTU werden nachher eine Probe der Mundschleimhaut bei Ihnen entnehmen, richterlicher Beschluss dafür liegt vor, möchten Sie ihn sehen?«

Schollmeyer sagt weiterhin nichts.

»Gut, dann besorge ich Ihnen eine Kopie. Am interessantesten fand ich aber das Schreiben, was wir noch in dem Schuhkarton gefunden haben.«

Nun erwacht Schollmeyer aus seiner Starre.

»Was denn für ein Schreiben? Ich habe nie an Peters geschrieben. Warum sollte ich?«

Kay Lorenz zuckt mit den Schultern.

»Vielleicht, weil das nun mal der gängige Weg ist, wie Erpresser ihre Forderungen dem Opfer mitteilen?«

Erpresser? Ich werde hellhörig. Bis hierhin kannte ich alle Fakten, aber dass es hier um eine Erpressung gehen könnte, kommt ziemlich überraschend. Kay Lorenz zieht einen Zettel aus der Mappe unter seinem Notizbuch und liest laut vor:

Zehntausend Euro bis Dienstag, wenn dir die Zukunft deiner Fischerei und die Sicherheit deiner Gäste wichtig sind. Keine Mätzchen, keine Polizei. Sonst mache ich weiter wie bisher.

Mir bleibt der Mund offen stehen – und Schollmeyer auch.

»Ich ... ich ...«, stammelt er, bricht ab und setzt nach einer kurzen Pause wieder an, »ich habe diesen Brief noch nie gesehen. Und selbst geschrieben habe ich ihn auch nicht. Überlegen Sie doch mal – ich kenne Peters, das gebe ich zu. Und ich war nicht sein bester Freund, das leugne ich auch nicht. Aber gerade weil es so war – wieso sollte ich ihm schreiben, wenn ich etwas von ihm wollte? Das ergibt doch gar keinen Sinn!«

Kay Lorenz sagt erst mal nichts dazu, sondern blättert in seinem Kalender. Dann blickt er wieder auf.

»Der 18. Mai war der Dienstag, an dem Maik Peters getötet wurde. Wir haben die Tatwaffe bei Ihnen gefunden und ein Schreiben, in dem Sie Geld von ihm fordern und ihn bedrohen. Das Geld hatten Sie ebenfalls. Wir haben zwei Zeugen, die Sie mit Peters zur Tatzeit gesehen haben. Und Sie haben kein Alibi. Herr Schollmeyer, wie sieht denn das Ihrer Meinung nach aus? Oder ist das alles eine große Verschwörung? Falls ja, dann bräuchte ich jetzt dringend eine gute Erklärung von Ihnen, wie es denn in Wirklichkeit war.«

Er lächelt Schollmeyer an. Freundlich sieht das allerdings nicht gerade aus. Der schluckt trocken.

»Sie wollen eine Erklärung? Gut, die können Sie haben!«

31

»Ich glaub dem kein Wort. Die Geschichte ist doch total wirr und abwegig.« Nach der Vernehmung von Thies Schollmeyer hat mich Kay Lorenz in sein Büro mitgenommen. Und anders als mich lassen ihn die Schilderungen von Schollmeyer völlig unbeeindruckt.

»Ich weiß nicht«, wende ich ein, »könnte nicht etwas dran sein an seiner Version?«

»An der Version, dass Ole Peters ihn dafür bezahlt hat, seinem Bruder das Leben schwer zu machen, damit dieser den Job an den Nagel hängt und das Weite sucht? Weil beide Brüder in Gabriele Friedeberg verliebt waren und Ole rasend eifersüchtig war? Lassen Sie mich kurz überlegen.« Er macht eine Kunstpause und holt dann dramatisch Luft, bevor er weiterspricht. »Äh … nein. Da ist überhaupt nichts dran. Reine Schutzbehauptung.«

»Aber was ist denn mit dem Überfall auf mich und Katja? Der beweist doch, dass mit Ole etwas faul ist. Wer wehrlose Frauen überfällt, lässt bestimmt auch seinen Bruder wegmobben, wenn ihm der im Weg steht.«

Kay Lorenz guckt mich durchdringend an.

»Ja, wenn es denn wirklich Ole Peters und sein Handlanger waren.«

»Glauben Sie mir das etwa nicht?« Ich kann es nicht fassen – gerade eben habe ich Kay Lorenz von meiner sensationellen Entdeckung berichtet, aber anstatt sofort die Kavallerie loszuschicken, scheint er offenbar zu denken, dass ich mir das nur einbilde.

»Ich glaube schon, dass Sie glauben, dass es Ole Peter war. Aber glauben ist nicht wissen. Es war stockdunkel, die Typen trugen Sturmhauben, und Sie waren, äh, also mit Verlaub: Sie waren nicht mehr ganz nüchtern.«

Was? Jetzt wird hier gegen mich verwandt, dass ich nach der Arbeit mal einen Cocktail getrunken habe?

»Ich war nicht betrunken«, fauche ich Lorenz an. Der hebt entschuldigend die Hände.

»Das habe ich auch nicht behauptet. Ich sagte lediglich, Sie waren nicht mehr ganz nüchtern.«

»Na und? Ich hatte frei. Da werde ich wohl mit einer Freundin einen Cocktail trinken dürfen, ohne dass ich mich danach gleich zusammenschlagen lassen muss!«

»Also bitte, Frau Mai! Das habe ich mit keiner Silbe gesagt. Alles, was ich meinte, ist, dass Ihre Wahrnehmung *möglicherweise* etwas getrübt war. Wenn Sie natürlich nur einen einzigen Cocktail getrunken haben, habe ich das wohl falsch eingeschätzt. Dann entschuldige ich mich in aller Form.«

Ich räuspere mich.

»Gut, vielleicht waren es auch eher zwei. Oder drei. Aber mehr als vier waren es auf keinen Fall.«

Kay Lorenz rollt mit den Augen, sagt aber vorsichtshalber nichts.

»Aber dann wäre da auch noch die Tatsache, dass sich Peters augenscheinlich mit diesen Verbrechern der NPM getroffen hat. Was ist denn damit? Das zeigt doch seinen miesen Charakter.«

Lorenz kneift die Augen zusammen, was ihn extrem skeptisch aussehen lässt.

»Frau Mai, das zeigt vor allem, dass er ein eifriger Hörer Ihrer Sendung ist. Denn dank Ihnen weiß nun die ganz Insel, dass Novalis Projekt Management extrem gute Preise für Immobilien und Grundstücke macht. Vielleicht hat er etwas zu verkaufen.

Dann wäre es doch nur naheliegend, sich mal mit einem Investor zu treffen.«

Mir wird warm. Nicht vor Freude, sondern weil sich langsam ein Anflug von Zorn in mir ausbreitet.

»Okay, ich fasse mal zusammen: Ich war also nicht nur betrunken, sondern sorge auch noch dafür, dass solche Abzocker wie die NPM nun erst recht Zulauf erhalten.«

Auf dem Gesicht von Lorenz erscheint ein Lächeln. Warum, ist mir völlig schleierhaft. Habe ich etwa etwas Lustiges gesagt?

»Ganz ruhig, Frau Mai. Ich will Sie doch gar nicht angreifen. Ich will Ihnen nur erklären, warum ich die Geschichte, die uns Thies Schollmeyer hier gerade aufgetischt hat, nicht kaufe. Er sagt, Ole Peters sei verliebt in Gabriele Friedeberg gewesen, die ja, wie wir wissen, ein Verhältnis mit Maik Peters hatte. Nun sollte er, Schollmeyer, gegen Bezahlung von 5000 Euro, mit seinen Tierschützern mal richtig Dampf bei Maik und der Fischerei machen, damit die Geschäfte, die durch die Fangquoten der letzten Jahre sowieso schon sehr gelitten hatten, irgendwann so schlecht laufen würden, dass Maik aufgeben und Usedom verlassen würde.«

Ich nicke.

»Richtig. Und das kann doch auch so gewesen sein.«

»Nein. Jetzt fasse *ich* mal zusammen. Das Wichtigste zuerst: Wir haben die Tatwaffe im Gartenhaus von Schollmeyer gefunden. Und wir haben – dank Ihnen! – zwei Zeugen, die Schollmeyer zur Tatzeit mit Peters gesehen haben. Mehr müsste ich gar nicht wissen, um den Sack zuzumachen, aber tun wir mal so, als hätten wir diese beiden Dinge nicht – selbst dann gibt es genug belastendes Material gegen Schollmeyer, um selbst das kritischste Schwurgericht zu überzeugen.«

»Ja, aber«, will ich einhaken, doch Lorenz redet einfach weiter.

»Kommen wir mal zu dem angeblichen Auftrag durch Ole:

Schollmeyer weiß, dass es genug Zeugen für seine Streitereien mit Peters gibt. Die Demo hat sogar einen Polizeieinsatz verursacht. Dass er jetzt einen vermeintlichen Anstifter für die Demo aus dem Hut zaubert, ist lächerlich. Die Demo war spitzenmäßige Werbung für mögliche Spender. Und vor allem ein guter Grund, warum Maik Peters das Erpresserschreiben von Schollmeyer ernst nehmen musste und gezahlt hat. Was mich zu der Tatsache bringt, dass wir auch das Geld aus der Erpressung in Schollmeyers Gartenhaus gefunden haben. Ich bin mir sicher, dass der Abgleich der DNA ein Treffer sein wird.«

»Aber wenn ihm Maik doch das Geld gegeben hat, warum sollte Schollmeyer ihn dann umbringen?«, gelingt es mir endlich mal, eine Frage einzuwerfen. Kay Lorenz ficht diese aber offensichtlich nicht an.

»Ich schätze, bei der Übergabe kam es zum Streit. Wer weiß, vielleicht wollte Maik am Ende doch nicht zahlen, weil ihm klarwurde, dass Schollmeyer immer wieder ankommen würde? Und da ist dieser ausgerastet. Schließlich ist er aus seinem Bankrott noch hoch verschuldet und steht unter Druck. Es sind schon Menschen für weit weniger Geld ermordet worden.«

Ich verschränke die Arme vor der Brust. So fest ich eben noch von Schollmeyers Schuld überzeugt war – jetzt habe ich Zweifel.

»Und die Sache mit den Angelhaken?«

»Ist doch wohl klar«, sagt Kay Lorenz und klingt dabei so, als müsste er jemandem mit Lese-Rechtschreib-Schwäche beibringen, wie man *Bratkartoffeln* und *Herzrhythmusstörung* schreibt. »Als Schollmeyer nach seinem Ausraster feststellt, dass er zu weit gegangen ist, versucht er, den Mord als das Werk eines irren Psychopathen darzustellen. Also schaut er sich vor Ort um, findet die Angelhaken und macht einen auf Ritualmord, um das schnöde, aber wahre Motiv ›Geldgier‹ zu vertuschen.«

Hm. Kann sein. Oder auch nicht. Ich bin mittlerweile bei Letzterem.

»Nun gucken Sie nicht so skeptisch, Frau Mai. Glauben Sie mir, ich habe nach fast zwanzig Jahren bei der Kriminalpolizei ein Näschen für so etwas. Es passt doch alles zusammen – auch die Sache mit dem Giftanschlag durch eine Mitarbeiterin von Schollmeyer. Sollte wahrscheinlich eine Warnung an den Bruder sein.«

»Ich finde die Variante, die uns Schollmeyer dazu erzählt hat, passender«, widerspreche ich. »Ole Peters hatte erst einen Teil des Geldes, das er Schollmeyer versprochen hatte, bezahlt, und Helena sollte den Rest abholen.«

Jetzt ist es Kay Lorenz, der die Arme vor der Brust verschränkt.

»Im Leben nicht! Ole Peters hat gerade seinen Bruder verloren und greift dann gut gelaunt zum Telefon und bittet Schollmeyer, jemanden zu schicken, der die restliche Kohle abholen soll?! Und wer hat ihn dann vergiftet? Er sich selbst? Oder etwa dieser Vogel Alessio?«

Ja, klingt irgendwie komisch, das muss ich zugeben. Aber irgendwas stimmt einfach an der ganzen Geschichte nicht. Ich habe das Gefühl, dass wir etwas Wesentliches übersehen. Nur was? Ich stütze mein Kinn auf meine Hände und versuche, meine Gedanken zu sortieren.

»Aber den besten Beweis neben dem Fund der Tatwaffe kennen Sie ja noch gar nicht, Frau Mai! Wenn ich Ihnen den zeige, werden Sie verstehen, warum ich so überzeugt davon bin, dass Schollmeyer unser Täter ist.«

Oh – eine Überraschung? Ich hebe den Kopf von meinen Händen und setze mich gerade hin.

»Echt? Was denn für ein Beweis? Da bin ich aber gespannt!«

Kay Lorenz bückt sich, zieht eine Schublade unter seinem Schreibtisch auf und nimmt eine grüne Umlaufmappe hinaus. Er legt sie auf den Tisch und schiebt sie in meine Richtung.

»Hier, bitte. Habe ich vor zwei Stunden von meinen eifrigen Kollegen bekommen. Es muss noch von unserem Spezialisten bearbeitet werden, deswegen habe ich es Schollmeyer eben noch nicht um die Ohren gehauen. Aber nach der Bearbeitung wird es von der Qualität her fast wie ein normales Foto aussehen.«

Ich ziehe die Mappe zu mir herüber und schlage sie auf. Sie enthält einen grobkörnigen Schwarz-Weiß-Ausdruck, möglicherweise von einer Überwachungskamera. Auf diesem deutlich zu sehen: ein Mann. Und dieser Mann wiederum ist auch ohne technische Bearbeitung ziemlich deutlich als Thies Schollmeyer zu erkennen.

»Was ist das?«, will ich wissen.

»Das ist eine Aufnahme der Kamera am Geldautomaten der Volksbank, nur ungefähr hundert Meter vom Eingang der Redaktion von Bäderland-Radio entfernt. Stammt vom vergangenen Mittwoch. Hier oben sehen Sie die Uhrzeit.« Er tippt auf den Zettel, ich folge seiner Geste. *19/05, 12:50.* Mittwochmittag, kurz vor eins. Ich beginne zu ahnen, was mir Lorenz damit sagen will. Weil das überhaupt keine schöne Ahnung ist, stelle ich mich dumm und hoffe, dass der Sturm an mir vorüberzieht.

»Ja, und?«, sage ich also.

»Na, das ist doch genau der Zeitpunkt, zu dem der Brief mit dem Angelhaken für Sie in der Redaktion abgegeben wurde! Mittwoch, kurz vor eins. Wir haben alle Kameras in der Umgebung Ihrer Redaktionsräume überprüft und: Treffer! Eine Anwärterin hat sich Stunden damit um die Ohren geschlagen, aber es hat sich gelohnt.« Kay Lorenz strahlt über das ganze Gesicht.

»Ach so«, sage ich matt, denn ich weiß, dass ich jetzt ein umfassendes Geständnis ablegen muss. Natürlich hatte Lorenz mit mehr Euphorie meinerseits gerechnet. Das Strahlen weicht einer gewissen Enttäuschung.

»Verstehen Sie nicht, was das bedeutet? Das ist ein sehr starkes Indiz dafür, dass es wirklich Schollmeyer war, der den Brief an Sie am Empfang abgegeben hat. Und damit hat er Täterwissen offenbart. Das perfekte Puzzlestück in unserer Beweiskette! Schollmeyer ist unser Mann!«

Ich schweige. Kay zieht ratlos die Stirn in Falten. *Na komm, Franzi, es hat ja keinen Sinn,* sage ich mir selbst, *du musst es ihm nun beichten.* Ein tiefer Seufzer entfährt mir.

»Alles in Ordnung?«, will Lorenz wissen.

»Also, das ist so, ähm, ich … vielleicht habe ich mich mit der Uhrzeit ein bisschen vertan«, sage ich, wobei *flüstere ich* es vermutlich besser trifft. Kay Lorenz zieht die Augenbrauen zusammen.

»Wie meinen Sie das?«

»Ja, also, es war vielleicht eher so gegen halb elf am Mittwoch, als der Brief abgegeben wurde.«

Kay starrt mich an.

»Halb elf? Aber wieso denn halb elf? Sie waren mittags hier in der Inspektion, und der Brief ist erst danach abgegeben worden – es kann also gar nicht halb elf gewesen sein. Sie verwechseln das.« Kay Lorenz scheint nicht zu verstehen, was ich ihm sagen will.

Ich schüttle langsam den Kopf.

»Nein, leider nicht. Ich habe den Brief schon um halb elf bekommen. Sie waren gerade weg – Sie wissen schon, nach unserer kleinen Auseinandersetzung in Raimunds Büro. Da hat mich Sonja zum Empfang gerufen und mir den Brief gegeben.«

»WAS?!«

Okay, *jetzt* hat er es verstanden.

»Wir hatten uns ja gerade gestritten, und da dachte ich …«

»Da dachten Sie«, unterbricht er mich wutschnaubend, »der Lorenz ist so doof, den lüge ich jetzt mal an und enthalte ihm ein wichtiges Beweismittel vor?«

»Nein, so war das doch gar nicht«, versuche ich, mich zu verteidigen.

»Oh, doch, genauso war es! Sie waren bei mir im Büro, als Sie den Brief schon bekommen hatten. Und als Ihnen später klarwurde, dass Sie mir den Brief hätten geben müssen, haben Sie einfach behauptet, er sei erst um ein Uhr abgegeben worden.« Er springt von seinem Stuhl auf und läuft aufgeregt in seinem Büro hin und her. »Wissen Sie eigentlich, was das bedeutet? Meine Mitarbeiter und ich haben mehrere Stunden völlig sinnlos Arbeitszeit verschwendet, weil Sie falsche Angaben gemacht haben!«

»Ja, aber ich ...«

»Und nicht nur das: Vielleicht hätten wir auch schon wesentliche Erkenntnisse gewinnen und die Ermittlungen weitestgehend abschließen können, wenn wir uns die Videoaufnahmen der richtigen Uhrzeit angesehen hätten.« Er bleibt stehen und starrt mich an. »Mal ehrlich – ist das die hundertprozentig vertrauensvolle Zusammenarbeit, die Sie mir geschworen haben?«

Ich blicke zu Boden, weil ich nicht weiß, was ich sagen soll. Lorenz hat natürlich recht – einerseits. Andererseits braucht er mich jetzt auch nicht so in den Senkel zu stellen.

»Es tut mir leid«, murmle ich und rede dann mit festerer Stimme weiter. »Das ist eigentlich eher ein Versehen gewesen. Ich wollte es ja noch aufklären, aber dann hat es sich irgendwie nicht ergeben, und ich dachte, es sei nicht so schlimm. Sie haben aber auch nicht mehr danach gefragt.«

Kay Lorenz schnappt nach Luft, bevor er mich wieder anblafft.

»Ach, jetzt bin ich auch noch selbst schuld, oder was? Frau Mai, das ist einfach das Allerletzte! Wie konnten Sie ...«

In diesem Moment klopft es energisch an die Tür, und bevor Kay Lorenz noch »Herein« oder irgendetwas in die Richtung rufen kann, steht auch schon eine hochgewachsene, elegant gekleidete Frau mitten im Büro. Sie schaut erst zu Lorenz, der immer noch vor seinem Schreibtisch steht, dann zu mir.

»Oh, störe ich?«

Lorenz macht einen Schritt zurück, bis er von der Schreibtischplatte gestoppt wird. Dabei sieht er irgendwie … sehr gestresst aus. Wer ist bloß diese Frau? Sie scheint ihm einen ziemlichen Schreck eingejagt zu haben.

»Frau Staatsanwältin«, bringt Lorenz schließlich hervor, »Nein, überhaupt nicht. Wir waren hier auch gerade fertig.«

Nun lächelt die Frau süffisant.

»Ach, ich hatte fast den Eindruck, ich gerate in eine kleine Auseinandersetzung. Wollen Sie mir die Dame nicht vorstellen?«

»Nein«, schnappt Lorenz, nur um sich dann schnell zu verbessern, »ich meinte, nein, keine Auseinandersetzung.« Er holt Luft. »Und Frau Mai wollte auch gerade gehen. Sie findet allein hinaus, oder?« Er zeigt Richtung Tür. Ich fasse es nicht. Ein 1-a-Rausschmiss!

Ich stehe auf und bemühe mich dabei um eine ganz gerade Haltung. Schließlich will ich hier nicht wie ein geprügelter Hund vom Hof schleichen. Die Frau guckt überrascht zwischen Lorenz und mir hin und her, sie scheint zu überlegen, ob sie etwas sagen sollte, lässt es dann aber. Auch ich verliere kein einziges Wort mehr, sondern verlasse hocherhobenen Hauptes das Büro. Nur Kay Lorenz sieht sich offenbar bemüßigt, noch ein Schluss-Statement abzugeben.

»Nicht beim Lügen erwischt zu werden ist übrigens nicht das Gleiche wie, die Wahrheit zu sagen!«, ruft er mir hinterher. Ich drehe mich nicht um, als ich die Tür mit gehörigem Schwung ins Schloss knalle.

*

Erst als ich im Auto sitze, gebe ich mich im Kampf gegen die Tränen geschlagen. Ich fühle mich schrecklich. Gedemütigt, schlecht behandelt, enttäuscht – aber auch ein bisschen schuldig. Wie konnte das gerade nur so unglaublich schiefgehen? Und wie konnte sich Kay Lorenz nur so schrecklich aufspielen? Natürlich hatte er alles Recht der Welt, sauer auf mich zu sein. Aber mich so achtkantig rauszuschmeißen? Noch dazu vor einer mir völlig unbekannten Frau? Ich muss lange überlegen, wann ich mich schon mal so schlecht gefühlt habe wie in diesem Moment, und selbst dann fällt mir nichts dergleichen ein.

Ich wische mir die Tränen aus den Augen, damit ich besser sehen kann, dann starte ich den Motor und fahre los Richtung Bansin. Tausend Sachen schießen mir durch den Kopf – der erste Auftritt von Kay Lorenz auf der *Fine*, der Streit in Raimunds Büro, und schließlich muss ich an den Moment denken, in dem ich behauptet habe, dass der Brief später angekommen sei, als das in Wirklichkeit der Fall war. Aber ich wollte gar nicht bewusst lügen – es ist mir damals so rausgerutscht, und ich hätte es auch wieder geradegerückt, wenn … ja, wenn ich mich das getraut hätte. Aber Kay Lorenz hat einfach eine Art, die es einem nicht leicht macht, Fehler einzuräumen – dieses Distanzierte ist ziemlich einschüchternd.

Trotzdem, Franzi!, weise ich mich selbst zurecht, *das hätte dir nicht passieren dürfen! Selbst Janis hat das damals sofort gesagt. Janis, dein Volontär! Aber nein, du musstest es ja besser wissen! Du musst ja immer alles besser wissen!*

Allerdings weiß ich es ja auch wirklich oft besser. Wie zum Beispiel in diesem Fall. Da bin ich mir mittlerweile völlig sicher, dass Schollmeyer eben nicht unser Täter ist. Sondern dass Ole Peters irgendwie in die Sache verwickelt ist. Warum wollte Kay Lorenz bloß nicht auf mich hören? Nur weil er ein Profi ist und ich noch nicht so ganz, ist mein Bauchgefühl mit Sicherheit nicht schlechter als seines.

Das bringt mich auf eine Idee: Wenn ich beweisen kann, dass Ole Peters etwas mit dem Mord zu tun hat und Thies Schollmeyer unschuldig ist, bügle ich meinen Fauxpas mit der falschen Zeitangabe wieder aus. Und dann wird Kay Lorenz vielleicht noch ein bisschen sauer sein, aber kann nicht mehr behaupten, dass ich seine Ermittlungsarbeiten völlig torpediert habe. Genau! So könnte es funktionieren!

Meine Laune bessert sich schlagartig, und ich beschließe, Janis einen Besuch abzustatten. Dann kann er mir auch gleich erzählen, wie der Beitrag gelaufen ist, und wir können gemeinsam einen Plan schmieden, wie wir Ole Peters am besten in die Zange nehmen. Ein Blick auf die Uhr am Armaturenbrett zeigt mir, dass es außerdem nicht zu früh ist, an der Tanke zu halten und zur Anregung der Kreativität ein Sixpack Bier zu kaufen. Immerhin ist es schon kurz nach sechs, und mit diesem Gastgeschenk werde ich mich bei Janis beliebt machen. Nachdem ich bei Kay Lorenz nun so in Ungnade gefallen bin, sollte ich meinen verbliebenen Verbündeten umso pfleglicher behandeln.

Von der Tankstelle fahre ich schnurstracks nach Ückeritz, parke vor dem schlichten Mehrfamilienhaus, in dem Janis eine kleine Genossenschaftswohnung im dritten Stock bewohnt, und klingle. Es dauert eine ganz Weile, bis der Summer ertönt. Oben angekommen, ist die Wohnungstür nur angelehnt, und ich spaziere gleich hinein in den Wohnungsflur, das gut gekühlte Sixpack unter den Arm geklemmt.

»Janis?«, rufe ich und wundere mich, dass er mir gar nicht entgegen kommt.

»Wir sind im Wohnzimmer«, antwortet er.

Wir? Pluralis maiestatis? Ich öffne die Wohnzimmertür, und dann ist mir auch sofort klar, wer mit *wir* gemeint ist: Auf dem Sofa, eingekuschelt in eine rosafarbene Häkeldecke, sitzt Helena Wrede!

32

Janis ist die Zufriedenheit in Person. Wortreich schildert er, wie er Helena erst über alte Berliner Freunde gefunden, dann mit ihr telefoniert und sie schließlich überzeugt hat, gleich zu ihm nach Ückeritz zu kommen. Helena sitzt neben ihm, lächelt scheu und nickt an der ein oder anderen Stelle. Ich betrachte dieses Schauspiel eine Weile vom Sessel gegenüber aus, dann beschließe ich, dass Janis genug Ruhm und Ehre eingestrichen hat.

»Das ist ja alles sehr schön«, unterbreche ich ihn, »aber wichtiger wäre für unsere Recherchen, ob Sie, Frau Wrede, uns erzählen könnten, was genau an dem Donnerstag passiert ist, als ich Sie in Zeglin gesehen habe.«

»Oh, Sie können mich gern duzen«, sagt Helena, »ich heiße Helena.«

Ich lächle ihr freundlich zu.

»Gern. Gilt natürlich auch umgekehrt. Ich bin Franziska, aber fast alle nennen mich Franzi. Also, Helena, ich war letzten Donnerstag zusammen mit Kommissar Lorenz in Zeglin, und da habe ich dich gesehen. Du hattest einen Streit mit dem Kellner in der *Flunder.*«

Helena legt den Kopf schief.

»Ja, das stimmt. Dieser Alessio ist einfach unmöglich.«

»Kannst du mir mal deinen Tag schildern, und zwar von dem Moment, als du in Ahlbeck am Stand von *Fish are Friends* aufgetaucht bist?«

»Klar. An dem Morgen war ich so um neun, halb zehn am

Stand. Erst habe ich mit Janis alles vorbereitet – also unser Material auf dem Tisch verteilt, die Tafel daneben aufgestellt und solche Sachen halt. Dann haben wir Passanten angesprochen und auf unsere Arbeit aufmerksam gemacht.«

»Helena kann supergut mit Leuten ins Gespräch kommen, wirklich toll!«, unterbricht Janis ihre Schilderung. Ich werfe ihm einen bösen Blick zu, den er zum Glück richtig deutet und daraufhin sofort verstummt. Helena strahlt ihn trotzdem an, sie freut sich über sein Kompliment, das ist nicht zu übersehen. Die Sympathie beruht offensichtlich auf Gegenseitigkeit. Sie räuspert sich, dann erzählt sie weiter.

»Wir waren fast die ganze Zeit nur zu zweit, Janis und ich, weil Imke zwischendurch mit Schollmeyer weg war. So gegen halb elf kamen sie wieder zurück. Schollmeyer hat mich dann gebeten, zu der Fischerei nach Zeglin zu fahren, um dort etwas für ihn abzuholen. Er sagte, ich solle mich in der *Flunder* melden und nach Ole Peters fragen. Peters würde mir dann einen Umschlag geben.«

»Und warum hat er gerade dich geschickt?«, will ich wissen. »Warst du vorher schon mal in Zeglin und kanntest die Fischerei Peters?«

»Nicht wirklich«, antwortet sie. »Wir haben da nur mal 'ne Demo veranstaltet. Da ging es hoch her.«

»Ah, die Sache mit dem Meerjungfrauenkostüm!«, rate ich.

»Ach so ... ja, ja. Es sollte halt ein bisschen Aufmerksamkeit erregen, deswegen die Kostüme. Aber davon abgesehen, habe ich mit der Fischerei in Zeglin nie etwas zu tun gehabt. Echt nicht, das müsst ihr mir glauben!«

Janis, der auf dem Sofa noch ein Stück näher an Helena herangerückt ist, legt jetzt seine Hand auf ihren Unterarm.

»Aber Helena, das glauben wir dir doch!«, versichert er ihr. Ich sage dazu nichts. Ich glaube ihr zwar auch, aber ich schätze, je unsicherer sie sich in dem Punkt ist, desto mehr wird sie hier auspacken. Schon allein, um uns zu überzeugen.

»Und wie ging es dann weiter?«, frage ich nach.

»Na ja, ich bin dann in Zeglin angekommen und hab in der *Flunder* nach Peters gefragt. Da war aber nur dieser blöde Alessio. Der hat mich dann zu Peters auf dieses komische Hotelschiff geschickt. Und er hat mir noch 'ne Flasche Cola für ihn in die Hand gedrückt, so nach dem Motto: Die wollte er sowieso haben, tust du mir den Gefallen und gibst ihm die. Hab ich natürlich gemacht, hab mir ja nichts dabei gedacht.«

Aha. Jetzt kommen wir der Sache schon näher!

»Jedenfalls bin ich in dieses komische Büro von Peters rübergegangen. Da saß er dann auch. Ich habe ihm gesagt, dass Schollmeyer mich schickt und dass ich etwas abholen soll. Tja, und dann kam der Knaller…«

»Ja?« Janis hat seine Hand von ihrem Arm genommen und starrt sie erwartungsvoll an.

»Ja. Ole Peters tat ganz überrascht und sagte, er wisse von nichts. Ich meine, ich bin eine gute Stunde von Ahlbeck nach Zeglin gefahren, und der sagt mir, er weiß von nichts? Das ist doch der Hammer, oder?«

Ich bin auch überrascht. Stimmt die Geschichte, die Schollmeyer Kay Lorenz in der Vernehmung aufgetischt hat, also doch nicht? Aber wie genau passt dann die Cola ins Bild? Rätselhaft!

»Die Cola«, hake ich nach, »die hat dir wirklich Alessio gegeben?«

Helena nickt.

»Ich bin dann weg. Als ich schon kurz vor Zinnowitz war, rief mich Schollmeyer an. Er wollte wissen, ob mit dem Umschlag alles glattgelaufen ist. Ich habe ihm natürlich erzählt, dass Peters angeblich von nichts wusste. Da ist Schollmeyer ausgerastet. Aber total. Hat mich angeschrien, dass ich sofort wieder umdrehen und nicht wagen soll, ohne den Umschlag nach Ahlbeck zu kommen. Also bin ich wieder zurückgefahren und habe gehofft, dass Peters mich nur verarschen wollte. Als ich in Zeglin ankam, habe ich gesehen, dass ein Krankenwagen bei dem Hotelschiff stand und auch, wie Peters auf einer Trage von Bord geholt wurde. Der hat sich gar nicht mehr gerührt. Ich war natürlich geschockt, aber noch mehr Angst hatte ich vor Schollmeyer. Deshalb bin ich zu Alessio in die *Flunder* gegangen und habe ihn gefragt, ob er vielleicht irgendwas über einen Umschlag weiß, den mir Peters geben wollte. Wusste er aber nicht. Als ich ihn dann gefragt habe, was denn mit Peters passiert sei, hat er nur gelacht. Er meinte, dass mein Anblick seinen Chef wohl umgehauen habe. Und dass er sich noch gut an mein Meerjungfrauenkostüm erinnern könne und er sich gern angucken würde, was sich darunter verbirgt. Und solche Sachen eben. Er hat mich sogar am Arm gepackt – das war richtig schlimm. Da habe ich mich gewehrt und ihm gesagt, dass er echt ekelhaft ist. Und dann bin ich gefahren!«

»Ja, den Teil der Geschichte habe ich mit eigenen Augen gesehen. Da bist du total kopflos an mir vorbeigelaufen«, erzähle ich ihr. »Ich stand am Eingang und wollte Alessio noch etwas fragen, während Kay Lorenz sich mit den Sanitätern unterhalten hat.«

»Du warst an dem Tag auch da?«, fragt Helena erstaunt.

»Ja, ich war zusammen mit dem Hauptkommissar da, der Ole Peters zu dem Mord an seinem Bruder befragen wollte. Aber als wir bei Ole Peters im Büro ankamen, war er bewusstlos, und wir haben die Rettung angerufen. Jetzt erzähl aber bitte weiter, Helena.«

Sie überlegt einen kurzen Moment, dann nimmt sie den Faden wieder auf.

»Als ich in Ahlbeck mit leeren Händen ankam, hat Schollmeyer regelrecht getobt. Er hat mir nicht geglaubt. Und es war ihm auch egal, als ich ihm erklärt habe, dass ich Peters nicht mehr fragen konnte, weil der bewusstlos war. Schollmeyer hat irgendwas von Geld erzählt, einer Menge Geld. Wollte wissen, ob ich das geklaut habe. Dann hat er mich gepackt und geschüttelt. Das war richtig gruselig, ich habe echt Angst bekommen. Deswegen bin ich nach dem Streit mit ihm abgehauen und habe mich zu Hause eingeschlossen. Dem Schollmeyer traue ich nämlich alles zu – auch, dass er zu mir nach Hause kommt und die Tür eintritt. Furchtbarer Kerl!«

Ich überlege. Diese Schilderung deckt sich so ziemlich mit dem, was Schollmeyer in der Vernehmung ausgesagt hat. Nämlich dass er Helena losgeschickt hatte, um die zweite Rate des Geldes einzusammeln, das ihm Peters als Honorar für seine Aktionen rund um die Fischerei zahlen wollte. Und dass er Helena natürlich kein Gift mitgegeben hatte, weder in einer Flasche Cola noch sonst wie. Aber warum hat Peters dann zu Helena gesagt, dass er nicht mit Schollmeyer gesprochen habe? Den Teil verstehe ich immer noch nicht. Aber vielleicht kommt das noch. Schließlich ist Helena mit ihrer Geschichte noch nicht fertig.

»Nach ein paar Stunden hat Imke bei mir geklingelt. Sie hatte wohl mitbekommen, dass ich voll Ärger mit Schollmeyer habe, und sie kann ja gut mit ihm. Ich habe sie reingelassen und ihr alles erzählt.«

»Und dann? Ein großer Trost wird die blöde Ziege nicht gewesen sein, oder?«, fragt Janis, der Imke Michaelis offenbar inzwischen nicht mehr ausstehen kann. Helena zieht sich die Häkeldecke noch ein wenig enger um die Schultern und guckt unsicher.

»Irgendwie doch«, gibt sie dann zu, »ich finde Imke eigentlich ganz nett. Jedenfalls hat sie mir zugehört, und dann haben wir zusammen überlegt, was ich jetzt machen könnte. Am Ende waren wir uns einig, dass es am besten ist, wenn ich mal für eine Weile untertauche.«

Janis schüttelt den Kopf.

»Verstehe ich nicht. Was sollte denn daran gut sein?«

Helena schweigt. Offenbar will sie nicht recht raus mit der Sprache.

»Helena, du kannst uns echt vertrauen.« Janis hat mittlerweile Helenas Hände aus der Häkeldecke ausgegraben und in seine gelegt, dazu schaut er ihr so tief in die Augen, als wolle er sie hypnotisieren. Auf mich wirkt das ziemlich übertrieben, aber Helena bringt es tatsächlich dazu weiterzureden.

»Nachdem ich Imke alles ganz genau geschildert habe, was in Zeglin passiert ist, da hat sie gemeint, es sei doch ein seltsamer Zufall, dass Ole Peters ausgerechnet zusammenbricht, kurz nachdem ich ihn aufgesucht habe. Wo ich doch dort vor ein paar Wochen solchen Ärger gemacht hatte und als Nächstes dann sein Bruder Maik ermordet worden war. Und als sie das so gesagt hat, habe ich richtig Angst bekommen, dass die Polizei denkt, dass ich als fanatische Tierschützerin irgendwas mit dem Mord zu tun hätte und es jetzt auch noch auf den anderen Bruder abgesehen hätte.«

Janis schüttelt den Kopf.

»Das ist doch Unsinn!«

Helena zuckt mit den Schultern und sieht sehr mickrig aus.

»Jedenfalls habe ich mir überlegt, dass ich vielleicht einfach so lange abhaue, bis sie den wahren Mörder schnappen. Imke fand die Idee auch gut und hat mir versprochen, es niemandem zu erzählen.«

»Hm.« Mehr fällt mir dazu nicht ein, und auch Janis sagt erst mal nichts. Dafür redet Helena weiter, die jetzt wirklich Zutrauen gefasst zu haben scheint.

»Ich hatte sowieso gerade zwei Wochen Urlaub in der Drogerie. Eigentlich wollte ich die Zeit nutzen, um ein bisschen mehr am Stand zu arbeiten und neue Mitglieder zu werben. Aber dann bin ich einfach zu meiner Freundin nach Berlin gefahren.« Sie blickt zu Janis und lächelt auf einmal. »Weißt du, Janis, wenn du mich nicht angerufen hättest, dann säße ich da immer noch wie das verschreckte Kaninchen vor der Schlange. Aber als du mir erklärt hast, dass ihr den Mordfall Peters aufklären wollt und ich euch helfen kann, da dachte ich, dass das meine Chance ist zu beweisen, dass ich nichts mit der ganzen Sache zu tun habe.«

»Völlig richtig!«, versichere ich ihr. »Und deswegen bin ich auch froh, dass du zu uns gekommen bist. Eines steht für mich nach dem, was du erzählt hast, nämlich fest: Weder du noch Schollmeyer habt etwas mit dem Mord zu tun.«

»Du glaubst mir?« Helena atmet erleichtert auf.

»Natürlich!«, verkündet Janis im Brustton der Überzeugung, um dann zwei Sekunden später noch mal vorsichtig bei mir nachzuhaken:

»Und würdest du uns auch erklären, warum du dir da plötzlich so sicher bist, Franzi? Immerhin warst du noch vor zwei Tagen genauso überzeugt vom Gegenteil – also davon, dass nämlich Schollmeyer der Mörder ist.« Er schaut zu Helena. »Am Samstag haben wir zwei Zeugen gefunden, die Schollmeyer zur Tatzeit mit Maik Peters in Zeglin gesehen haben.«

Helena reißt die Augen auf.

»Echt? Aber… aber vielleicht war er dann doch der Mörder?«

»Nein«, sage ich, »und ich will euch auch erklären, warum ich das nicht mehr glaube. Helena, du hast gesagt, du solltest etwas für Schollmeyer bei Peters abholen. Und genau das hat Schollmeyer im Verhör auch gesagt. Ihr habt euch nicht absprechen können. Ich bin mir daher sicher, ihr sagt beide die Wahrheit und Peters hat gelogen. Aber warum hat Peters Schollmeyer darum gebeten, dass jemand vorbeikommt?«

Janis und Helena zucken beide mit den Schultern, ich fahre also fort.

»Ganz einfach: Es sollte so aussehen, als hätte Schollmeyer versucht, Peters zu vergiften. Deswegen hat dir Alessio die Cola gegeben. Im Labor wurden K.-o.-Tropfen in der Flasche nachgewiesen, und du bist diejenige, die ihm die Flasche gegeben hat.«

»Was?!« Helena schlägt sich eine Hand vor den Mund. »Aber … aber … ich wusste das wirklich nicht, dass die Cola vergiftet ist!«

»Ja, das glaube ich dir. Die ganze Sache ist eine perfide geplante Falle für Schollmeyer gewesen. Eine Verschwörung, genau wie Schollmeyer es heute zu Kay Lorenz gesagt hat. Was der natürlich für eine sehr wilde Ausrede gehalten hat. Aber es stimmt: Schollmeyer dachte, er soll bei Maik Peters ein bisschen Ärger machen, damit der die Fischerei drangibt. Dabei diente das von Anfang an dazu, Schollmeyer verdächtig zu machen. Das hat ja auch geklappt. Nach der Vorgeschichte mit seinen Anrufen bei Friedeberg, um den gegen Peters aufzuhetzen, seinen Vorstrafen, den hohen Schulden, dem geplatzten Alibi und dem Giftanschlag ist er wirklich extrem verdächtig. Als dann noch die Tatwaffe bei ihm gefunden wurde, war für die Polizei der Fall klar. Und ist es noch. Das hat der wahre Täter schon sehr geschickt eingefädelt.«

Janis räuspert sich.

»Entschuldige, wenn ich so doof nachfrage. Aber ich glaube, ich hab da im Mittelteil etwas nicht mitbekommen. Wenn Schollmeyer nicht der Täter ist – wer hat denn dann Maik Peters auf dem Gewissen?«

»Da hast du mir aber tatsächlich nicht gut zugehört«, rufe ich ein bisschen empört. »Ole Peters steckt hinter all dem. Er hat seinen Bruder umgebracht. Und es ist ihm fast gelungen, es Thies Schollmeyer in die Schuhe zu schieben. Aber eben nur fast. Seitdem ich weiß, dass er und sein Handlanger Alessio Katja und mich überfallen haben, ist mir klar, dass er etwas mit dem Mord zu tun haben muss. Kay Lorenz wollte mir das nicht glauben. Aber so ist es. Der Überfall war ein Einschüchterungsversuch. Peters hatte Angst, dass wir mit unseren unkonventionellen Methoden etwas herausfinden, was der Polizei verborgen bleiben würde. Ich wusste nur nicht, was. Aber jetzt liegt es auf der Hand: Er selbst ist der Mörder.«

»Und warum?«, fragt Janis nach. »Warum hat er seinen Bruder getötet?«

»Um das *Warum* kümmern wir uns noch«, erkläre ich selbstbewusst. »Jetzt geht es erst mal um das *Ob*. Und da passt einfach alles zusammen – die Aussage von Schollmeyer und das, was du uns erzählt hast, Helena.«

Helena presst die Lippen aufeinander. Sie sieht sehr unglücklich aus.

»Aber wenn du alles so aufzählst, was Ole Peters eingefädelt hat und was der Polizei an angeblichen Beweisen vorliegt, sieht es schon ziemlich danach aus, als ob Thies Schollmeyer der Mörder wäre. Und als ob ich noch versucht hätte, Ole Peters zu vergiften. Mir ist nicht ganz klar, wie wir das Gegenteil beweisen sollen. Wer wird uns denn glauben?«

Einen Moment lang schwirren die Gedanken in meinem Kopf wild durcheinander, und ich habe Mühe, sie zu sortieren. Aber schließlich habe ich sie alle eingefangen und in die richtige Reihenfolge gebracht.

»Dein Einwand ist natürlich berechtigt. Ohne richtigen Beweis wird es tatsächlich schwierig sein, Ole Peters zu überführen und die Unschuld von Thies Schollmeyer und dir zu beweisen. Aber ich habe eine Idee, wie uns das gelingen kann.«

Janis mustert mich skeptisch.

»Da bin ich jetzt aber wirklich gespannt.«

»Okay, es ist bisher noch eher eine vage Idee«, gebe ich zu, »aber manchmal trifft ja auch ein Schuss ins Blaue.«

»Großartig!«, seufzt Janis. »Jetzt sind wir also auf das Prinzip Hoffnung angewiesen.«

»Ach was, sei nicht so pessimistisch«, brumme ich. »Ich bin mir ziemlich sicher, dass Ole Peters einen Fehler gemacht hat. Irgendeinen. Wir müssen ihn nur finden. Und ich weiß auch schon, wen ich fragen könnte.«

»Aha.« Mehr sagt Janis nicht, sondern schaut mir dabei zu, wie ich aus meiner Handtasche erst mein Handy und dann einen kleinen zerknüllten Zettel herausfische. Ich wähle die notierte Nummer, kurz darauf meldet sich Henk Ahrens.

»Jau?«

»Hallo, Herr Ahrens, hier ist Franzi Mai.«

»Ah, hallo, min Deern!« Ahrens klingt erfreut. »Sach bloß, du heffst schon 'n Job für mich? Dascha man flott!«

»Tut mir leid, so schnell bin ich leider nicht«, gestehe ich. »Aber ich habe eine wichtige Frage, bei der Sie mir vielleicht helfen können.«

Ahrens seufzt. Klar, er ist enttäuscht. Aber ohne ihn komme ich hier tatsächlich nicht weiter.

»Gut, min Deern – wat gift dat also?«

»Ist Ihnen nach dem Mord noch irgendetwas aufgefallen, das Sie noch nicht erzählt haben, weil es Ihnen unwichtig vorkam? Irgendetwas, das anders war als sonst? Eine Kleinigkeit? Nicht der Rede wert zwar, aber komisch? Egal, was. Sie kennen doch die gesamte Fischerei in- und auswendig, vielleicht haben Sie etwas bemerkt?«

Ahrens sagt erst mal nichts, er scheint über meine Frage nachzudenken. Dann, nach einer ganzen Weile, brummt er etwas Unverständliches.

»Wie bitte?«, sage ich. »Ich habe Sie nicht ganz verstanden.«

»Jau. 'tschuldigung. Noch mal von vorn. Also ich hatte ja nu am Samstag überraschend meinen letzten Arbeitstag. Dann bin ich gestern wieder hin, um ein paar Sachen von mir abzuholen. Und, aus alter Gewohnheit, habe noch mal meinen Rundgang gemacht. Zum allerletzten Mal. Auf die *Fine* konnte ich nicht, da ist noch immer das Polizeiband angetüdelt, aber hab sonst alle Boote überprüft, die wir auch an die Tagesangler vermieten. Diese kleinen Motorboote am Steg, wissen Sie. Hab geschaut, ob die gut vertaut sind, die Fender da, wo sie hingehören, und auch sonst alles am Platz ist. Traurig war das, das können Sie mir glauben. Und dann, beim letzten Motorboot, da ist mir aufgefallen, dass da nur noch eine Box mit Angelhaken in der Backskiste war. Und dass ich eigentlich eine zweite bestellen müsste. Aber: Dascha nu nich mehr mein Job, nech?«

»Äh, richtig. Und das hat Sie gewundert, mit der Box?«

»Jau. Ich dachte eigentlich, ich hätte neulich erst alle aufgefüllt und jedes Boot hätte zwei dabei. Die werden von den Touristen nämlich gern mal stibitzt. Oder weggeschmissen, wenn die leer sind. Deswegen gucke ich da immer nach. Aber nu ist auch egal. Ole will ja sowieso nich mehr weitermachen.«

»Wie viele Angelhaken sind denn so in einer Box?«

»Hm«, Henk atmet tief ein. »Mal überlegen. Fünfhundert Stück, glaube ich. Sind ja verschiedene Größen, nech.«

»Danke, das ist sehr interessant!« Und das ist es tatsächlich – denn beim Wort *Angelhaken* gehen bei mir sämtliche Alarmglocken an.

»Da nich für«, sagt Henk Ahrens und will anscheinend schon auflegen, als mir noch eine Frage einfällt.

»Herr Ahrens, wenn Sie in der Fischerei oder überhaupt auf dem Gelände irgendetwas verstecken müssten, was garantiert niemand finden soll – wo würden Sie das tun? Gibt es vielleicht irgendein geheimes Geheimversteck?«

Nun lacht Henk.

»Oh ja, dat gift dat!«

»Ja?«

»Jau. Dat heff ick damals för de Jungs selbst gebaut. Für Ole und Maik. Eine geheime Schublade im Kartentisch der *Gloria*. Damals war der Schoner ja in Betrieb, und der Kartentisch wurde noch genutzt. Da heff ick 'n doppelten Boden unter den Tisch geschraubt mit einer Schublade drin. Alles haben die Jungs da drin verschwinden lassen, wat de Vadder nich sehen sollte: schlechte Klassenarbeiten, Liebesbriefe oder mal 'n Geldschein, den die, ich sach mal: *gefunden* hatten.«

»Cool! Und wie kommt man da ran?«

»Wenn man vor dem Kartentisch steht, dann ist da links 'ne Schublade unter, 'ne ganz normale. Die geht aber nicht ganz bis zum Ende des Tisches durch. Dat sieht man aber eigentlich nicht. In Wirklichkeit gibt es 'ne zweite Schublade hinter der ersten. Nur wenn die vordere rausgenommen wird, kann man die hintere auch nach vorn ziehen. Eigentlich ganz simpel. Der Vadder hat das Geheimfach aber nie gefunden.« Er seufzt. »Ach, min Jung, der Maik, der war so begeistert, als ich ihm dat gebaut habt.«

»Herr Ahrens, haben Sie echt vielen Dank, dass Sie mir das alles erzählt haben. Und wenn ich was höre, melde ich mich garantiert. Versprochen!«

»Jau, min Deern, so mook wie dat. Tschüs!«

Ich verabschiede mich ebenfalls, und schon beim Auflegen merke ich, dass mein Herz vor Aufregung zu rasen beginnt. Jetzt habe ich ihn wirklich, den Plan. Und der ist alles andere als ein Schuss ins Blaue!

33

»Der Adler ist gelandet. Wiederhole: Der Adler ist gelandet.« Obwohl ich allein im Auto sitze und mich niemand sehen kann, verdrehe ich die Augen. »Haben Sie verstanden, Mai, der Adler ist…«

»Janis, was soll der Scheiß?«, fauche ich in mein Handy.

»Mann, entspann dich mal, Franzi. Ich wollte damit nur sagen, dass Ole und Alessio gerade hier angekommen sind und mit Helena an einem Tisch sitzen. Ich habe sie alle im Blick und die Lage völlig unter Kontrolle. Du kannst loslegen. Wenn sich hier vor Ort etwas ändert, rufe ich dich sofort an.«

»Gut«, sage ich und atme tief durch. »Dann gehe ich jetzt rein.« Ohne eine Verabschiedung drücke ich Janis weg und stecke mein Handy in die hintere Hosentasche. Teil eins des Planes, in dem Helena Ole und Alessio möglichst weit von der *Gloria* weglockt, hat schon mal geklappt. Sie hat Ole vorhin angerufen und ihn und Alessio für 21 Uhr ins *Rialto* nach Ahlbeck zitiert. Angeblich, weil sie sich darüber unterhalten will, was ihr Schweigen in Sachen K.-o.-Tropfen den Männern wert ist. In Wirklichkeit natürlich, weil uns kein anderes Lokal eingefallen ist, durch dessen Fenster man von außen so gut in den Gastraum sehen kann und das gleichzeitig sehr weit von Zeglin entfernt ist.

Ersteres ist wichtig, weil wir Helena natürlich nicht ohne Aufsicht mit einem Mörder an einen Tisch setzen wollten, Letzteres, um mir einen Zeitvorsprung für eine ungestörte Hausdurchsuchung zu verschaffen. Also überwacht Janis das ganze Treffen von außen, während ich fünfzig Kilometer entfernt auf der *Gloria* nach Beweisen suche, die Ole Peters des Mordes an seinem Bruder Maik überführen. Das ist Teil zwei des Plans. Und genau den werde ich jetzt umsetzen.

Ich steige aus dem Auto und schaue mich um, ob sich noch irgendjemand anderes auf dem Parkplatz herumtreibt. Nein. Ich bin völlig allein. Sicherheitshalber habe ich mich komplett schwarz angezogen und bin hoffentlich sowieso nicht gut zu sehen. Ich schleiche in geduckter Haltung zur *Gloria*. Als weitere Vorsichtsmaßnahme umrunde ich das Hotelschiff erst einmal, als ich dort angekommen bin, um zu überprüfen, ob im Schiffsinneren irgendwo Licht brennt. Auch hier: Fehlanzeige. Das Schiff ist vollkommen dunkel.

Los jetzt, Franzi! Der Plan ist super, du musst ihn nur noch umsetzen, mache ich mir selbst Mut und gehe zur Gangway. Als ich den Fuß auf die erste Stufe setze, knarrt das alte Holz furchtbar laut, und ich erstarre vor Schreck. Aber nichts rührt sich, keiner kommt angelaufen – ich bin vollkommen unbeobachtet und könnte vermutlich auch laut pfeifend auf die *Gloria* marschieren, ohne dass es jemand bemerken würde. Ich klettere also trotz knarrender Stufen tapfer weiter nach oben, bis ich an Bord bin. Dort angekommen, renne ich im Dunkeln erst mal gegen einen der Tische, die auf dem Deck aufgestellt sind, und haue mir kräftig das Schienbein an. Aua! Vermutlich sollte ich doch mein Handy als Taschenlampe einsetzen, sonst werde ich mir hier noch mehr blaue Flecken einhandeln.

Ich zögere kurz, dann schalte ich das Licht an meinem Handy ein und leuchte mir selbst den Weg zum Niedergang, in dem die Treppe ins Innere der *Gloria* führt. Je näher ich diesem komme, desto aufgeregter werde ich. Vielleicht ist mein Plan doch nicht so gut, sondern eher ziemlich gaga? Er beruht immerhin auf der Annahme, dass Ole hier an Bord in dem Kartentisch etwas versteckt hat, was nur der Mörder haben konnte. Nämlich besagte Angelhaken, die Henk auf dem Ausflugsboot vermisst hat. Aber vielleicht ist meine Theorie auch völlig beknackt, und es waren einfach die letzten Angeltouris, die die Box haben mitgehen lassen. Wenn das so ist, dann wird das hier der maximale Reinfall.

Schöner wäre also, ich hätte recht damit, dass der Mörder die Angelhaken, die er bei der Tat benutzt hat, zusammen mit der Box vom Boot geholt hat. Einen der Haken hat der Mörder dann noch mir geschickt. Aber die Box mit den verbliebenen 494 Haken muss er irgendwo versteckt haben. Und es muss ein gutes Versteck sein, denn immerhin wollte der Täter absolut sichergehen, dass die Box nicht gefunden wird, sonst hätte er sie zusammen mit der Tatwaffe auch im Gartenhaus von Schollmeyer deponiert. Warum auch immer, es muss ihm unglaublich wichtig gewesen sein.

Wenn ich also recht habe und Ole der Mörder ist – dann werde ich hier an Bord die Box mit den Haken finden. Davon bin ich fest überzeugt. Eigentlich. Uneigentlich ist mir gerade jetzt sehr flau im Magen, und dieses Gefühl verstärkt sich mit jeder Stufe, die ich die Treppe im Niedergang zum Salon runtergehe. Unten angekommen, leuchte ich einmal um mich herum, bis ich im Lichtschein meines Handys den Kartentisch entdecke. Nun wird sich gleich zeigen, was meine Theorie taugt.

Der Kartentisch befindet sich direkt gegenüber der Pantry. Es ist eine schlichte weiße Platte, über ihr ist das Funkgerät angebracht, daneben hängt eine Karte mit dem nautischen Alphabet und einer Legende für verschiedenste Beflaggungen. Ich mache einen Schritt zurück und leuchte den Tisch einmal ab. Da sehe ich sie – eine kleine Schublade mit einem Messingknauf. Ich ziehe sie ganz heraus und lege ich sie neben mich auf den Boden. Dann knie ich mich hin, um unter den Tisch zu leuchten. Hinter den Schienen für die erste Schublade ist ein Brett, das eigentlich so aussieht, als wäre es einfach der Abschluss der Tischplatte. Ich krieche unter den Kartentisch und versuche, das Brett zu bewegen. Tatsächlich! Es ist wirklich die geheime zweite Schublade, von der Henk Ahrens vorhin gesprochen hat.

Mein Herz klopft wie verrückt, als ich sie herausziehe, ganz langsam und vorsichtig, damit sie nicht herunterfällt. Als ich sie komplett aus der Schiene genommen habe, krieche ich unter dem Tisch hervor, atme tief durch und schaue in die Schublade hinein. Unglaublich. Darin liegt tatsächlich eine Box aus durchsichtigem hellem Plastik. Durch den Deckel der Box kann man den Inhalt erkennen. Es sind, fein säuberlich auf zehn kleine Fächer verteilt: jede Menge Angelhaken!

Endlich – das ist er, mein Beweis! Ole Peters mag sich einen ausgeklügelten Plan zurechtgelegt haben, aber ich bin mir sicher, dass die Haken, mit denen Maiks Leiche so zugerichtet wurde, aus genau dieser Box stammen. Und damit ist Peters geliefert! Ich möchte am liebsten aufspringen und laut jubeln – aber das lasse ich. Stattdessen nehme ich mir einen Stift vom Kartentisch und schiebe die Box vorsichtig zur Seite, denn da liegt noch etwas in der Schublade. Es sind Einweghandschuhe. Genauer gesagt vier Stück. Und an einem davon klebt dunkle Farbe. Oder ist das etwa Blut? Ich klemme mir die Schublade als Ganzes unter den Arm und trage sie nach oben an Deck.

Ich laufe Richtung Gangway, als ich von der anderen Seite des Schiffes ein Geräusch höre. Schritte? Ich bleibe stehen und lausche in die Dunkelheit. Ja, Schritte. Und sie kommen näher, direkt auf mich zu. Wer auch immer das ist, er wird von den Masten der *Gloria* verdeckt. Verdammt, sollten das etwa Ole und Alessio sein? Aber dann hätte mich Janis doch angerufen! Und außerdem können die doch im Leben nicht so schnell hier sein, selbst wenn sie sofort nach ihrer Ankunft im *Rialto* wieder aufgebrochen sein sollten. Vorsichtshalber stelle ich mich hinter die Wand des Niedergangs. Kein tolles Versteck, aber besser als nichts. Ich gucke auf mein Handy. So gut wie kein Empfang! Aber nun auf dem Deck herumzulaufen und nach besserem Empfang zu suchen, scheint mir keine gute Idee zu sein. Wenn das wider jede Wahrscheinlichkeit die beiden Schläger sind, dann wird das kein besonders herzliches Wiedersehen. Hoffentlich hat Janis wenigstens die Polizei gerufen, falls er mich nicht erreichen konnte. Ich wollte das hier eigentlich ohne Kay Lorenz klären, aber bevor ich jetzt einen Kopf kürzer gemacht werde, nehme ich seine Hilfe doch lieber in Anspruch.

Jetzt höre ich die Schritte immer deutlicher, sie klingen nicht schwer, eher leichtfüßig. Und auf keinen Fall stammen sie von zwei Leuten. Ich entspanne mich wieder ein bisschen. Vielleicht ist es nur jemand, der sich die *Gloria* mal von nahem angucken will, weil er hier einen Urlaub plant? Vorsichtig linse ich um die Ecke des Niedergangs und erkenne jetzt tatsächlich eine Person, die sich auch gerade umsieht und jemanden zu suchen scheint. Ich kneife die Augen zusammen, um besser sehen zu können. Es scheint eine Frau zu sein. Eine Frau mit blonden Locken, die ich schon mal gesehen habe: Imke Michaelis. Puh, Glück gehabt!

»Imke?«, rufe ich und trete aus meinem Versteck hervor. Sie dreht sich zu mir um und lächelt ein sehr schmales Lächeln.

»Ach, da sind Sie! Hallo, Frau Mai.«

Wir gehen beide aufeinander zu, ich stelle die Schublade neben mich auf einen der Terrassentische und lehne mich an die Tischkante. Imke Michaelis lehnt sich an den Tisch gegenüber.

»Das ist ja ein lustiger Zufall«, sage ich, »das letzte Mal hab ich Sie am Stand in Ahlbeck gesehen und jetzt hier auf der *Gloria*. Wollen Sie heimlich Infoflyer für die Angeltouristen auslegen und darauf aufmerksam machen, wie schädlich Schleppnetzfischen ist?« Ich kichere. »Klar, das ist im Schutze der Dunkelheit natürlich besser. Wobei ich gehört habe, dass Peters die Fischerei aufgegeben hat. Den armen alten Bootsmann hat er jedenfalls schon rausgeschmissen.«

Imke Michaelis sagt erst mal nichts, sondern mustert mich eindringlich. Das tut sie auf eine so kalte Art und Weise, dass ich unwillkürlich anfange zu frösteln. Hatte Helena nicht gesagt, Imke sei eigentlich ganz nett? Das kann ich beim besten Willen nicht finden.

»Hat Ihnen Henk verraten, wo Sie es finden?«

Wie meint sie das denn jetzt? Ich schaue sie überrascht an.

»Was denn finden?«

»Na, die Box mit den Angelhaken. Dafür sind Sie doch hier, oder?« Sie deutet auf die Schublade, in der man die Box deutlich erkennen kann. Irgendwie nimmt das Gespräch hier gerade eine sehr seltsame Wendung, die ich mir beim besten Willen nicht erklären kann.

»Ich, äh...«, stammle ich und verstumme dann wieder.

»Sie sind überrascht?«, fragt Imke und klingt dabei irgendwie höhnisch. »Das müssen Sie nicht sein. Als mir Helena vorhin erzählte, dass Ihr Kollege sie angerufen und überredet hat zurückzukommen, um den wahren Mörder zu finden, war mir irgendwie klar, dass wir uns bald sehen würden.« Sie lacht. »Helena war so glücklich – sie hat sich wirklich Sorgen gemacht, jemand könnte sie selbst verdächtigen, das Schaf!«

»Helena hat Sie angerufen?«

»Nein, ich habe Helena angerufen. Nachdem mir Ole von ihrem Drohanruf erzählt hat, musste ich als Helenas gute Freundin doch mal besorgt nachfragen, ob bei ihr alles in Ordnung ist. Da hat sie mir die ganze Geschichte erzählt.« Imke lacht böse. »Die Gute ist einfach ein bisschen leichtgläubig.«

Ich starre Imke völlig entgeistert an, meine Gedanken fahren Karussell, und ich habe wirklich Schwierigkeiten zu begreifen, was hier passiert.

»Immer noch sprachlos? Na ja, dann rede ich noch ein bisschen weiter. Ich hatte schon vermutet, dass Sie nicht aufhören würden, Ihre Nase in Dinge zu stecken, die Sie absolut nichts angehen. Dass Sie so schnell sein würden, hat mich dann aber doch überrascht. Sie haben wirklich keine Zeit verloren, das muss ich Ihnen lassen. Die kleine Idee, Helena bei Ole anrufen zu lassen – raffiniert!«

»Woher wissen Sie das alles?«

»Wie ich schon sagte: Ole hat es mir erzählt. Er war wirklich konsterniert, von Helena einen Drohanruf zu erhalten. Sie war sehr energisch, die hatten Sie gut gebrieft, Respekt! Aber vielleicht hätten Sie ihr noch einschärfen müssen, das Reden Silber, Schweigen aber Gold ist. Ich weiß nicht, ob ich von allein so schnell darauf gekommen wäre, was Sie im Schilde führen. Na, egal. So war ich jedenfalls im Bilde. Für mich war es natürlich praktisch. Ich bin nämlich auch auf der Suche nach der Box.«

Mir wird heiß und kalt gleichzeitig, und meine innere Stimme rät mir, mir die Schublade unter den Arm zu klemmen und schleunigst das Weite zu suchen. Egal, was Imke Michaelis hier noch Spannendes zu erzählen hat, ich sollte abhauen. Ich räuspere mich.

»Ja, das ist tatsächlich alles sehr interessant, was Sie mir da berichten, aber ich muss jetzt leider los.« Ich stehe vom Tisch auf, nehme mir die Schublade und will weiter Richtung Gangway gehen, als Imke Michaelis sich mir direkt in den Weg stellt und etwas unter ihrer Jacke hervorzieht. Es sieht aus wie eine Pistole. Ich bleibe stehen und starre sie entgeistert an.

»Was ist das?«

Imke Michalis lächelt wieder dieses unsympathische, dünne Lächeln.

»Das ist eine Signalpistole Kaliber 4. Und Sie legen jetzt die Box zur Seite und bleiben schön stehen. Kaliber 4 macht nämlich sehr große Löcher. Auch in Menschen.«

»Sind Sie völlig irre?«, schreie ich sie an, obwohl ich mir die Antwort auf diese Frage selbst geben kann. Imke scheint das allerdings anders zu sehen, denn sie schüttelt den Kopf.

»Irre? Natürlich nicht. Ich tue lediglich, was ich tun muss, damit Sie mir nicht meinen schönen Plan durchkreuzen. Bis hierhin hat er nämlich perfekt funktioniert.« Sie hält kurz inne und schaut auf die Schublade, die ich immer noch unter dem Arm trage. »Na gut, sagen wir: fast perfekt.«

Ihr Plan? *Ihr* Plan? Was, zum Geier, wird hier eigentlich gespielt? Wenn ich mich als Journalistin zwischen Neugier und Vorsicht entscheiden muss, dann wähle ich natürlich Ersteres. Also frage ich nach, auch wenn das angesichts dieses direkt auf mich gerichteten Signalpistolendings möglicherweise etwas riskant sein könnte.

»Von welchem Plan reden Sie? Und wieso *Ihr Plan*? Ich bin hier, um zu beweisen, dass Ole Peters seinen Bruder umgebracht hat – was haben Sie denn damit zu tun?«

Imke Michaelis lacht laut auf.

»Da sieht man es mal wieder – als Frau wird man ständig unterschätzt, mit blonden Locken sowieso. Wirklich dumm von Ihnen. Aber damit Sie nicht dumm sterben müssen, helfe ich Ihnen mal ein bisschen auf die Sprünge.«

Dumm sterben müssen klingt nicht so gut. Ich sollte ihr vielleicht die Schublade an den Kopf hauen. Andererseits habe ich tatsächlich mal einen Film gesehen, in dem jemand mit einer Leuchtpistole beschossen wurde, und das ist ihm nicht sonderlich gut bekommen. Unschlüssig bleibe ich stehen.

»Also, es ist wie folgt: Ja, Ole Peters hat seinen Bruder umgebracht, das haben Sie ganz richtig erkannt. Aber nein, es war nicht sein Plan. Das glaubt er zwar, aber in Wirklichkeit war es meiner. Als ich von Alessio gehört habe, dass ein Investor für dieses riesige Wassergrundstück in Zeglin vier Millionen Euro geboten hat, Maik Peters aber nicht verkaufen wollte, war mir klar: Der muss weg.«

»Sie kennen Alessio? Also, näher als von Ihrem Einsatz bei der Demo, meine ich?«

»Oh, ich kenne ihn sogar sehr gut. Er ist mein Freund. Insofern bin ich über alles, was hier in Zeglin passiert, immer bestens informiert. Ole hat sich bei ihm ausgeheult, dass die Novalis Projekt Management ein tolles Angebot für das Grundstück gemacht hat, er aber ohne seinen Bruder nicht verkaufen kann.«

Ach, da schau her! Die NPM. Deswegen auch der Besuch von Ole bei der NPM in Koserow. Als Profi gleite ich nun in den Interviewmodus über. Vielleicht erschießt Imke mich gleich, trotzdem will ich vorher wissen, was hier Sache ist!

»Aber was will denn die NPM mit diesem Grundstück? Ich meine, es ist schön, aber Maik Peters hat mir erzählt, dass selbst sein kleiner Campingplatz eigentlich illegal ist.«

Imke grinst.

»Da stellt aber jemand die richtigen Fragen. Die von der NPM wussten aus sicherer Quelle, dass die Hafenfläche bald Bauland werden würde. Sind eben ungewöhnlich gut vernetzt, die Herren aus der Baubranche.«

»Aber Maik wollte das nicht?«

»Nein. Der Vollidiot wollte lieber Fischer bleiben. Obwohl der Fischfang hier mittlerweile toter als tot ist. Und die paar Angelausfahrten machen den Kohl auch nicht fett. Wie ich schon sagte: Maik musste weg. Er hätte sonst alles vermasselt.«

»Okay, so weit, so schlecht. Aber was genau ist denn daran nun *Ihr* Plan? Was haben Sie mit der Sache zu tun? Dass er seinen Bruder aus dem Weg räumen musste, um Kasse zu machen, darauf wäre Ole doch vermutlich auch selbst gekommen.«

Erneutes Kopfschütteln.

»Erstens: Er brauchte Ermutigung. Ich musste ihm gut zureden, sonst hätte er sich nicht getraut. Zweitens: Jemanden einfach umzubringen ist ja noch kein Plan. Mir hingegen war klar, dass so ein Loser wie Schollmeyer der perfekte Sündenbock für diesen Mord wäre. Ich jobbe seit zwei Jahren bei ihm. Ich wusste, dass er schon im Knast saß und dass er total verschuldet ist. Mord und Erpressung würde man ihm sofort zutrauen.« Sie streicht sich durch die blonden Locken und schaut ganz verträumt. »Man musste es nur von langer Hand vorbereiten. Und Stichwort *von langer Hand* – dafür ist Ole einfach viel zu dämlich. Darum habe ich mich also gekümmert. Ich habe ihm genau gesagt, was er machen soll. Schollmeyer für die Demo und die Anrufe bei Friedeberg bezahlen, ihn zum Tatort lotsen, einfach alles.«

Okay, die meint es wirklich ernst. Und ich kann nicht mal jemanden anrufen, der mich rettet. Zum einen habe ich schlechten bis keinen Empfang, und zum anderen lässt sie mich wohl kaum telefonieren. Ich sitze also richtig tief in der Scheiße und kann nur hoffen, dass mir hier irgendjemand zu Hilfe kommt. Also sollte ich versuchen, Imke möglichst lange in Plauderlaune zu halten, um mehr Zeit für eine Rettung zu gewinnen.

»Hast du mir etwa auch Ole und Alessio auf den Hals gehetzt?«, frage ich mit krächzender Stimme.

»Seit wann duzen wir uns denn?« Sie lacht. »Kleiner Spaß. Gern per du. Ich finde, nichts ist verbindender als eine gemeinsame Notlage. Wobei sich meine ja gleich auflösen wird. Deine hingegen …« Sie führt nicht weiter aus, was sie damit meint, aber ich kann es mir auch so denken. Verdammt, es muss doch einen Weg geben, jemanden zu informieren! Während ich mit der einen Hand noch krampfhaft die Schublade halte, versuche ich, mit der anderen möglichst unauffällig in meiner Hosentasche nach meinem Handy zu angeln.

»Wo waren wir?«, fragt Imke laut. »Ach ja. Ole und Alessio. Klar, die habe ich darauf aufmerksam gemacht, dass es schon schade wäre, wenn die NPM jetzt wegen schlechter Presse abspringt. Dann wäre die ganze Mühe umsonst gewesen und Maik einen sinnlosen Tod gestorben. Sie sollten dich einschüchtern. Waren praktischerweise zwei Fliegen mit einer Klappe – du hast dich ja in beides eingemischt, den Mord und den Immobiliendeal.« Wieder dieses Lachen, das eher ein irres Kichern ist. Mich fröstelt. Mittlerweile habe ich mein Handy in meiner Hosentasche gefunden und versuche, es mit meinem Fingerabdruck zu entsperren. Leider bin ich dabei nicht unauffällig genug – Imke springt auf mich zu und reißt mir die Hand aus der Hosentasche, so dass das Handy zu Boden fällt.

»Hey! Meinst du etwa, ich sehe nicht, was du da gerade versuchst?«, schreit sie mich an und gibt meinem Handy einen Tritt. Es schlittert zur Seite und bleibt vor einem der beiden Masten liegen. Nicht gut.

»Du kommst ja offensichtlich auf ganz dumme Gedanken«, faucht mich Imke an, »also machen wir es ab jetzt im Schnelldurchlauf. Oder langweile ich dich schon?« Ich schüttele den Kopf. *Du musst sie weiterreden lassen,* sage ich mir noch mal, *du musst irgendwie Zeit gewinnen*!

»Nein, bitte, erzähl weiter«, krächze ich.

»Wo war ich stehen geblieben?« Imke überlegt kurz. »Ah ja. Die Installierung von Thies Schollmeyer als Sündenbock. Tja, es war klar, das Ding muss jetzt endlich mal über die Bühne, denn die NPM war ungeduldig geworden. Ole hat Thies also zum Hafen bestellt, er sollte Maik noch mal auflauern und ihn beschimpfen. Wir haben gehofft, dass es später Zeugen dafür geben würde. Falls das nicht geklappt hätte, wäre es auch egal gewesen. Ich habe ihm auf alle Fälle erst mal ein Alibi gegeben und hätte es dann so oder so zurückgezogen, um ihn so richtig schön verdächtig zu machen. Dass die beiden Rentner dann Thies und Maik tatsächlich gesehen haben, war natürlich umso besser. Kaum war Thies weg, hat Ole Maik hinterrücks mit der Taschenlampe erschlagen. Das war gar nicht so leicht, aber er hatte es vorher an ein paar Schweineköpfen geübt. Man muss schon ziemlich kräftig zuschlagen, damit der Schädel wirklich bricht. Dann haben Ole und Alessio Maik zur *Fine* rübergeschleppt. Die Taschenlampe und den anderen Krempel habe ich später bei Thies deponiert. Mit meinem Büroschlüssel kam ich auch an den Schlüssel für das Gartenhaus. Den Brief habe ich am nächsten Tag bei euch abgegeben, um noch mehr Fährten zu Schollmeyer zu legen.«

»Aber was sollte denn die Nummer mit den Angelhaken?«, frage ich und merke, dass meine Stimme zittert.

»Eine sehr berechtigte Frage. Das war eigentlich Quatsch. Ich dachte, dass es am besten wie ein Hassverbrechen aussehen muss. Eben von Tierschützer Schollmeyer. Aber letztendlich war das die einzige schlechte Idee in meinem perfekten Plan. Denn dabei ist es passiert.«

»Ist *es* passiert?«, echoe ich. Imke nickt.

»Das Reinritzen hat Ole ja noch hinbekommen, aber beim Mund haben dann irgendwie seine Nerven versagt. Er kriegte den Haken nicht durch die Lippen gebohrt, meinte, sein Bruder würde ihn anklagend anschauen, und dann hat er sogar geheult.«

Sie schnaubt verächtlich. Mir wird schlecht.

»Also habe ich es selbst gemacht. Man muss doch erstaunlich fest drücken, um die Haken durch die Haut zu kriegen, aber ich habe es geschafft. Beim letzten Haken bin ich allerdings abgerutscht und habe mich verletzt. Natürlich hatte ich Silikonhandschuhe an und habe sofort meine Hände weggezogen. Dabei sind ein paar Tropfen Blut in die Box mit den Haken gelaufen, die konnten wir also nicht mehr zurück zum Boot bringen. Wegwerfen wollte ich sie aber auch nicht, ich hatte Angst, dass die Polizei sie bei gründlicher Suche findet. Ole meinte, er hätte das perfekte Versteck für die Box, ein Geheimfach auf der *Glo-*

ria. Nur Henk, Maik und er würden es kennen. Dort würde er die Box und unsere Handschuhe ein paar Tage aufbewahren und dann entsorgen. In dieser Schublade liegt also der einzige richtige Beweis, dass ich überhaupt an der ganzen Sache beteiligt war. Ich hatte gehofft, dass du sie finden würdest. Mir ist das nämlich nicht gelungen, Ole wollte mir nicht sagen, wo das Versteck ist. Faselte immer was von Familiengeheimnis, der Idiot. Also habe ich auf dich gewartet.« Sie atmet tief durch und kommt einen Schritt näher. »Und jetzt gibst du mir die Schublade.«

Ich schüttle den Kopf. Sie kommt noch näher, ich gehe einen Schritt zurück, sie hebt die Signalpistole an und zielt direkt auf meinen Kopf.

»Gib sie mir!«, keift Imke. »Wenn ich abdrücke, bist du sofort tot, und dann hole ich sie mir sowieso.«

»Wenn du abdrückst, gibt es erst mal ein schönes Feuerwerk und eine Riesensauerei an Bord«, schreie ich zurück und klinge dabei hoffentlich überzeugend. »Dann sind die Bullen in zwei Minuten vor Ort, und es ist völlig egal, welche anderen Beweise es noch gibt. Die Nummer mit der Signalpistole reicht schon für lebenslänglich!«

Imke stößt einen schrillen Schrei aus und stürzt sich auf mich. Ich wiederum hole aus und versuche, ihr die Schublade vor den Kopf zu hauen. Ich erwische sie zwar an der Schläfe, aber im gleichen Moment trifft mich der Lauf der Signalpistole mit voller Wucht am Kopf, und ich gehe zu Boden. Auch Imke ist gestürzt, jetzt kriecht sie auf mich zu und richtet die Pistole wieder auf mich.

»Das Risiko mit der Sauerei gehe ich ein«, flüstert sie. Ihre Hand schnellt nach vorn, sie presst mir die Pistole ins Gesicht. Mein Herz rast, ich lasse mich nach hinten fallen und trete nach Imke, treffe sie aber nicht. Stattdessen packt mich Imke und zieht mich zu sich heran. Sie ist erstaunlich stark, ich spüre das kalte Metall des Pistolenlaufs an meiner Wange.

»Zeit für ein Lebewohl«, raunt sie mir ins Ohr. »Willst du mir noch etwas sagen?«

»Warum?«, flüstere ich. »Warum hast du das eigentlich alles gemacht? Was hattest *du* davon?«

Imke lacht.

»Interessant, dass das deine letzten Worte sind. Aber gut, ich sage es dir: Maik Peters war mein Vater. Hat meine Mutter sitzen gelassen, als sie schwanger war. Hat mich nie gesehen. Hat nie gezahlt. Ich habe ihn gehasst, er wusste nicht mal, wie ich heiße. Da ist es nur fair, dass ich was von meinem Papi erbe, jetzt, wo er so tragisch verstorben ist.« Ein heiseres Lachen. »Ich bin schon sehr gespannt auf Oles dummes Gesicht, wenn ich den Erbschein beantrage.« Sie seufzt. »So, genug geplaudert. Auf Wiedersehen, Franzi Mai. War nicht nett, dich kennengelernt zu haben.«

Sie rückt ein Stück von mir ab und hält die Pistole jetzt mit beiden Händen vor meinen Mund. *Oh, bitte nicht, lieber Gott!*, versuche ich es doch noch mal mit einem Gebet und schließe die Augen. Plötzlich gibt es erst einen dumpfen Knall, und Imke fällt gegen mich. Dann knallt es noch mal, diesmal aber sehr laut, und es wird unglaublich hell. Mir fährt ein stechender Schmerz in die Schulter. Schließlich wird alles um mich herum schwarz. Bin ich jetzt tot?

34

Der Blumenstrauß ist so riesig, dass ich tatsächlich nicht sehen kann, wer da gerade durch die Tür kommt, um mich im Krankenhaus zu besuchen. Lange muss ich allerdings nicht raten, denn durch das gewaltige Bouquet dröhnt eine Sekunde später Raimunds Stimme.

»Franziska Mai! Du Heldin der Arbeit! Ich grüße dich ganz herzlich von allen Kolleginnen und Kollegen aus der Redaktion.« Er nimmt den Strauß zur Seite, so dass ich sein Gesicht sehen kann, und strahlt mich an. »Meine Liebe! Wie geht es dir?«

Ich setze mich in meinem Bett auf und lächle. Vorsichtshalber gequält, mein Chef soll ruhig wissen, dass ich für meinen Job Leben und Gesundheit aufs Spiel gesetzt habe.

»Einigermaßen. Der Arm tut noch ganz schön weh, aber sie haben alle Fasern aus der Wunde entfernt, und es muss auch keine Haut transplantiert werden. Ich hatte wirklich Glück im Unglück, dass ich eine Jeansjacke und ein T-Shirt aus reiner Baumwolle anhatte. Meinte jedenfalls der Chirurg.«

Raimund schüttelt den Kopf und setzt sich auf den Stuhl neben meinem Bett, die Blumen stopft er in die Vase, die er selbst mit ins Zimmer gebracht hat.

»Mann, Mann, Mann, ich kann es immer noch nicht glauben! Die hat dir mit einer Signalpistole ein richtiges Loch in den Oberarm gebrannt?«

»Fast. Genauer gesagt war es ein Streifschuss in Schulterhöhe. Wenn sie mich nämlich richtig getroffen hätte, dann wäre das wesentlich schlimmer ausgegangen. Signalmunition explodiert ja förmlich, wenn sie abgefeuert wird. Aber hier hat es nur eine oberflächliche Brandwunde gegeben. Mit geschmolzenen Kunstfasern wäre auch das allerdings ganz übel geworden.«

»Puh, das mag ich mir gar nicht vorstellen.«

»Nee, ich auch nicht. Jetzt darf es sich nur nicht entzünden, deswegen ist der Arm ruhiggestellt, und ich bleibe noch ein, zwei Tage hier. Ich habe so einen speziellen Brandverband aus Gel, darunter kann das Gewebe heilen.«

»Aha.« Mehr sagt Raimund nicht dazu, medizinische Details liegen außerhalb seines Interesses. »Ich habe übrigens nicht nur Blumen mitgebracht, sondern auch ein paar richtig gute Neuigkeiten.«

»Oh, lass hören! Gute Neuigkeiten kann ich hier sehr gut gebrauchen.« Das ist überhaupt nicht gelogen, denn obwohl es mir schon wieder ganz gut geht: Die letzten beiden Tage haben mich arg mitgenommen. Ich habe trotz Medikamenten vor Schmerzen sehr schlecht geschlafen – und wenn mir doch mal die Augen zugefallen sind, stand ich sofort wieder auf der *Gloria* und wurde von der irren Imke bedroht. Es war schon verdammt knapp, das jagt mir im Nachhinein wirklich noch Schauer über den Rücken. Wenn nicht Henk Ahrens in letzter Sekunde aufgetaucht und sie mit einem Paddel umgehauen hätte, wäre das böse ausgegangen. Jedenfalls für mich. Imke Michaelis sieht das sicherlich anders, sie erwachte aus ihrer Bewusstlosigkeit erst, als sie bereits in Polizeigewahrsam war.

»Franzi, hörst du mir zu?«

»Was?«

»Na, ich erzähle gerade von den guten Neuigkeiten, aber du reagierst gar nicht.«

»Entschuldige, ich hatte gerade einen Flashback.«

Raimund greift nach meiner Hand und drückt sie.

»Franzi, es tut mir so leid, dass dir das passiert ist. Das mit der Heldin war auch mein völliger Ernst, als ich eben reingekommen bin. Und ich bin nicht der Einzige, der das so sieht. Daher ja auch die guten Neuigkeiten: Megahit-FM übernimmt deinen ersten Fall ins Programm, sie werden das in ihrem gesamten Sendeverbund ausstrahlen, so begeistert sind sie von der Geschichte. Einen wichtigen Programmpfeiler für Bäderland-Radio haben sie deine Sendung genannt, und dass auch die Werbekunden von diesem Umfeld sehr angetan sind. Von Stellenstreichungen oder Programmumstrukturierung war überhaupt nicht mehr die Rede. Klasse, oder? Das kleine Bäderland-Radio als Vorbild für die Großen!«

»Ja, super!«, sage ich und klinge überraschend matt. Auch Raimund bemerkt das.

»Sag mal, ich lasse dich wohl besser mal in Ruhe, oder? Ich wollte nur der Erste sein, der dir die tollen Nachrichten überbringt. Fast wäre ich gestern schon gekommen, aber da wurde mir mitgeteilt, dass du noch keinen Besuch bekommen sollst.«

»Total nett von dir, Raimund, die Blumen und die frohe Kunde. Bitte grüß alle von mir. Ich bin ja bald wieder da, und ich freu mich schon drauf.«

»Mach ich. Und jetzt schlaf schön.«

*

Ich werde von dem Gefühl geweckt, dass mich irgendjemand beobachtet. Das Gefühl trügt. Es ist nicht irgendjemand, und es ist auch nicht nur ein Beobachter. Durch meine halb geöffneten Augen sehe ich drei Menschen vor meinem Bett stehen: Janis, Helena und Henk Ahrens.

»Ich glaube, sie wird wach!« – »Ganz schön blass ist sie aber.« – »Kein Wunder, das war auch heftig, die Arme!«, tuscheln die drei miteinander.

»Ich kann euch hören«, nuschle ich, dann schlage ich die Augen ganz auf und blicke in fröhliche, vor allem aber erleichtert wirkende Gesichter.

»Mensch, Franzi, was machst du denn für Sachen!«, sagt Janis, bevor er mir vorsichtig eine Riesentafel Toblerone auf die Bettdecke legt. »Hier, zur Kräftigung. Und damit du nicht immer heimlich meine isst, wenn du wieder im Büro bist.«

Ich muss grinsen.

»Ich glaube kaum, dass die so lange reicht. Ich bin bestimmt bald wieder da, aber dem Teil hier gebe ich keine zwei Tage.«

»Franzi«, Helena kommt jetzt direkt an mein Bett und guckt mich an wie ein waidwundes Reh, »es tut mir so leid, dass ich alles vermasselt habe. Wie konnte ich Imke nur trauen? Ich bin eine Vollidiotin und so froh, dass dir nicht mehr passiert ist. Ich hätte mir das niemals verziehen! Zu meiner Entschuldigung kann ich sagen: Ich war so erleichtert, weil ihr mir geholfen habt, dass ich mein Herz irgendwie auf der Zunge trug. Und normalerweise hätte ich euch auch sofort davon erzählt, aber Imke rief geschickterweise in den zehn Minuten an, in denen ich im *Rialto* auf Ole und Alessio gewartet habe. War natürlich Teil ihres Plans. Ich bin so dumm!«

»Bitte, mach dir keine Vorwürfe«, sage ich. »Imke ist ein manipulatives Miststück und ein schlaues Biest, eine wahre Meisterin ihres Fachs. Auf die sind ja ganz offensichtlich auch andere reingefallen.«

Dann wende ich mich an Henk Ahrens.

»Ich weiß gar nicht, ob ich es am Montagabend schon gesagt hab, als ich in den Krankenwagen gehievt wurde: vielen, vielen Dank! Sie sind mein Lebensretter. Vermutlich im wahrsten Sinne des Wortes.«

Henk schaut verlegen zu Boden.

»Ach, dafür nich, min Deern! Als der Anruf kam, dachte ich erst, dass das nur so'n Hosentaschenanruf von Ihnen ist.«

»War es gewissermaßen auch«, grinse ich. »Sie waren auf meiner Anrufliste ziemlich weit oben. Zum Glück!«

»Ja, zum Glück! Und da war auch noch mehr Glück bei«, erklärt Ahrens. »Ich wollte nämlich erst auflegen, aber dann hab ich jemanden rumkreischen hören. Die Stimme hab ich tatsächlich gleich erkannt.«

»Ehrlich?«, fragt Janis. »Woher denn?«

»Das war doch die Verrückte, die sich bei der Demo als halb nackte Meerjungfrau an die *Fine* ketten wollte. Da hatte die auch schon so rumgeschrien«, erklärt Ahrens. »Na, und dann hab ich mir natürlich alles angehört, und da wusste ich, dass du ganz dringend Hilfe brauchst, min Deern. Also hab ich die Polizei angerufen und bin gleich zur *Gloria* losgerannt. Ich wusste ja, dass du da hinwillst.«

Ich atme tief durch. Allein diese Schilderung macht mir zu schaffen.

»Alles gut?«, sagt Janis und drückt meine Hand.

Ich nicke.

»Ja, aber es war doch ganz schön aufregend. Und eine Rettung in letzter Sekunde. Gut, dass Sie sich bewaffnet hatten, Herr Ahrens.«

Der lächelt – immer noch verlegen.

»Also nu kannste mich aber wirklich auch Henk nennen, nech?«

»Natürlich, entschuldigen Sie … äh, du.« Ich muss lachen. »Henk, meine ich. Gut, dass du dich bewaffnet hattest.«

»Jau. Ich dachte, besser ist das. Diesen Tierschützern ist doch alles zuzutrauen. Also hab ich ein Paddel von einem der Segelboote genommen, als ich am Anleger langgerannt bin. Dann rauf auf die *Gloria* – da hab ich euch schon kämpfen sehen. Hab mich von hinten angeschlichen und gewartet, bis ich in eine gute Schlagposition komme. Ich musste schließlich vorsichtig sein.

Die wahnsinnige Tierschützerin war ja bewaffnet! Aber dann: Zack! Treffer, versenkt! Tut mir wirklich leid, dass die blöde Pistole bei dem Sturz noch losgegangen ist.«

Helena schüttelt den Kopf.

»Also wirklich, Herr Ahrens! Eines muss ich jetzt mal loswerden: Dass Imke so irre ist, liegt bestimmt nicht am Tierschutz. Bei Imke stimmt offenbar etwas ganz anderes nicht. Mir ist Tierschutz auch unheimlich wichtig, aber ich habe noch nie versucht, jemanden mit einer Signalpistole zu erschießen. Ich überzeuge mit Worten, nicht mit Gewalt!«

Henk mustert Helena skeptisch.

»Du warst doch auch eine von den Meerjungfrauen, oder?«

»Das war aber ein friedlicher Protest, und ich muss sagen …«

»Kinder, kein Streit!«, befehle ich. »Und schon gar nicht an meinem Krankenbett. Ich halte mal fest: Henk Ahrens ist mein Retter, und Imke Michaelis ist keine Tierschützerin, sondern eine kaltblütige Mörderin. Können wir uns darauf einigen?«

Alle drei nicken.

»Die Michaelis war wohl echt besessen von der Familie Peters«, erzählt Janis dann. »Ich habe gestern schon mal ein bisschen recherchiert – an Alessio hat sie sich ganz gezielt rangepirscht. Seine Freunde erzählen, dass sie vor einem guten Jahr überall aufgetaucht ist, wo er auch war, und sich richtig an ihn rangeschmissen hat.«

»Vor einem guten Jahr?«, fragt Helena. »Hm, ich glaube, damals ist ihre Mutter gestorben. Die war lange krank. Etwas Psychisches. Imke hat nie viel über sich erzählt, aber das war wohl sehr belastend. Vielleicht hat sie der Familie Peters daran die Schuld gegeben?«

»Mag sein«, stimme ich ihr zu. »Es ging bestimmt nicht nur ums Geld. Das auf der *Gloria*«, ich atme durch, bevor ich weitersprechen kann, »das hatte auch etwas total Zerstörerisches,

Wahnsinniges. Rache an dem Vater, der sie ihr Leben lang verleugnet hat.«

»Die Vaterschaft hatte Peters damals allerdings anerkannt, er steht in der Geburtsurkunde«, sagt Janis.

»Woher weißt du das?«, frage ich erstaunt.

»Schönen Gruß und gute Besserung von Knuti«, grinst Janis. »Wenn du wieder draußen bist, will er mit dir ein Bier trinken gehen.«

Knuti. Einfach eine Top-Quelle!

»Ist vermutlich noch schlimmer«, sinniert Helena.

»Mit Knuti ein Bier zu trinken? Du kennst den doch gar nicht«, wundert sich Janis.

»Nicht doch! Ich meine, als Kind von jemandem verleugnet und ignoriert zu werden, der genau weiß, dass es dich gibt und er dein Vater ist.«

»Mach sein«, mischt sich Henk ein, »aber dascha nu trotzdem kein Grund, jemanden umzubringen. Sieh dir den Kommissar an, der kennt seinen Vadder auch nicht und aus ihm ist trotzdem was Anständiges geworden.« Henk seufzt. »Armer Maik! Ich hab ihn sehr gemocht, von seiner Tochter hat er mir aber nie erzählt. Das war tatsächlich sein Geheimnis.«

Es klopft an der Tür. Sie öffnet sich einen Spalt, dann schaut ein Kopf mit dunkelhaariger Mähne vorsichtig hindurch. Wenn man vom Teufel spricht!

»Hallo, Frau Mai!«

»Hallo, Herr Hauptkommissar«, rufe ich fröhlich, »kommen Sie rein!«

»Oh, ich sehe, ich komme ungelegen. Sie haben Besuch«, erwidert Lorenz und zieht seinen Kopf ein Stück zurück.

»Jetzt bleiben Sie schon da, die beißen doch alle nicht.«

»Und außerdem wollten wir gerade gehen«, sagt Janis und zwinkert mir zu.

»Ja, wollten wir«, bestätigt Helena, und auch Henk nickt. Lorenz öffnet die Tür nun ganz und kommt herein.

»Aber nur, wenn ich wirklich nicht störe«, versichert er nochmals. Ich überlege kurz, dann räuspere ich mich, weil ich tatsächlich einen Frosch im Hals habe.

»Nein, ich freue mich sehr, dass Sie gekommen sind.«

Janis klopft Lorenz auf die Schulter.

»Wir machen dann mal die Biege.« Kurz darauf sind er, Helena und Henk auch schon verschwunden, und Kay Lorenz steht allein vor meinem Bett.

»Tja, also …«, windet er sich ein bisschen. »Als Erstes möchte ich Ihnen natürlich gute Besserung wünschen. Und Ihnen das hier geben.« Er hält mir einen kleinen Wildblumenstrauß vor die Nase, den ich erst jetzt bemerke. »Den hat Greta gepflückt. Auf der Wiese neben unserem Haus. Sie wäre gern mitgekommen, aber ich dachte mir, dass zu viel Besuch noch nicht gut ist. Vor allem Besuch, der so viel redet wie meine Tochter.« Er lächelt und sieht dabei fast schüchtern aus.

»Vielen Dank, auch an Greta, das ist wirklich süß! Setzen Sie sich doch.«

Kay Lorenz nimmt auf dem Stuhl neben meinem Bett Platz. Dann schweigt er eine Weile.

»Und zweitens?«, frage ich schließlich nach.

»Zweitens?«

»Na, Sie sagten, erstens wollten Sie mir gute Besserung wünschen. Was wollten Sie denn zweitens?«

Er schaut mich an und seufzt.

»Zweitens wollte ich mich bei Ihnen entschuldigen. Ja, ich war richtig sauer, weil Sie mir nicht so ganz die Wahrheit gesagt haben. Aber vermutlich haben Sie recht, und meine Art macht es meinen Mitmenschen nicht immer leicht. Ich hätte Sie nicht so hinauswerfen sollen. Schon gar nicht vor anderen. Das war falsch. Und außerdem hätte ich Ihre Bedenken wegen Schollmeyer ernst nehmen müssen. Also: Asche auf mein Haupt – es tut mir wirklich leid!«

Ich schüttle den Kopf.

»Nein, also bitte – ich muss mich entschuldigen. Ich hätte nicht lügen dürfen. Und das tut wiederum mir sehr leid. Ja, ich wollte Ärger vermeiden. Aber das ist kein guter Grund. Vor allem, weil Sie mich um Ehrlichkeit gebeten und mir vertraut haben. Also wenn sich hier eine Asche auf ihr Haupt streuen muss, dann ja wohl die Frau Mai. Außer, dass die gerade ihren rechten Arm nicht gut heben kann, um das zu tun.«

Kay Lorenz atmet tief aus, und dann schleicht sich ein ziemlich breites Lächeln auf sein Gesicht. Offensichtlich lag ihm die Sache sehr auf dem Magen, und ich muss zugeben, dass mich das freut.

»Sagen wir einfach, wir sind quitt«, brummt er und klingt dabei gut gelaunt. »Dann bleibt mir nur noch, Ihnen zu Ihrem Fahndungserfolg zu gratulieren. Bisher haben meine Ermittlungen der letzten beiden Tage alles bestätigt, was Sie vermutet hatten. Unter anderem haben wir eine größere Transaktion von Konten der NPM an Ole Peters festgestellt, die in etwa der Summe entspricht, die wir im Schuppen von Schollmeyer gefunden haben plus den Betrag, den er Schollmeyer für seine Dienste gezahlt hat.«

Jetzt bin ich es, die über das ganze Gesicht strahlt.

»Sehen Sie, wir sind eben doch ein tolles Team«, sage ich. »Umso mehr werden Sie die guten Nachrichten freuen, die mir mein Chef vorhin überbracht hat.«

»Nämlich?«

»Meine Sendung ist gesichert – ich kann also mit den Problemlösern weitermachen, und weil gerade die True-Crime-Schiene bei den Hörerinnen und Hörern so wahnsinnig gut ankommt, werden wir in Zukunft bestimmt noch ganz oft zusammenarbeiten. Ist das nicht toll?« Ich lächle, Lorenz hingegen fällt die Kinnlade runter.

»Nicht Ihr Ernst!«, ruft er dann.

»Doch, mein voller«, versichere ich, »freuen Sie sich etwa nicht?«

»Weh mir«, ruft Kay Lorenz laut, »dann werde ich Sie ja niemals los!«

Jetzt bin ich es, die irritiert schaut. So schlimm war es mit mir nun auch wieder nicht! Kay Lorenz lacht, dann greift er nach meiner linken Hand und drückt sie ganz sanft.

»Reingelegt, Frau Mai. Es ist zwar nicht alles streng nach Vorschrift gelaufen, und davon bin ich eigentlich gar kein Freund. Aber: Wir waren wirklich ein gutes Team. Ich bin schon gespannt, wann sich das nächste Mal unsere Wege kreuzen.«

Wann sich das nächste Mal unsere Wege kreuzen? Das ist eigentlich eine Steilvorlage, und ich beschließe ausnahmsweise, diese zu nutzen.

»Da könnten wir ja nachhelfen. Also, beim Kreuzen der Wege, meine ich. Geht theoretisch auch ohne Mord und Totschlag. Ich habe da nämlich eine ganz nette neue Bar in Bansin entdeckt. Das *Detroit.*« Mehr sage ich nicht, der Rest darf gerne vom Kommissar kommen. Der allerdings schaut erst mal ziemlich überrascht. Oh, nein, sollte er meinen Vorschlag etwa doof finden? Das wäre mir jetzt peinlich. Er räuspert sich.

»Eine ausgezeichnete Idee. Ich heiße übrigens Kay.«

»Und ich bin Franziska. Aber meine Freunde nennen mich Franzi.«

DANKE

Dieser Roman ist für mich ein ganz besonderer, denn eigentlich wollte ich bereits als Zehnjährige einen »richtigen« Kriminalroman schreiben. Also einen mit Mord und Totschlag, Lügen, Intrigen und allem, was dazu gehört. Kaum habe ich vierzig Bücher verfasst, schon ist es soweit. Ich war lange nicht mehr so aufgeregt, als ich eine Fahne zum Korrekturlesen erhalten habe. Auf dem Weg dorthin haben mir einige Menschen besonders geholfen, denen ich an dieser Stelle herzlich danken möchte.

Als Erstes ist das *Zeglin*. Ich gebe zu: Das ist kein Mensch. Und es ist ehrlicherweise nicht mal ein echtes Dorf. Sondern ein fiktives Nest in der Nähe von Peenemünde. Ich danke also dem ausgedachten Zeglin und seinen ausgedachten Einwohnern dafür, dass sie so viel Schuld auf sich geladen haben. Das war für mich als Autorin praktisch, denn so muss sich beim Lesen niemand darüber Gedanken machen, ob denn in der Hafenkneipe von … wirklich …? Nein, alles frei erfunden! Ich habe bei meinen Recherchen auf Usedom nur sehr freundliche Menschen kennengelernt, die sich nicht nach dem Leben trachten.

Zurück in der Realität danke ich vor allem meiner Lektorin Iris Kirschenhofer vom Fischer Verlag. Iris kenne ich schon sehr lange, sie hat meinen ersten Soloroman betreut, eine romantische Komödie namens *Dackelblick*. Später stellte sich heraus, dass das literarische Herz von Iris eher für die Spannung schlägt, und so trennten sich unsere Wege. Mindestens einmal im Jahr versicherten wir uns aber gegenseitig, dass wir dringend mal wieder etwas zusammen machen müssten. Ich bräuchte nur einfach auf die dunkle Seite zu wechseln. Dann endlich hatte ich die passende Idee – und kaum hatte ich Iris erste Fragmente davon erzählt, kam sie nach Hamburg und beackerte mit mir ein ganzes Wochenende die Geschichte. Als sie zurück nach Frankfurt fuhr, stand das Exposé. Und zwar ziemlich genau so, wie es nun im Roman zu lesen ist. Liebe Iris, vielen Dank für diese tolle Zusammenarbeit!

Tolle Zusammenarbeit Nummer zwei: Das Manuskript bekam den Feinschliff von Katja Korintenberg. Katja hat neben einem grandiosen Sprachgefühl zwei weitere wichtige Eigenschaften: Humor und einen scharfen Verstand. Und diplomatisches Geschick (okay, das sind drei weitere Eigenschaften). Damit begleitete sie mich durch alle Höhen und Tiefen des Schreibens, und das waren gerade im vergangenen Jahr so einige. Katja, du warst mein Fels in der Brandung. Vielen Dank!

Dank auch an Susanne Wahl und Roman Hocke von meiner Agentur AVA international. Susanne hat sich geduldig jede Idee angehört, jede Wendung mit mir diskutiert und mir alles, was mich vom Schreiben hätte ablenken können, vom Hals gehalten. Und wenn es weiteren Zuspruchs oder Rats bedurfte, kam noch Roman Hocke dazu. Es war das Autoren-all-inclusive-Paket.

Wir Schöngeister wären aber alle nichts ohne die Profis vor Ort: Die Rede ist von einer Dame und zwei Herren der Landespolizei in Mecklenburg-Vorpommern, die gemeinsam beeindruckend viele Sterne auf ihren Schultern versammelt haben. André Stegemann (Erster Polizeihauptkommissar und Leiter des Polizeihauptreviers Pasewalk), Mandy Collet (Polizeihauptkommissarin und Leiterin des KDD Anklam) und Andreas Wolter (Polizeioberkommissar und Dienstgruppenleiter im KDD Anklam) haben sich bei meiner Rechercheneise unglaublich viel Zeit genommen, mir zu erklären, wie das so ist mit der Kripo auf

Usedom. Und wie eben nicht. Sie haben sich dabei auch tapfer jedes Augenrollen verkniffen, wenn ich mit sehr wilden Ideen ankam. Ich hoffe, sie verzeihen mir, dass ich an der ein oder anderen Stelle im Roman künstlerische Freiheit vor Dienstvorschrift walten lassen musste, obwohl sie es mir korrekt erklärt hatten.

Sie können den nächsten Roman von

FRAUKE SCHEUNEMANN

kaum erwarten?

Wir informieren Sie über diese und weitere spannende Neuerscheinungen mit unserem kostenlosen Newsletter.

Hier können Sie sich anmelden:

fischerverlage.de/newsletter

DIE BEWEISE SIND EINDEUTIG.
Den schönsten Urlaub erleben Sie auf Usedom.
INSEL USEDOM
Wir beraten Sie gerne!
Usedom Tourismus GmbH
Tel.: +49 (0)38375 244 244
info@usedom.de
usedom.d